国家语委"十二五"科研规划2015年度重点项目"词语缩略规范研究"
（项目编号：ZDI125-52）

汉语缩略规范研究

HANYU SUOLUE GUIFAN YANJIU

俞理明　杨　昊　黄城烟　王春燕　著

四川大学出版社
SICHUAN UNIVERSITY PRESS

项目策划：邱小平　黄蕴婷
责任编辑：黄蕴婷
责任校对：毛张琳
封面设计：胜翔设计
责任印制：王　炜

图书在版编目（CIP）数据

汉语缩略规范研究 / 俞理明等著．— 成都：四川
大学出版社，2021.4
　ISBN 978-7-5690-2875-1

　Ⅰ．①汉… Ⅱ．①俞… Ⅲ．①现代汉语－缩略语－研
究 Ⅳ．① H136.6

　中国版本图书馆 CIP 数据核字（2021）第 066113 号

书　名　汉语缩略规范研究
著　　者　俞理明　杨　昊　黄城烟　王春燕
出　　版　四川大学出版社
地　　址　成都市一环路南一段 24 号（610065）
发　　行　四川大学出版社
书　　号　ISBN 978-7-5690-2875-1
印前制作　四川胜翔数码印务设计有限公司
印　　刷　四川盛图彩色印刷有限公司
成品尺寸　170mm×240mm
插　　页　2
印　　张　18
字　　数　326 千字
版　　次　2021 年 4 月第 1 版
印　　次　2021 年 4 月第 1 次印刷
定　　价　82.00 元

◆ 读者邮购本书，请与本社发行科联系。
　电话：(028)85408408/(028)85401670/
　(028)86408023　邮政编码：610065
◆ 本社图书如有印装质量问题，请寄回出版社调换。
◆ 网址：http://press.scu.edu.cn

四川大学出版社
微信公众号

序

　　本书是国家语委"十二五"科研规划 2015 年度重点项目"词语缩略规范研究"（项目编号：ZDI125－52）结题成果。

　　学界对汉语缩略现象的关注由来已久，到二十世纪八十年代形成一股热潮，出现了不少专题性的论文，讨论各类缩略现象。受此影响，我在阅读汉魏六朝佛经的时候，看到了一些语例，觉得可以从缩略的角度作出分析，由此，开始关注汉语中的缩略现象，进而发现这是一种在历代汉语中都十分活跃的词汇现象，也是汉语词汇演变的一个基本方式或途径。后来，有机会攻读博士学位，就选择了汉语缩略作为学位论文，并出版了《汉语缩略研究——缩略：语言符号的再符号化》一书。由于这一基础，承国家语委科研规划小组青目，2015 年获得了上述项目，在此谨致谢意。

　　本项目涉及两个方面：缩略和规范。汉语的规范问题，自新中国成立以来，一直甚受重视，涉及汉语规范的论文著作，汗牛充栋，影响巨大。2004 年起，我给博士研究生开设了"汉语应用与规范"课程，对涉及汉语规范的一些问题作了探讨，十多年来，教学相长，对汉语规范逐渐形成了一些自己的看法，本书的前半部分，就是从这一课程讲义中抽取出来的。一己私见，诚请高贤法正。

　　本项目的完成得到了几位课题组成员的合力支持。项目开展时，他们还是学生，随着项目的完成，他们都已经走上各自的讲台，完成了从学生到老师的角色蜕变，借此机会给他们送上美好的祝福。

俞理明

2020 年 8 月

目　录

◆❖◆ 上编　汉语规范简论 ◆❖◆

◆━ 下编　缩略及其规范 ━◆

上 编

汉语规范简论

当代汉语的规范工作自二十世纪五十年代开展以来取得了巨大的进展①，回顾这些进展，以及半个多世纪以来汉语社会语言应用情况的变化，有必要立足于语言自身，从交际工具的特点出发，对语言规范以及与规范有关的问题作一深入的回顾和思考，以利汉语规范工作的进一步开展。

---

① 参李行健《汉语规范化问题浅谈》，《天津师范学院学报》1979 年第 1 期；徐仲华《规范管议》，《语文建设》1988 年第 1 期；周一农《汉语规范中的观念问题》，《语文建设》1988 年第 5 期；戴昭铭《规范语言学刍议》，《语文建设》1989 年第 3 期；邹韶华《语法规范琐谈》，《语文建设》1991 年第 11 期；左思民《要规范，更要研究怎样规范》，《语文学习》1992 年第 10 期；于根元《新词新语和语言规范》，《语文建设》1995 年第 9 期；苏培成《就当前语言文字问题答客问》，《语文建设》1996 年第 8 期；胡明扬《规范化和标准化》，《语文建设》1997 年第 4 期；曹德和《鲧禹治水与词语规范》，《语文建设》1997 年第 4 期；许嘉璐《社会主义初级阶段的语言文字工作》，《语文建设》1998 年第 3 期；凌德祥《加强语言文字规范的"规范"》，《语文建设》1998 年第 3 期；施春宏《现代汉语规范评议失误研究》，《语言研究》1998 年第 4 期；韩铁椿《用系统观念统摄语言文字规范化》，《上海金融学报》1999 年第 3 期；戚晓杰《语言观与汉语规范》，《东方论坛（青岛大学学报）》，2000 年第 4 期；孙兰荃《试述国家通用语规范体系》，《语言文字应用》2004 年第 2 期；晁继周《树立正确的语文规范观》，《中国语文》2004 年第 6 期；郭熙《近 20 年来中国的语言文字规范化工作》，《修辞学习》2005 年第 5 期；于锦恩《试论汉语规范化和规范汉语》，《语言文字应用》2006 年第 3 期；郑远汉《关于语言规范的几个问题》，《语言文字应用》2007 年第 3 期；王铁琨《语言使用实态考察研究与语言规划》，《语言文字应用》2008 年第 1 期；史灿方《汉语规范与控制论》，《重庆教育学院学报》2012 年第 1 期；李宇明《语言规范试说》，《当代修辞学》2015 年第 4 期。

1 语言的特点

1.1 语言的存在方式

语言是人们交际和思维的工具，具有客观性，它的存在是不容置疑的。但是，我们在承认语言存在的同时，却往往忽略了它存在的处所。

有一些手段可以呈现语言的面貌，比如：词典记录一种语言的词汇，语法著作描写语言的规则，各种文献记录中保存了大量的语言应用实例，还有各种语言的录音材料——但这些都不是语言本体的展现，而只是人们在使用语言过程中留下的痕迹和对这些痕迹的记录，是语言的映像。

语言具有物质和心理双重特点。语言的物质性表现为，它须以声音或声音的转换形式（比如文字）作为载体；语言的心理性表现为语言应用过程中的感知、辨识、分类、归纳、组织、表达等各种认知活动，以及人们对语言成分和语言规则的记忆。其中，人们对语言的记忆是语言使用的基础和前提，因为，语言使用者只有在对语言成分和语言系统足够了解和掌握的基础上，才能使用这种语言[1]，换个角度来看，一种语言的存在，有赖于人们对它的记忆和使用。[2]

语言与它的使用者之间的关系在现实中呈现为不同语言的兴衰变化。使用者数量的增加和使用场合的增加，是一种语言兴旺发达的标志。反之，当某种语言的使用人数减少、使用机会减少、使用者掌握的词汇数量减少、语音和语法规则简单化时，就进入了衰退状态；如果语言的衰退状态得不到有效的遏制，以致这种语言不能作为群体交际的主要手段时，该语言便进入了濒危状

---

[1] 参桂诗春《语用和记忆》，《语言文字应用》2000 年第 1 期。

[2] 参范俊军、宫齐、胡鸿雁《语言活力与语言濒危》，《民族语文》2006 年第 2 期。

态；一种不再用于交际实践的语言，则沦为死亡的语言。

从记忆－表达的角度来看上述情况，语言使用者通过各自的大脑记忆语言，当记忆一种语言的大脑数量增加、大脑中记忆的这种语言信息增加、这种语言用于表达和交流的机会增多的时候，该语言就处在兴盛时期；当记忆一种语言的大脑数量减少、大脑记忆的该语言信息减少、该语言用于表达和交流的机会减少的时候，该语言进入了衰退状态；记忆这种语言的大脑数量持续减少、大脑所记忆的语言信息持续减少，以致该语言无法作为日常基本的表达手段的时候，该语言便进入了濒危状态；如果一种语言没有大脑记忆并用于日常表达，这种语言便从交际实践中消失了。

可见，任何一种语言只有处在某一群体的记忆和使用状态时，才处在存活的状态中；失去了使用者的语言，或者说不再为群体所记忆的语言，就成为死亡的语言。因此，语言存在于它的使用群体的大脑记忆之中。

语言是群体交流的工具，而群体是由具体的个体组成的，因此，换个角度看，一种语言的现状和走向与每一个使用者密切相关。尽管不同的个体在其中的影响力各有不同，但个体的累积便是群体，群体中个人的作用对语言的发展有直接影响，值得关注。

从总体上看，使用同一语言的群体成员，对该语言的绝大多数成分或规则的理解或认识是一致的，但对于数量众多的使用者而言，他们在部分语言成分的理解认识和使用方面，总有可能出现差异、产生分歧，结果导致群体中部分个体对某些语言成分或规则的认识差异。

语言使用中差异首先产生于使用同一种语言的不同个体，在现实生活中的不同经历、不同观察角度、不同的个人体验以及不同的个性，形成了互不相同的语言个体经验。其次，使用同一种语言的不同个人的语言能力有差异，表现为对这种语言的掌握和理解并不完全一致，比如：个人记忆或了解的语言成分数量不一，对语言中不同成分的熟悉程度不一，在一些语言成分的细节上理解不一，等等。因此，有些人能出口成章、妙语生花，有些人却结结巴巴、词不达意。最后，在实际的语言使用中，对同一事物或事件采用什么样的语言形式来表达，对同一语言成分具体使用的语境或方式，不同的人也会有不同的选择，这就导致使用相同语言的人们面对同样的事实时，表达不尽相同。

虽然，属于同一语言群体的个体的语言记忆处在大同小异的状态下，但没有两个人的语言记忆是完全相同的。从这个角度说，一种语言有多少人使用，保存在多少人的大脑里，就有多少个不同版本；而一种语言的整体面貌，就是这一语言的所有使用者头脑里的语言记忆的总和（除去重复）。

因此，如果要全面、完整地描写一种语言，就需要对这种语言的全体使用者作观察，即获取全体使用者语言经验的"最小公倍数"，使描写结果涵盖全体使用者的经验。而换个角度，如果从全体使用者语言经验中提取"最大公约数"，就剩下了大量的部分或个别成员的经验，呈现为群体内部不同成员之间的语言差异，即语言的分歧。语言分歧是语言群体中不同成员个性的表现，它是语言中缺乏全民共识的部分，成为公众交际中需要克服或解决的问题。

在使用同一语言的群体中出现语言分歧，与语言的任意性特点直接相关。

1.2　语言的任意性

语言的变异基于语言的一种基本属性——任意性。任意性指语言的表达形式和表达内容的结合具有主观随机性，即在一定的条件下，人们用什么样的语言形式承载什么样的内容，可能面临多种选择，尽管每一种选择都可能有它的理据性，但人们最终通过群体的意志确定了某些选择，而放弃了另外一些选择。

一般说来，语言在音义结合之初具有任意性的特点，而在使用之后就有了约定性。但事实并不完全如此，一些学者认为，许多语言成分在音义结合之初就是有据可考的，音义关系是在约定条件下形成的，[①] 任意性原则受到挑战。

其实，音义结合的方式很多，一些有据可考的音义结合关系仍然是选择的结果。比如一种事物据声音得名，是有理据的，如"乒乓球"中的"乒乓"。但事物得名于声音而不是材质、色彩、形状、功用、使用环境等其他因素，仍然是选择的结果，比如"乒乓球"还有"台球""桌球"等别名。而即使以声音得名，在与该事物有关的多种声音中，方拟这种声音而不是那种声音，仍然具有可选择性，比如描写鸡的叫声，可以是母鸡发出的"咯咯"，公鸡发出的"喔喔"，或小鸡发出的"叽叽"，等等，如果只能选择一个形式来代表鸡的叫声，那么就必须有取有舍。此外，对于同一种声音，在转换成语音的时候，仍然面临选择，我们可能用这样的语音而不用那样的语音来表达，"乒乓球"的"乒乓"是模拟球发出的声音，但在实际记录乒乓球发出响声时，人们往往采

---

① 参徐通锵《基础语言学》，北京大学出版社2001年。

用"哒""啪""嗒""滴嗒"等象声词来描写，其中的随机差异显而易见。

在语言的各类象声表达中，选择普遍存在，这意味着即使仿真性的语言表达，仍然存在着不止一种可能性，具有任意性作用的影响。

语言成分在音义结合之后仍然可能发生变化，而且变化的趋向难于确定，可见任意性不仅作用于语言形成之初，也始终存在于语言应用的整个过程中。任意性是语言成分产生以及变化的大环境：一个词为什么因声得义而不是因形得义，语言的形式和结构为什么可以变化、为什么可以有同义关系或歧义表达，都有任意性作用的影响。

因此，只要语言处在应用状态，任意性就在起作用。如果没有任意性，一切都是确定的，那么，语言就没有发展和变化，就会陷入僵化的状态中，失去生命力。任意性是语言的一条重要规则，由于任意性的存在，语言呈现为可变性。因为，在任意性的作用下，语言中的每一项约定都是相对的，虽然在绝大多数情况下人们都遵守这种约定，但在需要的时候，人们随时可能打破或改变这种约定，这就导致了许多修辞手段的产生。语言中许多修辞手段，比如比喻、双关、仿词、歧义、缩略、重叠等，只要影响对语言成分的理解，或导致语言成分的变化，不论是意义还是形式，不论是积极的还是消极的，都是任意性扰乱约定关系的表现。

在语用中，许多由修辞产生的偶发性语言变异由于良好的语用效果而在大众中流传推广，进而在语言系统中固定下来，成为语言系统中的新成分或新用法，因此，许多修辞手段是产生新词新义的重要途径，也是重要的造词方式。①

任意性给语言造成了两个方面的影响。从积极方面来看，任意性能够在更大的程度上增加语言的弹性和包容度，丰富语言表达手段，满足语用的需求，推动语言的变化和发展，是语言活力的体现。从消极方面来看，任意性改变了语言系统中原有的约定关系，导致人们对语言成分和规则的认识分歧，使表达不再清晰，形成交际障碍，影响彼此沟通，甚至可能引起语言的分化，对语言

---

① 参任学良《汉语造词法》，中国社会科学出版社 1981 年。

系统产生破坏性的影响。[①]

1.3　语言的约定性

　　语言的约定性与任意性相对，指人们对语言形式和它的内涵的共同认识。语言是交际的工具，人们要在交际中互相沟通，就必须对交际中使用的语言符号以及这些符号的使用规则有共同的认识，这样才能通过这些交际符号和规则实现互相理解，达成沟通。[②]

　　交际的达成，需要参与各方对语言符号和规则有共同的认识，因此，约定性是语言系统正常运行的基础。交际中，参与者对于信息载体的理解一致度越高，沟通就越容易，交际就越顺畅；反之，如果人们对出现在交际中的语言符号和规则有不同的理解和认识，就会产生歧解或误解，乃至造成误会，交际可能由于双方不能正确理解对方的意图而失败，结果是沟通受阻，甚至交际混乱。

　　共同的约定是开展交际的前提，交际中如果缺乏共同的约定，参与交流的双方各说各的、不相了解，就无法实现有效的沟通，因此，语言需要在共同约定的前提下发挥作用。高度的约定性可以维护语言符号的可懂程度，强化语言的沟通作用，提高信息传输的效率，保障社会交际顺畅进行。

　　由于语言约定性的作用，语言中的大多数成分，包括语音、词汇和语法，都是全民共同认可的，也就是说，使用同一种语言的人们具有基本相同的语音习惯，采用基本相同的词语形式及其含义，在基本相同的语法规则下进行交际，这些相同的语言成分构成了一种语言的核心和主体，被全体成员认可，并覆盖了这种语言的大部，形成了这种语言的通用面，保证了这种语言在交际中发挥正常的交流和沟通作用。

----

　　① 参爱切生《语言的变化：进步还是退化》，徐家祯译，语文出版社 1997 年；陈松岑《语言变异研究》，广东教育出版社 1999 年；施春宏《语言调节与语言变异》，《语文建设》1999 年第 4 期；吴国华《语言的社会性与语言变异》，《外语学刊》2000 年第 4 期；陈章太《略论我国新时期的语言变异》，《语言教学与研究》2002 年第 6 期；林佩云《语言的规范与变异》，《修辞学习》2005 年第 6 期；俞玮奇《城市化进程中上海浦东新城区的语言生活状况及其变化研究》，《语言教学与研究》2015 年第 4 期。

　　② 参龚千炎、周洪波、郭龙生《语言规范：自发与自觉、三观与客观的辩证统一》，《语文建设》1993 年第 7 期；史有为《语言中的人和意义——语言的起点思考》，《语文研究》1999 年第 2 期。

约定性提供了一种语言在共时条件下的一致性和通用性，也有助于语言在历时的传承过程中保持长期的稳定，保证这种语言在它的使用群体中代代相传，并可实现跨时代的交流。前代人的语言经验和语言习惯，通过日常生活中在家庭和社会间的互相接触和交流，以及学校等专门教育的影响，传输给后代。这种前代人与后代人达成的共同约定的传承，是前人影响后人、后人了解前人的重要手段。

不同世代的人们在语言方面的长期而高度的约定，可以强化语言的稳定性，保障不同世代人们之间交流的便利，完成跨世代的语言传承。因此，高度的约定性不仅有利于共时环境下的语言交际，也有利于历时过程中的语言传承。

当然，约定性也有它的局限，带有强制性的约定，在阻止语言变异、提高语言稳定性和保障语言的通用性的同时，也抑制了语言中新成分、新用法的产生和流传，陈旧的表达形式影响交际的生动性和感染力，降低交际的趣味或效力。因此，过度的约定会遏制语言的活力，甚至使语言进入僵化状态。

1.4　语言的使用和传承

尽管通过进化，人类有了天赋的语言能力，但是，如果没有后天的学习，人的这种潜在的能力还是不能成为现实的语言应用能力。一个人从婴儿时期开始，就通过自己与周边环境的日常交流和学习模仿而习得语言。一个人如果失去语言环境，没有跟人用语言交流的机会，包括听别人说话和对别人说话，他的语言能力就无从发展，也就是说，他就不可能会说话，也不能用语言进行思维。因此，人必须先向前人学习，然后才能具备现实的语言能力，这一习得过程不可能无师自通：语言具有传承性。

人类的语言传承有两个途径，首先是口耳相传，这是最基本的语言传承手段，也是每个群体或每一种语言都必须具备的传承手段。

语言存在于使用者的大脑中，存在于使用者对它的使用之中。而语言的使用和传承，是一个不断复述或复制的过程，人们通过日常的交际生活，通过对语言的实际应用来学习和掌握语言，包括语言单位和语言规则。在语言的习得过程中，前人的语言经验和他人的语言习惯在约定性的作用下，通过反复的模仿，被后来的学习者掌握。但是，模仿或复制不可能百分之百相同，其中总要出现某些偏差。模仿中出现的偏差，和语言使用中出现的其他变异一样，具有任意性的特点，对这些偏差或变异进行纠正则反映了约定性的要求。

在语言的学习或传承中，约定性和任意性常常交织在一起，形成复杂的局面。① 语言的学习或传播是一个偏差不断产生和不断被克服的过程，但由于个体性偏差不可能完全被克服，因此它会一点一滴地积累起来，形成群体性的变异。这样，本来个别的、偶发的变异，由于在交际中一再重复，得到一部分人的接纳和模仿，便逐渐扩散开来，在群体的部分成员中形成了局部的共识，应用在他们的交际之中，成为他们共有的表达手段，即达成了局部的约定。语言中群体内局部性的约定成分，成为同一内涵的另一种表达方式，为表达提供了新的选择。这样的成分，在局部中是有约定的，但是对于全民的用语来说，它并不具有宏观的约定性，而只是原有表达的一个变体，是表达中的另一选择，是任意性的产物，于是形成了语用的分歧。

因此，约定性是保障语言正常使用的基础，但它不是语言在应用中呈现出来的唯一属性。语言存在于应用中，语言的应用必须以交际者的共同约定为前提，但语言的应用和学习又无可避免地带来变异，造成大量的分歧，具有任意性。因此，对一种活的语言来说，约定性必须与任意性共存，二者互相制约，保持平衡。

约定性具有与任意性相反的属性，在社会（交际群体）面临任意性作用引发的大量用语分歧时，为克服分歧，追求语言的共通性、稳定性，强化语言的约定性以保障社会交际的通畅，就需要提出语言规范。

此外，进入文明时期以后，随着文字的发明，记录语言的文献出现，人们不仅可以通过口耳传承语言，也可以通过文献记录，从书面学习前人的语言。书面语是语言传承的又一个途径，尽管它只是一个间接的、有众多限制的途径，但它所具的特殊社会地位和文化意义不容忽视。

通过文献传承前人的语言，与口耳相传有许多不同。首先，进入文献记载的都是特别受到当时人们重视的重大社会事件，由于书写不易，且缺乏实际语境的支持，文献记载的用语经过更多的推敲、修饰和提炼，以便他人阅读，因

---

① 参刘福长《规定性和描写性：孰为语言规范的根据？》，《语文建设》1993 年第 8 期；邹韶华《论语言规范的理性原则和习性原则》，《语言文字应用》2004 年第 1 期；孙炜、严学军《也谈语言符号的任意性和理据性》，《语文研究》2005 年第 3 期。

此，文献用语偏向于周密细致，颇多精辟之处，是学习语言的好样本。其次，语音瞬间即逝且传播距离有限，因此，在现代传播手段出现之前，口耳相传的东西更多地受到时间和空间的阻隔。而文献记载可以跨越空间，把信息传播到远方，成为同时代人们跨地域交流的有效手段；文献还可以突破时间的限制，把相关信息和语言成分保留下来，供后人反复阅读和学习。最后，虽然文献的保存并不等于文献所用语言成分的活性保存，但以文献形式保存下来的前代语言资料，可以作为后人学习语言的样本。一个文化积累丰富的民族，其文献和语言的积累也丰富，后人可以通过习读前人的文献，从前人留下的语言宝库中发掘提炼精华，满足表达的需要。文献让一部分语言成分具有跨越时代的活力，而这部分能够超越口耳限制而跨越时代使用的语言成分，因特殊的历史文化背景而具有特殊的文化蕴含，成为一种语言中的经典性成分。

当然，在文献中记录的语言或语言成分，如果没有人关注和使用，就会中止传承，退出交际，成为死亡的语言或语言成分。因此，通过文献传承的前人语言要与后人语言保持密切关系，两者呈现为同一语言的不同变体，同时，后人需要对文献有深入学习和了解，并且这种学习和了解是群体性的，它面向大众、带有普及色彩，并与语用实践密切相关，而不仅限于少数人的研究。如果一种文献中保存的语言只限于少数研究者掌握而不用于大众交际实践，那么，这种前代语言的传承仍然没有实现，没有活力。基础语文教育中，增大文言文教学的呼声，就是加强汉语语言传承努力的体现。

2 语用的需求

语言存在于使用之中，而语言的使用则受语用需求的影响。语用需求指交际参与者在语言应用中，为满足交际表达中的需要、提高交际效果而形成的对用语的具体要求。[①]

不同的交际内容、交际场合和交际目的对用语有不同的需求，这些需求直接或间接地影响了人们对语言的认识和使用态度，形成不同的语用取向。全民语用实践中的不同取向形成不同的语用趋势或语用风尚，对语言的任意性和约定性起到促进或制约的作用，最终影响语言发展的走向。语用需求的动力大致来自接下来将详述的九个方面，对于规范来说，每一个方面的需求往往兼有正反两种作用，得失两存，需要辩证地对待。

2.1 信息传达

人们在思想交流中首先要表达的是各类客观的信息，其中涉及名物、行为、性状以及各种语法关系的概念，都需要通过一定的语言形式来荷载。语言表达方式与表达内容具有对应关系，没有合适的表达手段，想要传达出的信息就无从表露、达知他人，人们需要有适当的手段来传达自己想要表达的内容。

社会在变化，新事物、新观念、新现象以及对旧有事物的新认识，都在促成新的表达内容的产生，因此，当有新的表达内容产生的时候，对相应表达方式的需求也会产生，大量的语言新成分出现，以满足这方面的语用需求。

不过，并非所有的新的表达内容都需要新的形式，人们常常利用旧有的表达形式，通过旧瓶装新酒的方式来完成对新的内容的表达，词语的多义现象由

---

① 　参陈松岑《社会因素对语言使用的影响》，《语文建设》1991 年第 1 期；詹伯慧《经济发展与推广普通话》，《语文建设》1993 年第 12 期。

此产生。这时，从语言形式的角度来看，并没有新的成分出现，但是，某个原有的旧形式中增入了一个新的意义，也同样增加了表达中的可用单位，因此，旧形式基础上出现的新含义也是新的表达成分。用旧形表新义，在不增加语言形式的情况下，实现了新的意义的表达，并且在新义和旧义之间建立了密切的形式联系，有助于强化语言的系统性和经济性，但它又使语言成分含义复杂，并形成不同语言形式之间形成错综的意义关系，提高了语言的复杂程度。

反之，尽管某一概念已经有了表达的形式，但若人们不满足于这一旧的表达形式，便也可以为这个概念另创新形式，或者对旧的表达形式作出某种改造，甚至借用其他形式来表达，从而为这个概念创制出不止一种表达形式，同义现象由此产生。同义现象丰富了人们的表达手段，为语用表达和语言发展中的选择提供了条件，也造成了大量的语言冗余成分。

概念表达的需求一定会影响语言，促成语言的变化。但概念表达与语言形式的关系并不是直接对应的关系，二者之间存在某种错位：新的概念表达不一定由新形式来实现，新形式也不一定表达新的概念；换个角度说，新的概念可以使用旧形式来表达，新形式也可以用于表达旧有的概念。①无论如何，这些变化都增加了语言中可使用的成分，改变着语言的面貌，在增强语言内部各成分之间的关联的同时，使得语言内部成分的数量增加，各成分间的关系错综复杂。

2.2　可解度

交际的目的是为了互相沟通，罗仁地、潘露莉认为交际双方的交际过程实质上是一个"推论/推测"过程，即说话人希望听话人了解自己的想法，听话人想要理解说话人的意图，因此，说话者会尽量采用适合听话者作"推论/推测"的形式。②由此可见，表达形式的可懂可解是一个基本要求，同时，这也是语言约定性的体现。

采用交际双方都理解的表达形式，是达成沟通最便捷的方法。但是，在任

---

① 参俞理明《词汇翻新及其动因》，《汉语史学报》（第十五辑），上海教育出版社 2015 年；人大复印资料 2016 年第 5 期转载。

② 参罗仁地、潘露莉《信息传达的性质与语言的本质和语言的发展》，《中国语文》2002 年第 3 期。

意性作用下，语言成分会发生变异，交际中，如果一方对另一方所使用的变异成分了解不足，便会产生理解困难。交际中的难解成分形成交际的障碍。

在交际中，难解成分往往只占据语流中的片段。由于大部分的语流段都由易解成分构成，因此，语流中个别的难解成分虽然构成了交际的障碍，但并不一定阻碍沟通。在话语中出现个别影响交际的难解成分时，表达中的易解部分作为一个可以理解的语言环境，成为受话人克服语言障碍的背景。这一背景能调动受话人的生活－语言经验，向受话人提示说话人的思路，进而使受话人克服交际中出现的障碍。话语中起衬托和背景作用的可解成分提示性越强，就越有利于听话人克服交际中的难解成分形成的障碍。反之，如果话语中难解成分太多，可解成分给出的提示不足以帮助听话人克服障碍，交际就受到阻碍。

一般说来，浅白的表达最符合易懂易解的要求，但浅白的表达也有着明显的不足，就是平淡乏味。缺乏形象性、生动性和感染力的平淡表达不容易吸引对话人，难以在情绪上引起对话人的共鸣、拉近彼此的情感距离，因而难以获得良好的表达效果。因此，表达中的这种浅白虽然是基本的和必要的，但它不能充分满足复杂的人际交往中的实际表达需要，尤其不能满足强烈情感表达的需要，存在着明显的欠缺。

平淡无味的表达不仅让听话人兴味索然，同时，也可能让说话人的形象受到损害。因此，人们往往希望在自己的表达中，通过各种不同的修辞手段，使话语带有更丰富的情感色彩，以便更有效地打动他人；或者，借助色彩丰富的表达，更充分地展示自我的深厚内涵和个人智慧，提高自己在对方心目中的地位和可信度，增强表达效果。因此，在语言的学习和使用中，"说清楚"只是基本的要求，很多时候，"突破平凡"，提高语言表达对他人的吸引力或影响力，才是表达者努力追求的目标，为此，语言的约定性不断地受到挑战或冲击。

2.3 生动性（个性及语用设障）

生动，就是放弃公众习用、平淡无奇或老生常谈的表达方式，增加话语中的形象性、趣味性、创新性、刺激性，激发听话人的想象力，借助各种联想，来形成良好的表达效果，提高话语的影响力。因此，生动的表达总是带有某种创新意味，它往往是在原有的语言材料基础上作出前人未曾用过的新组合，或赋予原有语言材料新的含义，也可以直接对语言材料进行翻新，即用一个新的表达方式来表达旧有形式已表达的内容，通过对熟习概念的陌生化使用来实现良好的表达效果。

对表达生动性的追求激发着表达者的语用创新努力，导致各种别致的表达方式即语用变异的产生。新兴的表达方式在旧有的表达形式的映衬之下，新颖别致富有个性化色彩；语用中个性化的表达，反映了人们在语言运用中的创造性，是语言表达的细致精到和丰富多彩的源泉。大量精彩的个性化的表达得到大众的认可而被模仿，褪去了个别特异的色彩，成为大众共同表达中的典范性的成分，同时也提高了这种语言的文化含量。因此，语言表达中的个性化值得关注。

个性化是个人与群体之间复杂关系的一种表现。作为社会的一员，个人对群体具有高度的依赖，个人需要与群体保持一致，得到群体的认同，以保证群体对自己的接纳，并融入群体、成为群体的一分子。但是，群体中的个体并不完全平等，个体能力因个体在先天条件和后天成长方面的差异而有所区别，群体中不同个体自然形成杰出和平庸的差异。生活中，没有人甘居下游，自尊心使得每个人都有在群体中出类拔萃、超凡脱俗的愿望，即使做不到这样的"辉煌"，至少也希望自己能在群体中得到更多的尊重。因此，个人会通过各种主观努力并利用各种外在条件，培养或提高自己在某些方面的能力，以争取在群体中获得更高的认可度。语言能力也是个体能力的一种，追求个体出众的努力体现在用语上，就是通过用语的个性化来强化表达的感染力，以获得众人更多的关注和认同。

人们在大体遵循语言系统的基础上形成个性化表达，通过对个别语言成分的变化或改造，营造出表达的新鲜感。它不仅彰显个性，还通过强烈的语言刺激，引来听话人更多的认同或关注，取得更好的交际效果。语言表达中，语音、词汇和语法各层面都可能形成个性化的表达成分。个性化表达不一定都引起语言中新成分的产生，但许多语言变化和语言新成分的产生都与个性化的表达关系密切。

个性化的表达形式不仅彰显表达者的个性，也与交际中的不同对象或不同语境有关。针对不同对象或语境采用不同的方式，提高表达的适宜度，满足交际的需要，也是一种个性化的表现。比如对人的死亡，我们有许多表达手段，适用于不同的人或场合，如基督徒适用"去见上帝"，道教信仰者适用"仙逝"，佛教徒用"坐化"，严肃含蓄的表达用"逝世""去世"，通俗委婉的表达用"走了""不在了"，不讲究对象、语境和礼貌的就用"死了"，等等。对于同一概念的不同用词，色彩不同，效果也不同，有不同的适宜对象和适用场合。

个性化表达造成众多的同义变异形式，成为一种资源，具有某些原生态的特点，这些表达通常谈不上简捷高效，并且有悖于经济原则，但它们往往能够满足某些特殊的交际需求，比如适宜性、群体性、保密性等，其中蕴含的富有生命力的因素，使得交际中各类个性化的表达层出不穷，成为语用中不可忽视的一个方面。

个性化表达采用与众不同的方式，背离了一般的语言经验，相当于在交际中设置障碍，会引起交际阻碍。交际阻碍现象经常出现，但发生阻碍的程度不同，对交际的影响也不同。有时，交际中的障碍表现为系统性、整体性，即我们对语流中所有的符号和规则都一无所知或者基本不了解，这时，障碍无从克服，沟通就无法进行，比如我们无法听懂一种陌生的语言或方言。但也有的时候，交际中的障碍仅仅出现在语流的个别成分或局部片段中，比如对话语中某个词语或结构理解困难，在这种情况下，借助于听话人在对话中的主动作用和积极配合，这样的障碍是可以克服的。

个性化表达在文学创作中作用尤其突出，个性化可以表现在内容上，也可以表现在语言形式上。语言表达个性化的实现有两种途径，一是利用现有的语言成分和一般规则，表达出特别的意境，如"床前明月光，疑是地上霜"这样的平实的诗句；还有一种是进行语言创新或利用非常规的语言手段，通过个性化的用语来实现个性化，像"欸乃一声山水绿"借助一般人都不懂的方言词"欸乃"，加上特殊的语法结构，成为一个千古名句。作家在写作中，往往同时采用这两种手段。

个性化表达是满足复杂交际环境对用语的特殊要求、提高交际质量、促进情感交流的重要手段。语言表达的个性和生动性，语言的丰富性和多姿的色彩，都在相当程度上有赖于富有个性色彩的语言创新和变异。但是，语言表达中的个性色彩降低了用语的通行度，必然影响表达的清晰度，导致语言成分可解度降低，阻碍交际。因此，个性化的表达有它的适用场合，并不是任何场合都适宜个性化表达和个性化创新。一般来说，在探索性的文学创作、比较自由和亲近的私人交往、有意要突显个人形象时，依托小范围内特殊语境支持，比较适于个性化表达；而在比较正式、严肃的场合，面对陌生或关系疏远的人，面对宽泛的话题、宽泛的语境、宽泛的对象的时候，需要准确、客观地表达某些意思的时候，个性化表达就不太适宜了。

语言的主要作用在于信息交流，但是，人与人之间更重要的是情感交流，即用自己的情绪去影响他人，通过情感上的互动达到共情，实现双方内心的沟通或了解。有些涉及情感的交流只靠客观信息的传递是远远不够的，需要采用更多样的方式来实现。表达情感有多种手段，在语言方面，通过交际设障，采用不同寻常、具有个性化和更富吸引力的表达手段，是其中之一。①

交际中的障碍对于交际的影响，可以从两个方面来看。一方面，障碍影响交际，让人无法直接了解对方的意图，具有消极性。不过，多数情况下，说话人设置的障碍，是基于交际双方共有的语言经验和社会生活等方面的综合知识，这使得带有障碍的表达与一般的表达之间存在某些逻辑上的关联，可以通过一定的途径实现破解，它可以增加交际中的文化含量，具有积极意义。

语用设障的目的不尽相同，但大致可以分为两类，一类是情趣性的，一类是防范性的。多数情况下，语用设障的目的是为了增加表达的情趣，丰富表达的色彩。但也有一些情况下，语用设障是为了在某个群体与全民用语之间形成沟壑，起到保密的作用，比如某些群体内部的秘密语，它们表达的是一般的概念，但使用的却是不同寻常的语言形式。

说话人在交际中设置障碍，看起来违反了合作原则②，但对话双方有共同默认谈话基础（语境），当听话人遭遇交际障碍的时候，会积极调动自己的语言能力和知识储备，借助语境中已知信息的支持，通过合作意识，努力进入说话人的思维逻辑，克服这类局部障碍。并且，正如所有克服障碍、战胜困难的行为一样，交际中这种障碍的设置和克服过程，让交际双方获得更多的成就感，成为交际双方摆脱平庸、寻找交际情趣和格调的一种手段。

从积极的方面来看，交际中的这类设障行为，对于说话人来说，是个人智慧和创造力的体现：他能够用一个新的表达形式代替常规形式来表达某个概念，从中享受创造或革新的乐趣；对于受话人来说，除了简单的克服障碍的成

---

① 参侯国金《辞格花径和花径辞格》，《中国外语》2016 年 1 期；黄碧蓉《幽默话语"花园路径现象"的关联论阐释》，《外语研究》2007 年 6 期。

② H. P. Grice, "Logic and Conversion", in P. Cole & J. Morgan（eds.）, *Syntax and Semantics* 3: *Speech Acts*. New York: Academic Press, 1975.

就感之外，说话人的交际设障是对受话人智力的挑战，是把受话人作为一个对手，这在某种程度上也是对受话人智力的一种认同，而受话人克服这种障碍，回应挑战，可以获得更高的成就感。因此，交际设障是改变平淡表达、活跃交际气氛的重要手段。语用中的委婉、双关、比喻、比拟、借代、反语、缩略、藏头、歇后、用典等改变语言成分或违背一般语言习惯的修辞手段，以及传统节庆聚会活动中猜谜一类的游戏，日常表达中比较深奥生僻的文言和行业术语等，都是交际中不同程度的语言障碍，可以提高交际的复杂性，并且作为语言表达的技巧用于体现自我、寻觅知音、维护社群（不具全民性的局部小群体，比如旧时的帮会、行会），成为极具文化含义的语言形式。

语用设障中，有相当部分带有浓重的文化色彩，这种文化色彩表现在文人雅士（或者用现代的说法，叫知识精英或社会精英）的言谈之中，就是特别重视说话的典雅性。运用典故，尤其是别人不熟悉或不了解的典故，来表达自己的意见，能够充分显示自己知识的广博和文化修养的深厚，提高自己在群体中的地位；反之，能够理解别人用典的含义，乃至能够明了典故的出处，同样显示出自己的学问和功力，这样就形成了社会典雅层面语用设障的文化特点。与此相应，市井俚俗或大众层面的语用设障，也有相当一部分建立在一般的民间流传的文学作品（如戏剧、小说、弹唱曲词）和各种谚语等基础上，它们不以古奥的典籍为主要依据，而以耳濡目染的日常文化生活中的经验为基础，与人们的文化环境密切相关，表现了人们的文化修养、学识和生活情趣。

语用中，人们不仅会通过设置障碍来增强表达的情趣和文化含量，还会在文字、语音、词汇、语法的选择方面避易就难。一些汉字的生僻读音，往往更能得到认同，比如"壳"字，通常读 ké，但在"金蝉脱壳""地壳"中读 qiào，后来，在"甲壳"中也读成了 qiào。人们在日常的口头表达中，往往趋向平易，但表达同样的内容，在正式的场合中，比如向上级或群体作汇报、被人采访、正式会议发言等情况下，人们会放弃日常用语，采用更具书面色彩的用语，包括成语甚至文言词语，来展示自己的文化修养，改善自己的公众形象。

文化环境影响交际设障。语用中设置交际障碍和克服交际障碍的能力，与人们所受到的文化熏陶密切相关，在不同时代，不同群体所受的文化熏陶不同，因而会有不同的设障模式或设障习惯，也就是说，时代风尚或文化氛围直接影响语用中交际设障的文化品位。换个角度说，语用中的交际设障的趋势，不论是用语中好引古代经典，还是当今网络交流中好用谐音别字或字母词，都反映着一个群体甚至一个时代的文化取向，值得关注。

对于交际设障，人们态度不同。有人因它有碍交际而持反对意见，而有人则认为它是语言的精华，富有文采，是对语言深度了解和掌握的表现，故而乐此不疲。从交际实践来看，语言成分的可解度并不是衡量交际手段优劣的唯一标准，通俗易解的语言成分过于浅白直露而枯燥乏味，致使交际中人们宁愿牺牲语言的可解度来提高交际的文化含量和趣味，并且，大量通过语用设障而形成的表达方式，经反复使用，沉淀在语言之中，成为大众使用的一般性语言成分，提高了语言中的文化含量。换个角度来看，语言中的文化含量和趣味常常是以牺牲语言的可解度作为代价或前提的，第二语言的学习者在这个方面体会尤深：他们在第二语言的交际中，常常受字面意思的误导而作出误解误读，是语言学习中最常遭遇的文化障碍。

2.4　时尚性

社会在发展，不同的社会成员在社会的发展中处在不同的地位，其中有的赶上甚至领先或超越全社会发展程度，有的却在社会发展进程中处在滞后和落伍的地位。试图避免落伍的人们会有意识地追逐新鲜事物，时尚成为一种普遍的社会现象。时尚并不一定代表社会发展的方向，但它反映了人们追求赶上时代或领先时代的尝试和努力，社会用语中，也有一些时尚性的成分。[①]

社会生活包含方方面面，在每个方面都可能产生全社会关注的焦点，形成热点话题，加深人们对相关事物的认识，引发时新用语。这些时新的用语突出地反映公众的关注以及社会最新的观念，常常会在短时间内迅速地流行开来，在充满活力的人群中尤其容易产生广泛的影响。这样，社会上就会出现一批流传迅速、影响巨大的新兴词语或用法，这些新的语言现象来势迅猛，成为社会的各个活跃群体中使用率高的语言成分，形成当时的时尚用语。爆发的流行性是时尚用语的最主要特点，此外，时尚用语还表现为某种新异性、大众化、娱乐性，并有高频使用和短时多变的特点。

---

① 参齐沪扬、邵洪亮《沪上校园新词语的构成来源及结构方式》，《南京师范大学文学院学报》2006年第2期；李明洁《年度词语排行榜述评与流行语的概念辨析》，《当代修辞学》2014年第1期。

　　时尚用语常常给人新颖的感觉，但是，时尚用语不一定是新生的词语，一些很平常或很旧的词语，也可能在某个特殊的时候被大众启用，风行一时，比如"戾气"一词。还有一些常见词语形式，被赋予了新的意义之后，也会流行一时，比如"备胎（汽车的备用轮胎——后备的恋爱对象）""老司机（经验丰富的汽车司机——经验丰富的人，情场老手）"，本来都是汽车方面的常用语，在流行语中指称婚恋中的人物。

　　对于时尚用语，应该从几个方面来分析，首先它来势迅猛，社会影响大，具有爆发性的特点。时尚用语是由社会热点引起的，一个社会的热点现象可能在一段很长的历史时期内影响全民的生活，比如长期的战争；也可能只是暂时地影响人们的生活，比如"非典"。由于社会热点形成的背景完全不同，它们对社会影响的持续性是不同的，因此，对来势迅猛的时尚，要有一个历史的观察和分析，正确评估它对社会影响的程度和影响持续的时间，恰当地认识时尚用语的持续性。

　　其次，时尚可能引发一些高流行的新成分发生连锁性变异，以及数量可观的仿拟推衍，表现为一种能产性。在以往的基本词汇分析中，能产性作为基本词汇的一个特点，颇受重视，但不能认为那些具有高能产性的时尚用词（或称为流行词）就已经成为汉语基本词汇中的成员。仔细观察可以发现，基本词汇成分最重要的特点是长期使用所体现的稳定性，时尚用词虽然在一段时间内很活跃，但它们尚未长期使用，也不能保证将会长期使用，它们的稳定性尚且存疑。同时，基本词汇的能产性表现为长期持续的能产，即在漫长的使用过程中，不断地、往往是小规模地能产，衍生出的词汇新成分也往往有比较高的稳定性。而时尚用词的能产性，则表现为在时尚心理的驱动下的爆发性能产，往往具有大起大落的特点，缺乏持续稳定的使用。近几十年来汉语词汇历史考察一再发现，在汉语历史上曾出现过不少在特定时期十分能产的词汇成分，但过了这个时间段，它们不仅本身不再能产，原来衍生出的成分也大多不再使用了，并没有进入稳定状态。因此，简单的能产性，尤其是带有爆发性质的能产性，只是时尚用词的特点，而不是判断词汇基本成分的充分条件。

　　换个角度来看，一个词汇成分在短时间内连续发生变化，甚至产生爆发性的变化，说明它正处在迅速的变化之中，而一个处在迅速变化中的成分，最显著的特点就是不稳定，因而只能是词汇的外围部分，它的未来，还有待语用实践的筛选。比如"的士"一词，作为"出租车"的同义形式，二十多年前在内地出现之后，随即有了爆发的能产性，产生了"的哥""的姐""的嫂""摩的""面的""飞的""打的""的来的去"等用法，因而被一些词典收录。但这并不意味着它在汉语中取得了持续稳定的地位，事实上，在比较正式的场合，"出租车"或"出租汽车"仍然是更适宜的形式，"的士"本身在盛行一时之后，在很多地方又隐退了。比如在成都，虽然"打的"还有人说，但一般情况下，人们多用"出租"，比如"坐出租""叫一辆出租"，而不用"的士"，连"的哥（男出租车司机）""的姐（女出租车司机）""野的（未取得运营资格的出租车）"也早被"租哥""租姐""野租"代替。

时尚在本质上是短时和多变的。时尚的特点是"新"，时间会使任何事物不再新鲜，随时尚而产生的新用语，如果使用者对它的追捧仅仅是因为它的"新"，那么，到了它不新的时候，追新的使用者放弃它去追捧更新的时尚，也是很自然的。[1]

语言态度激进的群体主要是青年群体，他们年轻活泼，思维活跃，反应灵敏，富于探索精神，乐于接受新鲜事物，对反映时下热点的用语尤其敏感，是时尚用语的主导力量。新旧关系随时间流逝而更替，世事随时间推移不断更新，追逐时新时尚的人们，随着迅速变化的外界环境，会迅速地转移他们的注意力，让旧日的时尚成为历史而被放弃、被淘汰。追逐时尚的群体在接受时兴用语时反应有多快，在放弃不再时兴的过时用语时也会同样地快。因此，在关注时尚的时候，要充分注意人的这种"喜新厌旧"心理，注意时尚的短时效应，不要把一时流行跟永久留存混同，把昙花一现的语言现象当作语言中基本的、核心的或本质的表现。

不同社会群体对时兴用语的态度不尽相同。语言态度倾向保守的群体对语言中新成分的吸收比较迟缓，甚至带有排斥心理，但是，他们一旦吸收了某些语言成分，放弃也同样迟缓。年龄较大的人群、社会关注面较窄的人群、性格沉静循规蹈矩的人群，大多属于这一类。这类人群与上述追逐时尚的人群对于时尚用语的态度和接受方式恰恰相反：学得快的，放弃得快；学得慢的，放弃得慢。时尚用语只有影响到相对保守的语用群体，为他们所接受的时候，才有

---

[1] 参王铁昆《从某些新词语的"隐退"想到的》，《语文建设》1999 年第 5 期。

可能在语用中站稳脚跟，沉淀下来。①

对于时尚用语的普遍性，也要有一个正确的评价。一些时尚用语往往在一部分群体或一部分地域流行，对这些局部的使用者来说，它们是高频且经常使用的，但这并不意味着全民的高频和经常使用，其中存在群体性的差异，影响着时尚用语的传播和保存。一些时尚用语往往有行业背景，本行业的人群以及经常接触该行业的人群，接受涉及该行业新用语的能力和速度，都明显地优于行业外的人群，但行外人使用行内语时的时尚感，要远高于行内人。有些行业变化迅速，反映行业新发展的词语到了一定时候就失去了领先地位，不再时尚，这类缺乏行内支持的用语便会在行业之外变得过时，不再时尚。

时尚反映大众对新事物的厚浓兴趣，具有某种社会导向性。社会需要时尚，时尚也表现在社会生活的方方面面，是社会现象的即时反映。时尚用语反映民风民情的波动，尤其是当时社会典型心态的变化，是社会动向在语言中的即时反映，也是社会用语研究的一个重要方面。换个角度来看，如果要提高宣传的力度，达到更好的宣传效果，掌握宣传的话语权，引导社会舆论，恰当地采用时尚用语是非常重要也是最有效的手段之一。

但是，对于时尚用语在语言中的地位或者说它对全民用语的影响，要有一个准确的定位。时尚用语是社会用语中最新鲜、最引人注目的部分，但不是最核心、最根本的部分；时尚用语最能够迅速反映当时的社会表象，但并不一定是社会本质的直接反映；时尚用语在一时之间高频使用，并不意味着耐久；时尚用语鱼龙混杂，固然有它积极的方面，也存在不少消极因素，甚至同一时尚语言成分常常具有两面性。对此，需要有一个清醒的认识，不要失之偏颇。

跟时尚有关的，就是趋时的作用。我们不满足于平庸而力求创新，反映了体现个性的一面，但是，人是社会性的，个人必须跟社会协调，当个人无法实现自己的创新的时候，采用别人的创新也能够在一定程度上突破平庸、体现个性，因此，语用的趋时性表现非常普遍。趋时本身只是模仿，不是创新，它是一种介于保守和创新之间、偏向和支持创新的行为。热衷于时尚的人们往往具有强烈的趋时性，得益于这些人的支持，时尚用语在全社会产生较大的影响。

---

① 参王铁琨《新词语的规范与社会心理》，《语文建设》1988 年第 1 期；徐幼军《新词语新用法与社会心理》，《语文建设》1988 年第 3 期。

2.5 经典性

经典性指的是表达中的用典现象。人们在表达自己意见的时候，为了增加说服力，往往会征引各种前人的事例或精辟的话语，来证明自己的行为或意见有根据，有前人经验可循，具有规律性，符合事物发展趋向而具有必然性，等等。除此之外，为了展示个人的文化底蕴，表示自己是"读过书""有文化""有教养""有根基""懂道理"的，以及增加表达的文化色彩，人们在表达中也常常有意识地套用、改用保存在文献中的、前人使用过的词语或句式，来取得更好的表达效果。在这样的交际心理的驱动下，"用典"成为历代汉语表达中的一个重要修辞手段，只是时代不同、文化环境不同，出典有所不同而已。

用语的经典性，形成于人们的阅读习惯，这里的"阅读"指宽泛意义上、从任何文献和文化活动中获得的语言经验或语言知识。读哪些书、听哪些话，自然造成了哪些方面的文化积淀，在需要征引和化用的时候就会很自然地从这些文化知识的积淀中寻找材料。不同时期不同的文化阶层和文化取向有差异，就有了不同的取典范围和取典习惯。在中国传统的文化环境中，以"十三经"为核心的先秦两汉的诸子史籍被奉为正宗，一直是封建时代社会精英的必读书籍，也是科举考试的主要内容；此外，作为调节和补充，一些时尚性的文学作品，比如辞赋、骈文、诗词等，也是文人文化生活中的组成部分，成为主流文人用典的主要来源。而在民间，汉代以来的佛教道教的经文，各类佛教道教的宣传品，民间流行的词曲、戏剧、小说、曲艺，等等，是大众文化生活中的主要内容，它们成为大众用典的主要来源。

二十世纪以来，中国社会的文化环境发生了巨大的变化，包括知识阶层在内的全民阅读习惯和阅读内容也有了巨大的变化，"经典"的含义已今非昔比。但是，日常交际中人们对用语经典性表达的需求没有消退，只是由于阅读内容的变化，"经典"被替换了，尤其是进入网络时代，出现了一些新的、带有明显用典色彩的"流行语"，反映着人们在交际中"典故"来源的变化。比如带有惯用语或熟语性质的"打酱油""掉链子""你懂的""躺着也中枪/躺枪""谁动了我的奶酪""林子大了什么鸟儿都有""不作死就不会死""十动然拒"，还有填充性质的"［爱］你没商量""别把［豆包］不当［干粮］""［明朝］那些事"，以及近年来形成的一些所谓"体"，如"甄嬛体""元芳体"，等等，都是在引用、效仿给人印象深刻的前人精彩表达方式的过程中产生的。

无论语用中的"典"发生了多少变化，人们对于用语经典性的追求都是一贯的，它反映了一种特殊的用语倾向，在彰显表达者对精彩表达推崇的同时，也显示了表达者重视用语的传承和依托，希望自己的表达有深厚的根基，这也是语言约定性对语言表达积极效果的体现。只是由于出典所取对象不同，表现出来的色彩差异很大：采用数百数千年前文献中的古人用语作为典故，与采用近两个月里在电视剧或其他什么地方看到的"经典"用语作为典故，在取用前人用语精华这一点上是相同的，但是其中附有的历史文化含义和词语本身的语体特点相去很远，它们对语用影响的持续程度也无法相提并论。

因此，经典性是语言规范中需要重点引导的一个方面，应该结合基础语文教育和文学创作（尤其是大众化的文学创作），在提高经典性的质量方面展开工作，以利全民用语素养的提高。

2.6　身份展示

社会分工导致同一社会形成不同的群体，各社会群体之间一方面互相依存、参互交会，另一方面又彼此分隔，存在界限。在社会活动中，不同的群体在体力、智力、文化修养和技艺等诸多方面施展各自的能力，在社会政治、经济、文化等不同领域发挥作用，形成了各群体在社会作用方面的差异。

同一社会中，不同的社会群体之间互相依存、密切关联，形成了不同的群体关系，其中有的群体对其他群体具有较强支配力，影响其他群体的思想和行动；有的群体则更多地接受支配，处在受影响或跟从、服从的地位。这样，不同群体形成了不同的社会阶层，占据不同的社会地位，形成具有高下差异的社会结构：支配力强的群体处在社会的高层，支配力弱的群体处在社会的下层。处在高层群体的人们在社会上具有更大的话语权和成就感，他们的言行对于全社会具有更强的导向或示范的作用。

社会地位的差异与人的文化素养存在某些对应关系，也形成了不同社会阶层的不同用语习惯。就社会用语的总体而言，至少存在雅俗两大方面的风格差异，与个人的社会身份形成关联。受"人往高处走"的意识的影响，处于高阶的群体成员会通过体面的用语突出自己良好的素养，确定自己在交际中的表达优势；处于中下层次的人们也会有意识地提升自己的用语修养，向更高的社会层级靠拢，尤其是在比较正式的场合，语用选择更趋向斯文典雅，形成语用中普遍的"向上"现象。

不过，交际语境十分复杂，在实际的交往中，交际者在不同的具体环境下，可能采用不同的语用策略，以实现自己的交际目的，因而违反语用向上的原则。比如，低阶群体成员出于群体的自我肯定、自我保护等因素，会在交际中突显自己所属阶层的语言习惯，强调自己的群体背景和社会地位，包括采用粗俗的表达手段，以表达自己的逆反情绪，或彰显自身的粗犷力量，为自己的表达提供支持。这样的表达在特定的条件下，比如在不受社会主流意识控制、混乱无序的交际场合中，更容易获得交际优势，从而获得更多的利益。

反之，处于高阶群体的成员，在必要的条件下，尤其面临某个下层群体在人数、行动或其他方面占有明显优势的场合，会背离自己的用语习惯，采用随俗从众的态度，努力缩小与所处环境的反差，在语用上弃高就低，采取通俗粗浅的表达，向低阶群体用语习惯倾斜，使自己在用语方面融入基层环境之中（所谓"接地气"），争取对方的同情和支持，以改变自己的交际劣势，获得有利的交际效果。因此，语用中"向下"的现象，也有存在的理由。

不同个体出于不同的动机、在不同的环境下会有不同的应对方式，表现为不同的语用倾向和选择，目的在于从所面临的交际形势中争取获得更多的主动，占据有利的话语地位。其中，语境作用十分明显：在一个稳定有序的社会状态下，在比较正式和讲道理的场合中，用语的典雅当然有利于提高说话人的身份，但在争取社会底层的群体认同方面，通俗的用语常常更为有利。而当局面混乱，"秀才遇到兵"的时候，粗恶鄙俗、强暴蛮横的用语，比起文质彬彬、优雅恭谦的言论，肯定更容易占据上风。

对于交际参与人来说，用语的社会色彩也是一种标签，体现人的文化素养、社会定位和社会态度，不同人物在不同场合的不同用语表达了不同的态度，在不同的语境中所获得的效果也是不同的。用语所表现的文化素养和社会定位不能简单地决定交际效果的优劣，不同社会色彩的用语的交际效果将由具体的语境，即现实的不同社会力量对比来决定。在当前的语用实际中，有人为了标榜自己的开放和勇气，有意在常规表达中使用粗俗用语，这种贴错语用标签的现象甚至成为某些人的时尚，一些粗鄙的用语因此泛滥，这是令人担忧的。

从使用者来说，不论用语色彩是雅是俗，获取表达中的最佳效果，是通过用语体现身份的主要目的。而从社会用语规范和提高全民文化素养的角度来看，明确社会用语与身份展示之间的关系，提倡积极向上的用语习惯，应该是语言规范工作所努力推进的一个方面。

2.7 群体维系

语言是全民性的交际工具，但对于使用某种语言的个人而言，日常的语言使用总是在大社会的某些小群体范围内展开，而并非跟使用这种语言的所有人进行交际。出于地域、年龄、性别、亲缘等自然因素，以及职业、兴趣、盟会结社、宗教信仰、文化素养、社会地位等社会因素，语言的使用者可以从很多个角度分成很多个群体。处在不同群体中的人们，对不同事物会有不同程度的关注，形成不同的日常话题，从而养成不同的用语习惯，导致不同群体的用语差异。

促成社会用语群体性分化的最大因素是社会分工。人类的生存需要多方面的知识和技能，每一种知识和技能的获得，都需要有必要的学习训练，即大量的付出。其中，有的知识和技能是个体日常必备的，有的知识和技能对于个体来说虽然重要却只是偶或一用。这里就产生了一个矛盾，一方面，我们对各种知识和技能都有精益求精的需要，但是，一些好不容易掌握的知识和技能，在个人的生活中很少有机会得到发挥，形成巨大的浪费；另一方面，我们的精力有限，在众多的知识技能的需求中无法做得面面俱到，难免顾此失彼，有不少比较特殊的知识和技能直到需要的时候都还没有学好，无以致用。因此，出现了少数人对某一特殊知识技能有深入掌握，可以满足群体中其他成员的需求；不同的人掌握不同的特殊知识和技能，从事不同的工作，提供不同的产品或服务供其他成员使用，通过交换，互相取长补短。社会分工就这样出现了。

社会分工首先与人们的日常生活和生产密切相关，比如在中国，医、卜、星象、数学都在很早的时候就形成了自己的专业，同样，渔猎、畜牧、农业以及各类手工业也纷纷形成。社会分工带来的物质生产效率的提高给人们带来了更多的闲暇，精神或文化娱乐方面的需求随之增长。为满足这方面的需求，文学创作、演艺和博戏应运而生，少数人在某些特殊方面的专长，满足了公众对这些方面的需要。

反映专业或行业特有事物的概念，造成系列的独具特色的用语，区别于一般通行的大众用语。直接参与这些行业活动、使用这些行业用语的人，就成了内行，不熟悉这些行业事物的人，不懂这些行业用语，就成了外行、门外汉，难于参与行内的交际，社会用语的隔阂形成了。现代社会分工更细，更多的专业和行业还在不断地形成，特定范围的群体性用语特征有增无减，其中有的行业用语影响普遍，也有的行业用语非常专门，形成了复杂的行业用语格局，对应复杂的社会分工和社会参与，满足社会各专门部分的正常运行。这类专门性用语在满足本群体内部交流需求的同时，又与一般公共用语保持距离，对群体之外的人们形成用语壁垒。

不同的专业或行业与公众的关系不尽相同。其中有些专业或行业专门性强，公众日常接触不多，给人非常深奥的感觉。但有些专业或行业，尤其是大众化的消闲娱乐性的行业，既有相当的专门性，又普遍地分布在社会上，与大众深度接触，为人们提供精神文化方面的享受，具有很大的社会影响，形成了以兴趣为主、开放度高的社会群体。这类行业用语，会更多地跟大众一般用语相融合，更快地渗入大众用语中去。

特定群体性用语，不仅有社会发展自然形成的，也有主观刻意而为的。行业的发展促成了行帮的形成，行帮最初与行业分工有关，但是经过发展，在社会底层形成了相对独立于主流社会且超出行业限制的帮会和各种社团，包括秘密结社。在各帮会内部，不仅因日常交际而形成一些带有本团体特点的用语，还会为了自己的利益，特别是因为成员身份辨识和保密的需要，而制定本行帮的特定群体用语，其中不仅有反映帮会内部情形的特定概念，也有对公共生活中一些常用概念的特别表达形式，被称为黑话、江湖话、切口、海底等。这样，行话就由职业性转向了结社性，在特定的群体中使用。

江湖黑话的历史非常久远，明清时期，江湖结社使用的行话愈益盛行，像天地会、青帮、洪帮、哥老会等，都有一整套自己规定的、适用于本团体内部成员之间特殊交际的用语体系，用在与行帮活动关系密切的概念表达方面，区别于大众用语。在一些帮会内部，不同层级的成员掌握这类用语的数量和程度也有区别，以体现他们在帮会事务的参与方面和帮会内地位上的差别。在帮会消失之后，与行业无关的特定的群体结社暗语流散到社会上，也出现在一些青少年群体中，尤其是一些逆反心比较重的青少年之中，但相比帮会用语，其中的组织性已经很弱了，流行程度也很有限，他们使用这些用语的目的，主要体现为区别于大众及对本群体的认同。①

　　行业和帮会用语有时会采用特殊的方式表达一些通行的概念，比如过去商业交易中，买卖双方在商品数量、价格表达上都采取隐秘的说法，以避免第三者的干扰，因此，数词的隐称就非常繁杂。民国衣年的《成都通览》记载了当时成都地区几十种数词的表达方法，分别为不同的行业所使用。这些用语都具有明显的排他性，它们在维系特定群体的圈内关系的同时，阻隔了外界对内部的观察，形成了团体的秘密性，也促成了语言的分歧。

　　行帮中人对于同样的事物，采用与一般人群不同的表达方式，从高效、简捷、明了的交际要求来说，这些表达方式都是冗赘的，因为所表达的内容已经有了其他通用的可表达形式。它们作为特殊情况下的特殊表达手段，或仅仅作为临时性的修辞手段，甚至仅仅是一种语言游戏，为某一意义增加了一种临时的或局部的表达方式。但它们的出现，直接体现了交际参与者在社会关系方面的疏密差异，给表达带来了某种浓厚的情感色彩：能够使用圈内表达方式交流的人，会一见如故地成为"自己人"或彼此默契的"同行"，反之，则成为外人，受到冷遇或被排斥。

　　与公共用语有同义关系的行业用语，在公共用语基础上形成了新的选择，丰富了语言的表达手段，为语言系统中成分的更新提供了可能。因此，语言系统中这些赘余的成分，虽然不是表达中必不可少的，但也有它的适用场合，特定的群体性用语在阻隔个别群体与大众交际的同时，形成了本群体对外的特殊性和对内的一致性，强化了群体的紧密度，对维系群体而言，发挥着积极的作用。

　　这类语言行为方式，也直接构成了各种基于语言的秘密交际手段，比如各类秘密活动或保密工作中的密码暗语等，成为特定情况下必不可少的一种表达方式。

　　特定群体使用的特别表达方式通常依附于全民共同语，它们没有独立的语音、词汇、语法系统，它们的不同主要表现在个别的语言成分，主要是一部分词汇成分中，因此，属于语言的特殊部分，当然是不规范的部分。

---

　　① 参田惠刚《青少年中流行的不规范言语初探》，《学术界》1994 年第 4 期。

2.8 情感宣泄

语言不仅用于传达客观的信息，还有表达情绪的作用，这两个方面构成了语言的表情达意功能。通常，我们比较关注语言在实际意义传达中的作用，但是，在很多时候，语言兼有表达情绪的作用，一些语言成分，比如一些叹词、象声词、语气词、情态副词，以及一些修辞手段，比如夸张、重复、反语等，专门或经常被用来表达说话人强烈的情绪，而不在于传达具体的、含有实质内容的信息。

很多积极、正面的常规用语都可以表达强烈的情感，但由于复现率高，大多比较典雅、斯文、温和或平淡，缺乏刺激性，常使人感觉不能满足强烈情感的宣泄。因此，处在高度消极情绪中的表达者，会通过污辱、骂詈性质的负面用语，以及其他方面的不雅用词作为宣泄内心消极情绪以及从心理上攻击、伤害敌对方的手段。在这种情况下，用语已经完全不表达实际的意义，只在于宣泄表达者内心的不满、愤怒、仇恨或反抗。①

从交际策略来看，宣泄性的表达也是一种交际手段。当说话人无法或不愿在对等的交际中与人展开交流的时候，会采取破坏性的战术，使用负面（即不体面）的表达方式，转换交际语境，把严肃的语境降级成为亵渎鄙俗的语境，通过污蔑丑化攻击、贬低对方，直接发泄自己的负面情绪，同时还利用这种方式，激发对方的负面情绪，在个人的用语形象方面"拖人下水"，在污浊的语用环境中为自己寻找有利的位置。

这类极端消极的情绪表达，让表达者通过放纵发泄，缓解心中的郁结，从而放松自己，获得快感。有人在非对抗性的一般表达中，即在正常的语境中，也采取这样的方式，回味和延续这种快感，直至养成习惯，成为所谓有"粗口口瘾"的表达者。在这样表达心理的作用下，一些粗俗鄙陋的言语常常出现在

---

① 参石英《语言的扭曲》，《语文建设》1995 年第 1 期；楚雄《语言滑坡：由调侃到粗俗》，《语文建设》1995 年第 2 期；张德祥《语言的污染》，《语文建设》1995 年第 3 期；李春青《粗俗化与文人心态》，《语文建设》1995 年第 4 期；曾凡波、李建盛《语言的暴力》，《语文建设》1995 年第 5 期；林兴仁《广播电视中的语言污染》，《语文建设》1996 年第 2 期；赵雪《慎用骂詈语》，《语文建设》1999 年第 6 期；文孟君《骂詈语》，新华出版社 1998 年；刘福根《汉语詈词研究》，浙江人民出版社 2008 年；张谊生《试论骂詈语的词汇化、标记化与构式化——兼论演化中的骂詈语在当代汉语中的表达功用》，《当代修辞学》，2010 年第 4 期；露丝·韦津利《脏话文化史》，颜韵译，文汇出版社 2008 年。

日常表达中，用来表达说话人的各种强烈感受，包括积极的强烈感受，甚至用于积极的情绪宣泄。

与此相应，在某些夸张的情绪表达中，一些带有消极意义的词语，由于本身带有强烈的语义刺激性，会被广泛地用于不同的场合，扩大使用的范围，并导致语义和语法性质的改变，比如表示死亡意义的"死"，在某些表达中，有了表示极端程度的含义（比如"高兴得很"被说成"高兴死了"）。一些表达者为了引人关注，有意识地采用含有高度消极意义的词语来表达积极含义，以强烈的反差所形成的刺激，来寻求他人的关注，加深他人的印象，以取得更好的表达效果，这成为语用现实中的一种特殊修辞手段。

出于消极情绪表达的消极意义的词语泛用，在非消极的表达中形成强烈的刺激，可以满足某些情绪宣泄的需求，也能提高公众或他人的关注，成为语言应用中经常出现的现象。一些有消极意义的词语的语用色彩和理性含义因而发生变化，被"漂白"为中性或带积极色彩的词语，比如"牛逼"这样的词，并由此产生了一些负面影响。当人们把那些字面上消极含义明确的字词用于积极意义的表达时，从概念分析的角度看，会出现破不语言约定关系、淆乱视听、模糊是非标准、降低公众用语的文化素养、挑战社会文明和道德底线、恶化社会风气等问题；并且，从整体上看，消极表达对于个人形象的负面作用，远远大于使用者所可能得到的短暂利益，会对使用者的社会形象造成绝对的损害。因此，从语言规范的角度来看，这类直接破坏语言的文明程度、降低国民语言素质的现象，应该引起警惕，采取措施积极应对。

2.9　娱乐功能

表述的趣味性是吸引受众的重要因素，通过语言使用获得的趣味，跟从其他方式获得的趣味一样，也会超出功利性的实用范围，使语言从交际工具转变为消遣的手段。语用实践中，语言不仅可以作为交际工具传达信息、交流情感，也有娱乐的作用。语言文字的娱乐功能，普遍地存在于古今各类语用活动中，甚至产生了以语言为主要载体的游戏，比如谜语、绕口令、行酒令等，并且渗入文学创作和其他的语言表达之中。只是在不同的时代、不同的文化修养、不同的风尚和不同的语用环境，语言文字的娱乐性会有不同的表现形式，反映不同的时代风气，更体现不同的文化涵养。

　　同时，语用中的各种典故和时尚用语，也可能是人们茶余饭后的闲聊话题，人们在关注语言形式所反映的历史文化和社会时事的同时，也可以反复咀嚼这类语言成分中蕴含的种种文化韵味，感受语言所体现的社会生活的脉动，这在相当程度上也满足了人们消闲的需要。

　　与此相关，还有语言使用者的游戏心态。有些时候，人们使用某一说法仅仅出于"好玩"，甚至可能出于这种"好玩"的心态，去创造和使用新的表达形式，比如曾在网络上风行的"伊妹儿""美眉""东东"等，都是通过语言文字的特殊使用来满足使用者的娱乐需求。

　　人类的生活，既有出于基本生存需要的物质生活方面的需求，也有在物质之外的精神方面的需求，游戏娱乐正是精神生活的一个方面。利用语言文字作为游戏娱乐的方式，本身没有消极与积极的问题。换个角度来看，游戏作为生活的模拟训练，娱乐作为工作之余的放松休闲行为，可以提高人们对语言文字的认识程度和把握能力，丰富人们的精神生活，活跃群体交际的气氛，对于参与语言游戏的人们来说，都含有积极的因素，因而存在于世。

　　需要申明的是，语言的基本功能是交流和沟通，游戏娱乐是工作之余的放松，因此用语言文字进行娱乐或玩笑戏谑的时候，要分清什么时候是正经，什么时候是消闲，不要弄错了语用场合，在严肃的气氛中采用"没正经"的表达，更不宜把游戏娱乐作为语言的主要功能，走火入魔。

　　出于游戏心态造就的各种语言新形式，带有天然的不严肃性，它们在语用中的地位跟其他文化心理条件下产生的语言形式各有不同，在表达的合理性或规范程度的分析中，应该有所区别。应该看到，语言的休闲功能和语言的不严肃程度之间没有直接的对应关系，只是不严肃的表达手段更容易让人摆脱紧张情绪而放松，但绝不是只有不严肃的表达才具有休闲功能。

　　因此，语言文字的娱乐功能，以及语言文字应用中的游戏心理和游戏活动，需要我们正面应对，给予必要的关注，作出正确的引导。

　　以上，我们从九个方面探讨了语用需求对语言应用的影响。语用的需求是客观和多方面的，语言规范需要面对语用中的不同需求并顺应大众。但是，各种语用需求对规范的影响往往兼具得失、利害参半，规范没有必要、也不可能去满足所有的需求，恰恰相反，应该通过规范，引导或强化某些需求，而抑制或排斥某些需求。

3 语言内部的差异

在语言应用过程中，不同的交际语境对表达方式产生了不同的需求，形成语体的差异，导致语言内部形成一些相对关系，直接影响语言的应用。

3.1 语言和言语

索绪尔提出"语言"和"言语"这一对概念，曾备受关注，各家的理解不尽一致。[①] 据我们的认识，可以把"语言"理解为规范的用语，而"言语"则是日常随机使用的自由用语。

自由用语是日常生活中由各种因素引发的、存在于语言交际实践中的语言现象，它在主体上跟规范用语一致，但是，其中也包括了不少背离规范的因素，有人把这类用语称为口语，其实，不仅在口头，书面语中也有不少类似现象。因此，也可以认为，"言语"是实际存在于交际中的语言事实，而"语言"则是理论上存在的语言标准，语文教科书就是以这样的语言标准作为教学内容的。或者说，以往讨论中所谓的"语言"，其实相当于语用中的规范用语，而"言语"则包括语用中那些有违规范或未入规范的语言现象。

曾有人把语用中的特殊现象归入"言语"，主张把它们从"语言"的研究对象中排除出去，以保证研究材料的纯正。在这一点上，我们更倾向于描写主义，主张所有的话语材料都应该在语言研究的范围之内，作为语言研究的对象。因为，把所谓的"言语"排除在语言研究的范围之外，其实是一种逃避行为，语言研究排除言语的影响，也就是把研究中按原有认识无法处理的语言材料剔除出研究范围，维持了已定规则的有效性，方便分析或研究的顺利进行。

把解释不了的现象排除在讨论范围之外，当然方便立论，但是面对超出当

---

① 参王希杰《语言和言语问题值得进一步研究》，《汉语学习》1994 年第 5 期。

前认识水平、无法解释的材料，采取回避的态度，无益于语言研究的深入，也无助于语言研究理论和语言实践的结合。进一步说，这样的做法，恰恰错过了进一步了解语言奥秘的契机。

历史语言研究发现，很多不规则现象正是新规则的萌芽，而已经标准化了的"语言"，只是实际语言生活中一部分常规的语言现象的反映。而且，标准化了的"语言"是据以往的语言实践确定的，虽然具有稳定性却不足以反映语言的发展变化，因此，关注语言变化、从事语言描写的工作者对于语言和言语的区别不以为然，尤其不能接受言语不是语言研究对象的意见。

现在，语言与言语的关系已经很少有人提及了，但是，这对概念的提出仍有它的积极意义。它涉及语言运用中的各种变体与语言规范之间的关系：宽泛地说，实际运用中的语言都是语言的变体，即"言语"；存在于教科书或理论意识中的规范语言是语言的标准，即狭义的"语言"。二者的关系是，"语言"是核心的、基本的、稳定的、规范的，而"言语"则是表象的、活动的、变幻的，二者在主体上是重合的。

3.2　文言和白话

应用历史长达两千多年的汉语文言，是一种墨守成规的书面语言系统，作为古代官方传统的典范用语，它影响了历代文人和一般人的口语。

汉语的文言形成于汉代"罢黜百家，独尊儒术"之后。为了巩固皇权，汉代统治者从初期崇尚"无为"的黄老思想转向儒家思想，以此作为主导社会的统治思想，同时选用熟悉传统文献和礼仪规章的儒者作为国家统治的基本骨干，以儒家思想作为选拔人才的重要标准。儒家是先秦诸子中最重视教育和文化传承的学术流派，在获得统治者倚重之后，一批儒家所推崇的文献成为统治思想和统治方法的来源，也成为社会人才培养的核心教材，这批文献因此成为经典，被称为"五经"。那些想要进入统治阶层，成为社会主导力量中一员的士人，必须熟读这些经典。这样，有志于"治国平天下"的主流知识分子都崇奉儒家思想，儒家的经典成为培养知识分子的基本文献，成为他们的教科书。由于文献在语言文化传承方面的权威作用，儒家经典的用语无形之中就成为具有典范意义的社会标准用语。儒家思想作为统治思想为历代王朝所遵奉，延续了两千年，儒家经典用语因此影响了中国知识分子两千年，模仿儒家经典用语而形成的文言也延续使用了两千年。

在两千年中，由于用语的典范固定不变，因此文言相对稳定。不过，时代在变，社会在变，语用环境在变，文言也不可能一成不变。从历代文言文献中，都可以或多或少地看到变化的痕迹，这些变化，丰富着文言的词汇和语法，维持了它对于当时社会的适用性。[①] 只是在固定的典范影响下，文言的变化始终受到限制，处于"万变不离其宗"的状态，具有明显的保守性。

文言作为统治阶级官方用语、上层社会交际的主导用语和知识阶层写作用语（书面语），适用于各类正式的场合，但它在长期的使用中，与公众日常用语中逐渐积累起来的变异拉开了距离，进而形成隔阂。服务于社会上层的文言虽然也吸收了一些语言新成分，但与社会下层用语的分歧仍然不可避免地增大，导致了新的语体出现。这种语体用于记录非官方或非主流意识的内容，脱离文言规范，更多反映当时社会的一般用语成分，包括许多通过口头产生的新成分，被称为白话文。白话文是一种以口语为基础的书面语，它吸取了大量俗间使用、不见于文言的成分，新鲜生动，贴近大众。

汉语的言文分化，一般认为始于两汉之际。从东汉后期开始，随着道教的兴起和佛教的传入，产生了带有白话色彩的道教文献和佛教译经，此后，历代都有依托于当时流行文化的新白话材料出现，其中数量较多、影响较大的有：道教文献、翻译佛经、变文、禅师语录、文人语录、话本小说、章回小说、戏剧、曲艺，等等。

不同的白话文献有不同的时代、地域或行业的支持，因而各有特色。这种特色不仅表现在内容和表达形式上，也表现在用语上，成为观察汉语历史发展演变的基本材料。但谈及白话文献，应该注意几点。

白话不是一个跟文言完全对立或互相隔绝的自足系统，它是基于不同时代、不同群体的公众日常用语形成的书面文献用语。白话跟文言有共同的来源，历代白话中都使用了大量当时文言所使用的活性成分，与文言之间存在着大量的重合。具体表现在：共时条件下白话与文言在语音、词汇和语法方面的主体一致性或对应关系；不同时代的白话文在各自的使用时期内，既跟当时的文言形成朝野相对的局面，又跟文言互相影响和吸收。

在"白话"这个概念之下，也有一些方面需要关注。不同时代白话文献记

---

① 参吴金华《〈三国志〉双音节雅言词散论》，《古汉语研究》2007 年第 2 期。

载的内容各不相同，汉魏以下各时期的口语情况也各不相同，因此，不同时期、不同领域的白话文各有不同的地域、文化背景和口语基础，不同时代的白话文献在体裁、内容等方面存在明显差异；历代白话中出现了大量新生成分，但这些新成分的淘汰率都很高；各时代的白话之间往往没有密切的传承关系，后一时期的白话跟前一时期的白话之间，比如敦煌变文、宋词、元代戏曲、明清小说之间，用语的相似程度不高。从历时关系来看，不同时代的白话并不是一个具有连续性、前后密切相承的完整的语言体系。从相似程度来看，有时，不同时代的白话还不如同时代的白话与文言（尤其是浅白的文言）更为接近。

由于文言占有正宗地位，白话在社会上一直是在野的，属于家常俚俗、下里巴人的用语，没有得到官方、知识阶层和社会主流的认可，不登大雅之堂。不过，白话的基础是人们的日常用语，在表达中具有更多的亲切感，因此，虽然古代文献的主体是文言性的，但出于实际描写的需要，在正规的文献中也不乏口语或新兴的语言成分。口语性成分不仅通过白话文保存在文献中，也会出现在以文言为主体的文献中，比如史书、文人的作品（尤其是非正式的作品）。现代汉语从古代白话发展而来，但大量的古代白话的特有成分并没有保存在现代汉语之中，倒有许多文言成分在现代汉语书面语中继续使用：现代汉语兼受古白话和文言两个方面的影响。

文白分化两千年，使得社会上没有受过教育的多数人难于读懂用文言写成的各种官方文献。与此相应，在以先秦文献作为典范的汉语文言表达中，后代的写作者不仅要有一次口头向书面的语体转换，还需要有一次从现代向古代的词汇、语法系统的转换。这对整个社会的公共交际来说，是一种沉重的负担；它对于文化和科学的传播，对于国民的启蒙教育都构成了巨大障碍。当中国落后于实现工业化的西方，人们在比较中西差距的时候，中国的高文盲率和言文不一带来的文化学习难度，被认为是中国落后于西方的主要原因之一，反对文言的呼声大量地来自社会改革的力量。

五四新文化运动改变了文言的主导局面，这种改变是由社会大环境决定的。文言教育是一种精英教育，在这个体系下，能够完成教育过程的人很少，成才率太低，有碍于资本主义冲击下中国社会发展所迫切需要的文化普及和崇尚科学民主的历史潮流。白话文有利于教育普及，但也出现了新问题。白话文并不是一个有严密规范的稳定系统，不同时期、不同地域的白话文有不同的历史背景和地域文化背景。五四以后的一段时间内，原有的规范被取消，新的规范没有完全形成，而文言的影响还没有消矢，书面用语出现杂乱的局面，行文半文不白、不同方言口语的混杂，以及文字、读音等问题，都在影响汉语的使用，让语文教师十分为难，因此，对汉语规范的要求一直不断。所以，在新中国成立以后，着手开展汉语规范工作，正顺应了这种社会发展趋势。

二十世纪以来，我们追求言文一致，以利于文化教育和知识普及。事实上，书面语与口语的距离永远存在：口语的特点是不加修饰，用词粗浅俚俗，并且借助语境可以有大量的缺略，而书面语则要求字斟句酌，用语典雅，讲究文采，语句相对完整以利于没有实物场景支持下的话语理解，它们各有自己的适宜语境。因此，言文一致也应该适度，应该在语体色彩以及相关用语的差别方面，留出更多的空间，尊重言文之间的距离。①

3.3 雅俗差异

俗语常常与谚语、歇后语、成语等相对，指流行于民间的固定表达形式，是一种成句的语言单位，② 本书所称的俗语与此不同，指的是从社会文化角度区分的一个小类，与雅言相对。③

从社会文化角度对语言的区分，基于语言在不同社会层次中形成的特殊风格，它可以从两方面展开。一方面，从地域的角度，为土俗、方俗意义的"俗语"实际上就是方言；相应地，从通行范围来看，在文化政治和用语方面居各地中心、具有通行语或标准语作用的全民通行用语就是雅言。

另一方面，从社会层面或社交语境作区分，那些适用于日常场合、无须讲究礼节的用语，或者有意不讲礼节场合使用的词语（比如攻讦骂詈时），或不宜在严肃场合使用的词语（比如语涉戏谑或猥亵），等等，具有随意的、非正式的、不严肃的、私密性的、下层色彩的用语，都是"俗"的；反之，适用于比较正式的场合，包括官方的、正式的、公共的、上层社会的、体现社会文明和道德典范的用语，都是雅的；介于二者之间、兼用于不同语境、没有明显雅

---

① 参陈平《白话文运动：传承还是摒弃？》，《语言战略研究》2017年第4期。
② 参徐宗才《俗语》，商务印书馆2000年。
③ 参曲彦斌《略论生活交际语言的雅与俗》，《语文建设》1996年第11期；冯学锋《规范化与语体刍议》，《语文建设》1988年第2期；冯广艺《论语言态度的三种表现》，《语言研究》2013年第2期；冯胜利《语体俗、正、典三分的历史见证：风、雅、颂》，《语文研究》2014年第2期。

俗之别的，就是语言中的通用成分。①

社会的雅俗也表现为社会群体的差异，通常，社会高层群体具有更多的雅的色彩，而社会底层的群体处在俗的地位。虽然社会地位会影响人们在用语方面的雅俗取向，但是在实际生活中，同一群体成员的用语因不同场合而发生变化，社会高层人员也可能采用俗的用语，而俚俗间也不乏雅的用语成分，因此，人的社会地位差异不是区分用语雅俗的标准。

立足于社会典范的角度，可以把俗语界定为：在全民或全社会典范度和通行度两个方面有明显局限的用语，即缺乏典范度、适用于比较随便的场合的用语。雅言则是适于作为全民用语典范的和正式、严肃场合的用语。

从社会文化、社会地位和社会评价的角度，"俗"倾向于指普通、低阶、底层的，不注意体面的内容。但是，"俗"也不是一个内部完全一致的概念，我们至少可以把"俗"分为几个不同的类别，比如：

通俗、平俗，对于这一类"俗"来说，它们的特点就在于一般或普通，指没有突出的表现，不带褒贬含义，也就是一般通用语，具有大众化色彩。

但如果把"俗"理解为俚俗、鄙俗，那么其中的"俗"就含有格调不高、不登大雅之堂、适用面需要限制的含义，它们在大众或一定的范围内有相当程度的流传，但不宜作为用语的典范或常态，应该受到限制。

如果"俗"是指低俗、粗俗的话，就有非常明显的道德评价色彩，通常这些成分被认为是社会用语的消极部分，有碍于社会用语的正常积极使用，是社会应该排斥或克服的部分。

如果把社会比喻成金字塔形，"雅"处在塔的上方或顶端，而处于下方的"俗"则覆盖了社会的大部分。对于语言规范工作来说，规范面向大众，就需要充分照顾到"俗"的层面，多接地气而获得大众的支持。但是，规范工作者应该充分认识到此"俗"与彼"俗"之间的差异，把握好自己手中的尺度，不要把低俗、粗俗与通俗、平俗混为一谈，以致放弃了引导社会积极向上的责任和义务。

雅言含有丰富的传统文化精华，具有社会典范性。使用雅言是个人教养和体面的表现，有助于使用者获得积极正面的社会评价，不仅用于上层社会，也被民间处在向上状态或自尊自重的人群遵用。社会的发展在整体上趋向文明和

---

① 参凌德祥《语言环境与语言表达的得体性》，《语文建设》1998 年第 7 期。

教养，因此，雅言性的成分虽然是全民用语的变体，但仍具有导向性，在"人往高处走"的心理驱使下，一个安定有序的社会中，有心向上的人们，尤其是在精神和文化上有心向上的人们，在用语上都会有强烈趋雅的倾向。

从语用实践来看，"雅"也是可区别的，它们各具自己的社会文化基础，可以再作区别：

强调对古代文化和古代用语的继承，形成了"古雅""古奥"，这种"雅"注重传统，倾向于小众化，比较保守，距离大众生活也比较远。

强调当时社会主流文化意识和交际体面的用语色彩，形成"典雅""高雅"，这种"雅"的时尚色彩比较浓厚，它们的楷模往往就是当时社会政治文化各领域内被大众仰慕、举止端庄的最有影响的人物用语，得到的仿效也比较多。

强调自身文化修养或文化素质的用语色彩，形成"文雅""斯文"，这种"雅"强调对社会公共规范的遵循，体现主流的社会价值观念。由于社会主流观念与大众日常行为准则具有高度的一致性，因此，这种带有普遍性的"雅（文雅）"与大众化的"俗（通俗）"实际上是合为一体的。

人往高处走，"雅"居于社会文化的上层或顶端，是社会的典范，也是很多人向往和努力的目标。而它的消极性在于，过度讲求"雅"，可能"曲高和寡"，脱离大众。因此，在雅俗关系上，需要辨证分析。规范的导向应该是照顾通俗文雅，趋向典雅，但又应该注意在雅俗之间维持适当的距离，不能将雅俗过度分离而造成社会分化和社会冲突。在这种情况下，对于低俗的语用现象，当然应该抵制；同时，也不宜盲目推广与大众距离较远的古雅成分。

大众语用的雅俗度是可以改变的，这种变化可以从两个角度来看。一方面，如果社会用语中充斥低俗的成分，一些低俗的用语使用的常态化，蜕变为社会通用语，会导致整个社会用语趋向低俗，用语的文明程度随之降低；反之，如果典雅用语在大众中高度普及，它们的典雅色彩就会转变为通俗文雅，整个社会用语的文明水准就会提高。另一方面，许多低俗的语言成分在使用中泛化，失去原有的消极含义和低俗色彩，被"漂白"成为一个带有通俗性的成分，将低俗含义埋入这个成分的深层之中，人们只有在深入的考察中才能发现它的"不良出身"，了解这类成分的"历史污点"。尽管这类带有"历史污点"的词语在后代现实的语用中并无不良含义，我们也无须过度地对这类词语作历史的清算，但是，一种语言的通用成分中，如果过多地保存这类来源不良的成分，无疑会影响这种语言的文明程度，同时，它们还可能给现实的语言应用带来某种暗示，使人放纵语用中的低俗倾向，使语言的应用变化趋向低俗，给当时和将来的语言发展带来负面影响。

因此，规范工作应该积极引导大众用语趋向雅化，尤其在基础语文教学、媒体宣传用语中，通过潜移默化的方式，从整体上不断提高大众用语的典雅度。在这样的基础上，鼓励精英用语的进一步雅化才是有意义的，否则，有可能形成社会用语雅俗过度分化，重蹈文白对立的覆辙。

3.4　书面语和口语

对于书面语和口语，有理解上的分歧。有人把书面表达或书面记载的用语定义为书面语，把口头说的话定义为口语，如果这样定义的话，我们就可以简单地从二者的存在形式来作区分，没有必要再讨论。事实上，通常我们用这两个概念来表示两种具有不同倾向的用语习惯。

书面语和口语的差别在于，书面语比起口语有更多的修饰推敲，凝练庄重，包含更多的文化传承和积淀因素，更能适应社会经济、行政、司法等公共事务方面的需要。语言应用中，一些表现力强或表达功能良好的成分，通过书面形式被固定下来，广泛传扬，具有典范性，甚至成为一般化的程式用语。而口语具有即兴表达的特点，说话人往往不假思索，缺乏反复推敲，并且，受直接对话现场语境的支持，表达中的很多要素不必言辞说明，话语倾向简短，多有缺略跳脱。同时，说话人思路中断复续或对某些内容的过度关注又导致话语的机械重复，形成口语生动活泼、现场感强的特点。因此书面语和口语各有不同的表达色彩，适用于不同的场合，各有交际优势。

从社会文化价值来看，书面语记录本民族的人文历史，荷载着一个民族的文化精华，是这个民族丰富的知识宝库。通过文献记载积累和文化教育传承沿袭下来的古雅成分，和通常书面表达形成的习惯用法，成为适于书面的表达形式，再成为语用的典范，居于主导地位。而以不假思索的表达为特点的口语，措辞平易，贴近人们的生活，它以未经整饰为标志，往往背离通行的表达方式，充满了活力和变化。由于口语的易变性，随着文化教育的普及和提高，口语正不断地受到书面语和各学科用语的影响。

在书面语和口语之间，没有一条截然分明的界线。既然是同一种语言的不同表现形式，区别就是局部、有限的，而基础是共同的。在同一个时期，大量的语言成分既适用于口头，也适用于书面，二者不是各自独立的系统，而只是同一整体系统下微有差异的两个分区。区别在于，部分只适用于书面使用的是书面语成分，部分只适用于口头使用的是口语成分。

书面语和口语，在书面形式和口头形式的关系上是交叉的。虽然多数情况下口头表达多用口语，但是，在某些情况下，比如在正式场合发言或演讲，或在某些场合"咬文嚼字"或"文绉绉"地说话时，就是在口头表达中使用了一些本来适用于书面的成分，即把书面语用在口头了。至于朗读念诵，更是直接把书面语用口头形式表达出来。反之，书面记述或书面表达中，为了绘声绘色或实事求是地反映人物的实际言辞，或者为了满足对特定对象宣传的需要，文献记述中大量采用口语也是常有的事。

从习得的角度来看，口语由人们在日常各种随意的交际活动中自然习得，书面语则是人们通过专门教育和学习获得的，由此，掌握书面语成为文化教育的主要任务之一，而对书面语的掌握和使用能力，则反映一个人文化修养的程度。因此，文化教育，尤其是语文教育的主要任务，就是让学习者掌握书面语，而大量书面语进入日常交际，蜕变为一般用语，正是用语文明程度提高的显著标记。

此外，有必要梳理文言与白话、书面语与口语之间的关系。

文言是一种基于先秦经典用语的书面语系统，在两千年间作为社会用语的典范。由于始终以先秦经典作为范本，因此，它的基本标准是一致的。但文言并不是一成不变的，两千年来，它随时代变化不断地吸收新成分作补充，只是速度缓慢，没有从根本上改变它的性质。文言的典雅性和深厚的文化内涵具有特殊的修辞效果，至今仍有相当的影响。

白话则是历代通俗语用的书面表现，与文言的最大区别在于，白话更多地吸收当时通行的语言成分，因而更能反映那个时代的日常用语面貌。不过，各个时代出现的语言新成分都面临很高的淘汰率，且不同时代的白话成分往往与不同的文体直接相关，因此，前一时代形成的白话中的诸多因素，尤其是新因素，在后来的用语中大量消失，导致不同时代的白话各自为政，没有明显的承继关系。甚至，同一时代的白话，由于地域方言等背景的差异，彼此之间也存在很大的不同，比如：被称为"三刻拍案惊奇"的小说《型世言》，方言色彩浓厚，它的语言面貌与《初刻拍案惊奇》《二刻拍案惊奇》差异很大；同样以上海为主要背景的晚清小说，对话采用苏白（苏州方言）的《海上花列传》与采用通俗白话（官话）的《二十年目睹之怪现状》《官场现形记》等也存在巨大的差异。

一方面，书面语与口语相对。从保存的方式来看，文言和白话都是书面语，只是前者以古代用语为典范，后者多取材于当时用语。而从语用基础来看，文言的语用基础是先秦的经典，白话的语用基础是当时的通行用语，包括大量的口语成分。

口语在不断地发生变化，书面语也在发生变化。口语随时随地的变化，广泛地出现在不同地区不同人群之中，形成变体，这是可以理解的。书面语由于文体的差异，不仅诗歌、小说、戏曲等特殊的文学形式形成了各自的语用习惯，政论、史籍、公文、契约等社会不同层面的行业用语，也有各自的语用习惯，形成了行业性的"套话"。不论书面语或口语，都可能以行业为背景，形成超越空间限制（地域限制）的社会语用群体，形成自己的"套话"传统，在行业内部传承，并不断通过创新，形成群体内部的新变异，从而在词汇、语法甚至语音方面，强化与其他群体之间的界线。这类群体性用语，常常超越了文言和白话的分野，在本群体中自成一系，形成与全民用语相对的行业用语。

另一方面，在口语与白话之间，也存在着差异。白话是加工过的口语，或者说是经过加工的口语的书面形式，不同的白话文对口语的加工程度不同，它们的风格也各不相同，有些白话文中，方俗口语成分太重，致使缺乏这种方俗用语知识的人们，在阅读这类文章的时候困难重重，感觉比文言还难。因此，口语化并不等于大众化，大量口语成分带有强烈的地域性或社团性，从全民的角度来看，缺乏普遍度。而不论文言、白话，还是书面语、口语，缺乏普遍度，都有碍于交际的畅通。

4 汉语规范中的社会群体关系

语言是全社会的公共交际工具，但是，社会不是一个简单的整体，同一社会内部的人们，会因为年龄、地域、职业分工等多种原因，而产生区别。众多的社会成员在各种不同条件的作用下，形成了不同的社会群体，同一群体内部人们交流密切，具有更多的共同关切，用语的一致程度高，养成了群体性的语言习惯，以适应本群体内部的交际需要，形成了具有自己特色的本社团用语。

社团用语在方便社团内部成员互相交流、增进和强化群体内部情感联系的同时，也在用语方面拉开了与其他社团之间的距离，形成了群体之间的差异。这种差异突显了本社团的用语特性，使之成为群体标志之一，也构成了一种群体的利益。

语言的群体关系是一种普遍的社会关系，它直接影响语言的使用和发展。语言的群体差异可以存在于同一语言之内，当然，更明显地体现在不同语言之间。发生在不同语言之间的交际，在语言接触所带来的其他语言因素影响下，可能促成参与接触语言的某些变化的发生，对此也需要从群体关系中给予关注。

4.1 跨群体交流中的强势与弱势

在同一语言社团内部，通常不存在交际的障碍，因此，身处其中的人们可以方便地沟通。但是，如果身处不同的语言社团·面对语言的系统差异，不论是出于语言内部的方言差异、行业差异、社会差异，还是来自语言外部的语种差异，都形成了实际的交际障碍，人们只有克服这种障碍才能达成交流。

在不同语言社团之间，克服交际障碍的办法只有一个：培养双语能力（按：本节中的"双语能力"是一个广义概念，即与不同语言社团交流的能力，既包括两种语言之间的交流，也包括两种方言或行业语之间的交流），即在需要发生交际而存在交际障碍的两个社团的成员中，部分或全部成员同时掌握两个社团的用语。问题是，到底是哪些人具有双语能力？是全体，还是部分？如果是部分，是两个社团各有部分，还是其中一个社团的部分或全部？其中应该存在某些规律。

一般来说，在两个存在交际障碍的不同语言社团接触之初，具备双语能力的只是这两个社团中的个别人，他们作为两个语言社团交流的先行者，掌握对方的语言，实现交流，进而充当翻译者，代表或帮助两个社团的其他成员克服障碍，完成交际。

随着交流的增多，在两个社团之中，都会出现一批具备双语能力的人，他们或许还不占各自社团的多数，却成为两个社团交流的使者，促成两个语言系统人员的沟通和交融。

在跨语言社团交流中，在一段时间内，两种语言基本是平等的，两个社团中可能各有少数人掌握对方的语言。随着交流的持续和深入，双语者的分布发生明显的偏移，逐渐向其中的某一社团集中，甚至达到其中一个社团全体双语化，以便跟对方社团完成交流。像云南大理的白族，大多是双语的，在家说白族话，出门说汉语云南话。在汉语内部，比如居住成都的客家人，则是双方言的，在家说客家话，外出说属于西南官话的四川话。与此相对的是，另一社团中的双语者仍然数量有限，甚至数量下降，直至不会对方的语言。

这种变化来自语际交流中的实际需求。不同群体由于在物质生产、经济、文化和社会政治等方面的差异，需要彼此互通有无、取长补短，这促成了不同语言社团人们的互相了解、互相交流。交易讲究等价关系，一方在获得对方产品的同时，必须付出同等价值的产品。因此，在两个社会群体的交流中，没有绝对的输出方和输入方，双方具有平等的可能性，即双方通常在等价交换的原则上进行交流。但是，不同的社团对于交流物的需求程度或需求的迫切程度是有区别的，不同社团可供交流的事物的数量和规模也是有区别的，这样就形成了交流中的强势群体和弱势群体。多数情况下，交流中输出量大、输出面广、输出事物对于接受方来说更具迫切性的群体，成为交流中的强势群体，处在交际的中心地位；反之，输出量小、输出面窄、对输入产品需求迫切度高的一方，则成为交际中的弱势群体，处在向心地位。如果参与交易的不同群体所使用的语言不同，就会呈现出语言间的强势和弱势。①

　　每一个语言社团都有自己的长处，即便是物质文化的需求方，因为需求方为物质文化的供给方提供了大量的获利机会，对对方形成巨大的吸引力。因此，供给方对需求方也是有需求的，他们依赖于需求方持久稳定和日益增长的需求，以不断获利，维持自己的强势地位。因此，供给方与需求方同样有加强交流的愿望和必要，对需求方有所求。并且，当产品过剩、输出竞争加剧的时候，供给方对需求方的需求就会变得非常迫切，这时，双方的中心与向心关系就会倒过来，为人所求的输入方成为交流中的强者，而有求于人的输出方居弱势地位。因此，从总体来看，各社团的实力决定了彼此的关系，综合实力强大的语言社团就成为中心，以输出为主、输入为辅；对应的社团就成为向心社团，以输入为主、输出为辅。

　　交际中处于弱势的群体，在交流中扮演有求于人的角色，他们对实现交流的愿望更为迫切，因此会采取更为主动的态度来促进交流的完成。这样，他们会更努力地克服语言的障碍，减少交流中的困难，以达成交流。结果，在交流的弱势群体中，会有更多的双语人出现，甚至达到全体成员双语化，而交际中强势的一方只需使用自己的母语就可以跟对方达成沟通，他们掌握对方语言的需要就不那么迫切了。因此，从主体上看，交流中事物的输出与输入，跟语言的输出和输入形成了一致关系：物质或文化的输出方，同时把自己使用的语言输出给对方；物质或文化的输入方，在输入对方物质文化的同时，也输入了对方的语言。

　　但交流中的主动与被动关系则相反：交际中的强势群体在语言接触的关系中，处于相对被动的地位，他们在学习对方语言的迫切性方面，相对比较弱；交际中更加有求于人的弱势群体则由于强烈的需求，而在交际中处于主动的地位，他们会更积极地学习对方的语言，通过迎合对方的交际习惯，来促成交流的通畅，达到物质或精神产品输入、满足自己需求的目的。

---

　　①　参戴庆厦《语言竞争与语言和谐》,《语言教学与研究》2006 年第 2 期；胡庆亮《优势国力才会的强势语言》,《世界知识》2006 年第 11 期；傅灵《语言的强势成分与弱势成分》,《黑龙江社会科学》2010 年第 4 期；马广志《汉语走向世界路还很长》,《人民日报》2012 年 4 月 7 日；谷亚男、王继中《东北方言词的语言强势初探》,《宁夏大学学报（人文版）》2013 年第 3 期；唐巧惠《语言接触中英语对汉语的强势影响》,《海外英语》2016 年第 16 期；苏涛涛《英语的强势对英国人心态及文化影响研究》,《邢台学院学报》2019 年第 1 期。

这种群体关系，既存在于不同语言之间，也存在于同一语言的不同地域方言，以及不同的社会方言之中——只要群体差异存在、群体间交流的需要存在，这种群体关系就无可避免。

像汉语这种内部方言关系复杂的语言，共同语与各大方言之间、各大方言中次方言或地方话之间，也都存在强势与弱势的关系。人们可以从通行度高的共同语或方言中获得更多的知识和信息，开拓更广的交际面，扩大社会活动的空间，寻找到更多的机会，从而得到更多的利益，因此，人们有更强的学习动力。[①]

一个社会中包含了层次复杂的群体关系，社会的管理者与被管理者、精英阶层和大众阶层等，都扮演着不同的社会角色，并形成了不同的社团。即使是民主平等的社会，各社团在社会中的地位仍然不会相同，其中，有的社团对整个社会的影响要大些，有的社团对社会的影响要小些，社会影响力大的社团在用语上对其他社团的影响也要大些，而社会影响力小的社团对其他社团用语的影响也要小些。换个角度来看，不同语言社团的交流中，精神和物质的输出，跟语言的输出是成正比的，因为想要从另外的语言社团中得到或了解某些东西，就不得不在语言方面接受对方的说法，在表达上迁就对方，把对方的说法作为标准。

需要强调的是，语言间的强势与弱势，是由语言使用者的社会政治、经济、文化、科技发展程度差异造成的，社会发展程度不一导致不同社会群体的知识体系不同，所以这些群体所使用的语言、所表达的概念有着很大的差异，进而造成语言表达系统的差异。但知识体系的优劣与语言本身的优劣无关，知识体系有先进与落后的差异，而语言没有先进和落后的区别。从交际实践来看，世界上每一种语言都能够适应不同情况下的基本交际需求，其不足部分，可以通过借入的方式来补偿，而借入是语言接触中必然出现的现象，因为没有一种语言系统能够只用意译的方式来完美地转译其他语言所表达的内容。所以，每一种语言都可以满足本社团成员的表达需求，而每一种语言在语际交流中都需要向其他语言借入对方特有的成分。

常常可以看到使用者对自己母语的热情赞颂，这种乡土情感无可非议。但

① 参陈章太《关于普通话与方言的几个问题》，《语文建设》1990年第4期；刁晏斌《现代汉民族共同语的多元观》，《云南师范大学学报》2016年第5期。

这种情绪化的表达，不是对语言的科学分析，不应出现在理性的研究中。反之，批评某一语言"贫乏"也是毫无根据的。群体的知识系统存在不足，不是语言本身的问题，而是因为语言使用者在认识世界过程中的偏向，每一种语言所反映的知识系统中，都会有其他语言所不具有的细致和完备的部分。因此，从本质上看，作为工具，不同的语言之间不存在优劣的差异，差异在于语言使用者所掌握的知识体系。不同母语群体的自有知识体系，反映了不同的社会经济文化发展水平，直接影响了对语言价值的定位，影响了使用者对母语或外语的态度，而正是这种态度，影响了语言的发展。换言之，语言的兴盛或衰亡从根本上看，不是语言本身的问题，而是语言使用者的问题。蕴含在语言使用者知识体系中的创造力和对社会发展的推动作用，以及这一知识体系对现实社会的适应性，决定了语言使用者对母语的态度，影响了这一语言的发展走向。

4.2 全球语际关系中的汉语

中国与世界各国之间交流的日益增加，直接促成了大量的语际交流，不同语言的接触，尤其是汉语与英语的接触，给现代汉语带来了大量的新的因素，正在同时从书面和口头两个方面，极大地改变着汉语的面貌。关于英语对汉语的影响，有几个因素值得重视。

（1）英语国家在世界上的总体影响。有一批发达的英语国家，包括英国、美国、加拿大、澳大利亚等，这些英语国家在国际政治、经济、科学和文化等方面的总体优势地位和影响力，使得英语在国际的语用群体关系中占据绝对优势，并且，在可以预见的一段历史时期内，语际交流中英语的优势地位不会有大的变化。

（2）英语的使用人口。英国曾经是世界上最大的殖民国，许多国家和地区（比如亚洲的人口大国巴基斯坦、印度、孟加拉国、缅甸等）都曾长期处在英国的殖民统治之下，英语在这些国家和地区留下了深刻的烙印。不少国家和地区在独立之后，仍保留了英语的官方语言地位，因此英语的使用人口非常庞大，学会英语，能方便地与这些地区的人员交际。

（3）国际交往中非英语人群的用语情况。由于上述两个原因，母语非英语的人群大多把英语作为第二语言用于交际，这就导致来自不同母语的人员在语际交往中，如果彼此不能直接沟通的话，大多采用英语作为中介性第三方语言交际工具。英语在语际交往中的中介性第三方语言角色，影响巨大，因而英语成为第二语言学习者的最优选择。

（4）中国人在国际交往中的英语使用情况。中国与国外的人员交往的范围和程度迅速增加，汉语人口与英语人口，包括母语非英语的英语使用者之间，交往越来越多、范围越来越广。

（5）中国社会的英语教育和使用。改革开放以来，走向世界的中国大陆地区把英语教育作为基础教育的一个重要部分，投入了大量的人力物力，使得英语教育的普及程度和学生的英语水平都得到了大幅度的提高。同时，英语作为人才提拔的一个关键指标，在学生升学、机关学校等工作单位入职和晋级，以及专业职称评定过程中的普遍使用，更提高了英语在教育体系中的地位。与此相应，中国其他地区的英语教育也十分普及，加上英语本身的巨大影响，国内报刊和其他日常汉语交流中杂入英语成分，也成为时尚，相当普遍。以国际交流日益密切的大环境为背景，英语群体继续领先世界潮流，占据语际交际优势，汉语群体对英语向心力不减，英语对汉语的影响在可以预见的时期内还将持续。

中外语言的接触和交流源远流长，历史上汉语与其他语言的交往中，也曾吸收了大量的外来成分。但历史上汉语对外语成分的吸收，都采用了消化性的吸收，即在语言形式上保持汉语的特点，用汉字记录，用汉语音节述说。世界其他语言在吸收外来成分的时候，大多也采取这样的方式，比如"功夫"一词进入英语，并没有采取汉字形式，而是采用了与英语文字一致的汉语拼音形式，并且按照英语的习惯拼读，没有保留汉语特有的声调。当然，语言接触中，也有在借入外来词时借入文字的情况，比如历史上多个亚洲邻国在借入汉语成分的同时，借入了汉字。不过，这些语言最后都在汉字的基础上，通过改良或创新，创造了适合自己语言的书面形式，有的仅部分保留引入的汉字，也有放弃汉字采用另外的文字系统的。

现代科技的传入，给汉语带来了大量的字母词，其中有的字母确实比汉字更方便实用（比如阿拉伯数字在数学计算时的便利），同时，在汉语表达中夹入的以英语为主要背景的字母或外语词，也带有浓厚的时尚感，频频出现的外来字母词，成为当今汉语书面语的一大特点。因此，如何全面地看待英语对汉语的影响，汉语是否应该这样地接受英语的侵蚀①，汉语是否有必要引入那么多的外来词，汉语书面语中是否应该出现那么多的字母词，甚至把拼音字母缩写成的字母词用英语的方式来读，都是有待斟酌的问题。②

　　一般汉语表达中大量出现的字母形式，确实方便了学汉语的外国人和有国际交流需要的中国人，有助于语际交流中与国际接轨。不过，有许多出现在汉语中的字母词，并非来自英语，或在英语中并不通行，这一部分的字母词在语际交流中并没有任何便利可言，它们只是在汉语表达中起到装饰作用，即使表达显得"洋气"一点，乱人耳目。汉语中的字母词并不利于一般的汉语使用者，那些出于时尚心理造出或引入汉语的字母词，并非表意的必要，却牺牲了语言形式的可解度，以换取表达的新颖性；多数汉语使用者对出现在汉语中的外来形式，尤其是其中的缩写词，都不知其所以然，汉语词汇中字母的大量使用，严重地损害了汉语的字面表意性。

　　目前，汉语正处在十字路口，需要作出抉择。在外来影响的冲击和侵蚀之下，汉语及其书面语到底是更多地照搬外来成分，还是对外来成分在消化后再吸收？字母已经进入了汉语的书写和言说系统，现在的问题是，汉语将在多大程度上接受字母，以及传统的汉字和借入的字母应保持怎样的关系？换一个角度说，我们该在多大程度上坚守传统，维持汉语音节语特点和方块字系统？在这样的关键时刻，规范工作的取向将影响深远。

　　不同文化的交流和与之相应的语言接触，正在促成汉语的变化。汉语在外来冲击和内部变异加速的大环境中，是承袭传统、保全自己，还是因势利导、重塑自己，已经成为汉语应用和规范所面临的重大课题。社会不能根据大众的

---

　　① 这种侵蚀的具体表现，如：（1）口头语和书面语中出现了与汉语音节语特点不同的英语形式；（2）汉语拼音的字母音被英语字母音代替，如"阿Q"的"Q"通常都读英语字母音，而不是汉语拼音方案规定的读音，读字母音 qiu 或声母音 qi；（3）汉字书写的基本笔画，与字母写法完全不同，导致书写中出现了两个系统的书写规则。
　　② 参姜亚军《"语言入侵"及对策》，《语文建设》1996 年第 1 期；周荐《拟外来词——文化交流中的怪胎》，《语文建设》1996 年第 1 期；本刊记者《如何看待"洋文"冲击》，《语文建设》1997 年第 5 期；邹玉华、刘哲、马叔媛《汉语外来语规范原则与方法》，《汉字文化》2011 年第 6 期；张静《我看洋泾浜和字母词》，《当代修辞学》2013 年第 4 期；张荻《广播电视媒体使用外文缩略语的受众态度调查》，《语言文字应用》2015 年第 4 期。

直觉来决定汉语的今后走向①，需要展开广泛细致的研究，兼顾语言文字本身的工具性特点，语言应用中表达和交流的便利，以及民族情感等多方面的因素，展开深入的探讨，为汉语规范工作找到正确的方向。

4.3　地域背景下的方言关系

现代汉语通常可分为几大方言区，但是，事实上，方言之间的关系要复杂得多，比如北方方言，它的涵盖面广，因而内部的分歧也不小，可以再作多层分析，形成汉语方言间的多层次关系。大致说来，普通话作为共同语，超越各地方言；各地方言中，各大方言区之间彼此并列；各大方言区中，又各有许多大的片区；各片区之下，还可以分出一些下位的小片区，其下还可能有更多的层次。

在不同层次的方言关系中，根据不同方言之间的关系，我们可以把它们分成两种类型：中心方言，向心方言。这种中心与向心关系具有相对性，在小范围内居中心地位的某些方言（地方话），可能在更大范围内处于向心位置。

在一个区域内，中心方言依托本身在行政、经济、文化等方面的优势背景，相对于本范围的其他方言或地方话来说，具有本区域内的共同语的作用。中心方言处在本区域各次方言的交汇点，在这个点位上，活跃着来自各次方言点的人们，他们把自己的方言带进中心方言，中心方言因此广泛吸收本区域内其他方言的成分，成为区域内各方言的中和体，具有较高的通行度，适用于区域内各次方言间的沟通。换个角度说，中心方言是纯粹度最低、兼容度最高的地方话。

普通话以北方方言作为基础方言，在各方言中占据中心位置。作为汉语的代表，它首先具有使用人口的优势，加上它在政治、经济、文化、历史等方面长期占据中心地位而形成的对其他方言的辐射性的影响，对于使用其他方言的

---

①　比如对字母词的态度，青年群体和知识阶层态度比中老年群体和低文化水平群体开放，这与他们外语水平差异有关，外语能力的优势使一部分人在面对字母词的时候，更有文化上的熟悉感和优越感，也更主张接纳字母词。但是，社会在变化，再过一代人，全民的外语水平不会像现在那样存在代沟性的大群体差异，使用字母词的时尚感或文化优越感逐渐消退，同时，公众对外语词的理解能力普遍增强。届时，这种群体性差异可能消失。此外，文化的自信心、对语言文字本质认识深度的变化，都会影响人们对字母词的态度。因此，仓促地根据大众一时的意见，可能会得出不合理的结论。

民众来说，普通话有着更高的通行度和公共性，以及更高的可接受度。

除了中心方言的强势，在不同方言之间，也存在相对的强弱关系，影响了它们之间的输出和输入。各方言中，政治、经济、文化影响力相对较大的方言，具有某种强势性，有可能对其他方言甚至共同语形成输出。方言输出的内容，跟强势的偏向有密切关系：在某一方面明显强势的方言，在这方面输出的成分也会多些，比如借助于在改革开放中的领先地位，广东海产品优势和粤菜结合，使得一批广东话的用词，比如"海鲜""煲汤"之类，通行全国各地。

社会发展的不平衡，导致方言强势的不确定性，它随时间以及社会各方面的变化而变化。以二十世纪为例，五十年代以前，官话之外，江浙方言对全民用语的影响较大。当时成都人把时尚叫作"苏气""杭式"，"苏"就是苏州，"杭"指杭州；土气的人被称为"乡广广"，"广"指两广，具体指两广迁入四川、分布乡间的客家人。八十年代以后，通行粤港的广东话形成了新的强势，成都民间就把时髦称为"港"，意思指"香港"，在全国范围内，学说"粤语"或说话带一点广味，成为一时风气。文化方面的强势，也有助于一些方言成分的传播，九十年代以来，东北方言借助于特色鲜明的小品和一批受大众欢迎的演员，影响全国，一些方言词如"忽悠"通过节目的演出风行一时。

在方言间的交流中，许多强势方言中的成分，通过它们对全民用语的影响，进入了普通话。同时，北京话在与某些地方话的交流中，吸收或借用了这些地方话的成分，这些成分在北京话中产生变异，并成为北京话的常用成分，通过汉语规范进入普通话，比如"盖（芥）菜""角色""绿林""绿营"，等等。①

方言成分对全民语言的影响具有偶然性。对全国影响特别大的方言，它的特有成分有更多的机会进入全民用语，但是，这种机会只是一种可能，它的实现还需借助于其他力量，并且只体现在少数成分中。比如"瘪三"一词，因为毛泽东在《反对党八股》一文中的使用，而为很多人接触和了解，并进入《现代汉语词典》。其实在更早的茅盾的《子夜》和其他作品中，也可以看到这个词，但这些作品的影响都无法与《反对党八股》并提。这篇文章在当年作为经典，经很多人反复仔细阅读，影响很大，"瘪三"也随之传播开来。不过，时过境迁，这种一时的影响并没有沉淀下来，使它成为汉语普通话的常用成分。

---

① 参宋欣桥《略论现代汉语语音规范的确立与发展》，《语言文字应用》2014 年第 3 期。

Haugen 对"语言生态"这一概念进行定义时指出，它的研究对象是语言与环境之间的关系。[①] 方言的问题，也涉及一种语言内的语言生态和多样性。汉语内部方言分歧繁多，换个角度看，这种现象也是汉语包容性的体现。含有众多方言的汉语格局的形成，来自两个方面的力量：一方面是分化的因素，各地汉语的区域性变化，包括与周边其他语言交融产生的变化，使一地的汉语与其他地区的汉语分歧长期存在；另一方面，国家的统一，各地人们在思想文化上的认同，各地方言区之间人员、物质和精神文化方面互相交流，形成了强大的吸引力或凝聚力，维系着汉语这个包容着众多方言的大家庭。

随着城市化进程，现代汉语各方言出现了两种共同的趋势。一是方言与普通话相融。随着当代人口格局的变化和文化程度的提高，中心城市年轻一代的方言能力下降，文读白读交杂现象增加。在与通语有差异的表达中，方言正更多地吸收文读，老式的方言习惯在城市年轻一代中不断消退，普通话的影响日益增加。一是方言与周边其他方言相融。改革开放以来，国内人口空前规模的流动，以及城市化带来的不同方言背景人口的汇集，给不同方言背景人们的交流提供了大量的机会，受地域保护、带有封闭性的方言壁垒受到空前的冲击。

以上两种情况，跟文化教育的普及和汉语规范工作同时并行，引发一些人对方言前途的忧虑。其实，这并不完全是规范工作的影响，社会交际手段和交流本身的需求是这一变化更主要的动力。二十世纪以来，从电报、电话、电影、广播、电视到当今依托网络的各新媒体，语言的传播方式不再限于人与人之间面对面的交流；在现代交通支持下大规模、远距离人口流动造成方言相融，用语一致的需求日益增强。在这种情况下，只要这种大规模的跨地域社会交流在继续，城市化进程在继续，依凭普通话的文化教育水平的提高在继续，方言（尤其是城市以及周边地区的方言）所受到的冲击也就将继续。

趋同性变化的有利之处在于：方便跨方言交流，有利于汉语共同语的普及，提高汉语的交际效率。但趋同性变化也会泯灭用语的地方特色，影响地方文化尤其是与方言关系密切的说唱类艺术形式的传承和发展，淡化用语的乡土色彩和情感意味。

问题是，汉语会单一化吗？如果社会的高度交流趋势不变，汉语的趋同变化也肯定不会停止，但这种趋同不一定直接导致用语的单一化。频繁而广泛的

---

① E. Haugen, *The Ecology of Language*. California：Stanford University Press，1972.

交流不断地强化方言社团用语的趋同倾向，一些旧有的方言习惯逐渐消失，方言内部的趋同倾向被全民的趋同倾向取代，即大方言区内的方言不再向本方言区的中心方言趋同，而是直接向全民共同语趋同。但是，同时也会有新的变体出现，在负迁移的作用下，各地分别产生了带有本地风格的普通话，这种带有地域风格的普通话，在短时内很难与全民用语完全一致。因此，一方面，方言受普通话的影响发生变异；另一方面，方言区的人使用普通话，使普通话发生变异，形成了各具特色的地方普通话（比如四川人的"川普"）。从这个角度来看，在方言向普通话趋同的过程中，又分化出新的中介性的方域形式，影响所及，在方言差异缩小的同时，普通话却多样化了。

也就是说，共同语有多样化的可能性。有一些客观基础保障了用语的多样化：各地自然地理的差异，各地物质生产的差异，各地人文传统的差异，各地人们自我意识的存在。这些客观和主观的因素，都倾向于保留方域特色，使汉语保持一种多样化的状态。

到目前为止，方言仍是大多数人的日常生活用语，它荷载着一个地方的文化与传统，与人的乡土情感紧密相连，也是一个地方群体共有的、最显著的人文标志之一，因此，应该尊重公众对方言的使用权利。从语用的角度来看，方言的交流能够让人比较放松、自然，容易让对话双方产生亲切感；基于方言的文化产品，贴近当地人们的生活和情感，能更准确地反映当地人们的心声，也更容易为当地人所接受。方言具有的特殊交际功能，不可忽视。

同时，方言作为汉语的地方变体，是一种重要的语言资源，可以为研究人类语言提供各具特色的样本；用方言创作的精神文化产品，是全民精神文化产品的一个部分，在方言基础上形成的地方文化，是我们丰富的民族文化的构成部分。应该认识到方言与规范的全民通用语在语用上的互补性，规范的全民通用语比较适合于全民的公共生活，尤其是严肃的公共语境，而方言则另有它所适用的语境。要给方言的使用保留足够的空间，让它们生存、发展和延续下去，方便人们的日常交际，适应公众交际中对方言的需求。国家和地方政府应该支持和鼓励以方言为载体的各类文化艺术作品的创作，培养人们热爱家乡的情感，满足人们精神文化生活中的多样化需求。

不过，想要通过规范方言来保护方言，却是需要斟酌的。汉语方言众多，早先有七大方言区的说法，后来不断有人提出修正补充，越分越多。并且，在各大方言区内，还可以再区分出若干个次方言区、再次方言区……形成一个多层级的方言系统。这样，问题就来了，如果要为一种方言制定规范，那么以哪个层级的方言为基础呢？就以北方方言为例，西南官话与东北官话差异不小，西南官话区内，湖北、四川、云南、贵州等省的方言也不一样；就四川话中，成都话跟重庆话还有不同，连成都市区与附近各县的方言都有不少差别。这样，要为一种方言制定规范，它的基础就很不容易确定，在这种情况下，就会出现大量纷争。

退一步说，即使为一种方言制定了规范，在本方言区内推行时又会出现很多问题。方言之间存在差异，这些差异本来没有是非可言。但在各种说法中，当一种说法成为规范，其他的说法就被列入了不规范行列，是非就出现了，这又会引发纷争。此外，方言规范的制定和推行还需要大量人力物力的投入，这对于整个社会来说，也将是一项沉重的负担。

方言是否需要规范，应该由语用的需求来决定。语言为交际服务，汉语各地的方言差异，很多时候并不影响人们的交际，具有很高的互通性；在遭遇方言障碍的时候，我们可以用普通话来消除这种障碍，因此，各地方言在自然状态下的保存，加上规范的普通话，足以保证全民各种层次的沟通，符合经济有效的原则。而"规范的方言"，表面上可以让一种方言更趋一致，对方言的使用和保护有利，实际上却会引发诸多纷争，耗费社会资源，造成社会矛盾。同时，在全民用语规范之下，各方言如果纷纷提出规范，形成多点、多层的方言规范，会让人不胜其烦、无所适从，在语用实践中不会有积极效果，只会耗费大量人力物力，得不偿失。

4.4　社会阶层关系

社会各阶层的用语习惯有差异，他们之间也在互相影响。在不同的阶层中，属于社会主流阶层的群体，他们的用语对全民用语具有导向和楷模作用，影响不同一般。

统治阶层、知识阶层是处在权力顶端和具有高知识的人群，对于社会其他阶层中的人们更具影响力，因为这些阶层的人们的意志和行为，直接影响社会的意识、社会的管理和社会的发展。因此，他们的言行在社会上更具典范性。

名人是社会的标志性人物，一般是主流阶层或某些社会群体的代表，受到全社会的关注，他们用语的社会影响，跟他们在社会上的活跃程度和接触面相对应，因而有更多的机会被人重复、引用和模仿。因此，出现在名人用语中的各类语用风格和语用创新都更容易得到社会的认可和流传，使这些人的用语更具典范性或导向性。

有些名人具有反主流色彩，他们或许不是全社会的典范，但是往往受到社会上某一部分人的拥戴，处在一个局部的中心位置，因此，他们的用语创新也会在相应范围和相应程度上影响社会，并在合适的条件下，向其他阶层扩散。

时代风尚会影响社会阶层之间的关系。在某个时期特别活跃的社会阶层，对整个社会的影响往往也有主导性，比如，五四时期的青年知识分子、新中国成立初期的工人和农民，他们的用语都形成当时社会用语的风尚。此外，像计算机技术的兴起、生物克隆技术的突破、环境保护意识的加强、气候的异常表现、对食品药品安全的关注，以及股票热、房地产热、排球热、足球热，等等，也都使得一批相关领域内专门术语向全民范围扩散，乃至成为全社会通行的用语。因此，不同的特定条件下，会有不同的社团用语对全社会发生特别的影响。

观察不同阶层在不同时期的用语影响，对它们作出贴切的评估，并在社会公共层面给予恰当的评论和引导，应该是规范工作的一个方面。

4.5　不同年龄的社团关系

年龄是社会语言变异研究中的直观变量，是调查语言在社会中的发展变异的重要研究对象。年龄与语言态度有直接关系，不同年龄的人对语言使用的态度不同，由此形成以年龄为特征的语言社团关系。比如，幼年期的孩子以仿效成人的用语为主，由于各方面的能力都处于培养过程中，他们的用语实在并且趋向简单：采用较少文采的词语和偏短的句子，以身边事物为基本的表达内容。随着人的成长和知识的积累，各种内容抽象、关系复杂的表达手段逐渐地加入孩子们的语言知识中，不断地缩小他们跟成人世界的用语差距。

青春活力使进入快速成长期的青少年在语言应用上显示出特别的光彩。旺盛的精力，良好的记忆力，无穷的求知欲望，强烈的探索精神，好奇求异，以及带有负面评价的青春逆反，这些因素综合在一起，使他们对语言创新表现出惊人的热情。他们已经掌握了日常生活中的常规用语，开始关注和仿效更有个性的、特殊的社团用语和各种语言新形式，积极参与自发的语用创新，大胆尝试语用中非常规的说法，通过语用的差异来体现他们充满活力的个性。

由于新创的用语需要重新学习和掌握，语言的全体使用者在它们的面前处在同一"起跑线"上，而年轻人有更好的记忆和模仿的能力，这种能力上的优势，改变了年轻一代在以往语言知识积累阶段中长期"受教育"的地位，使他们更容易取得语用中的领先地位。年轻人对于这类新的语言成分具有更好的适应性，更容易从中获得成就感，因而也更感兴趣、更容易成为语言新成分的创制者和使用者。由这个群体成员创造的新成分，很容易在群体中迅速流传。

但是，任何事物的新鲜感都是暂时的，新鲜的表达在反复使用之后，新异感消退，进入熟习阶段，由新鲜变为陈旧，陈旧的东西在更加新鲜的东西面前，自然会因过时而被冷落，并且受求新求异心理的排斥，就像一件失去光彩的、过时失宠的旧式时装。这样，在追求新异的兴趣和游戏的心态的作用下，年轻的创新者们并不珍惜自己的创造，更新的浪潮一波接着一波。许多由年轻群体创造的语用新成分，会在产生不久之后就被冷落乃至于放弃，结束它们的语用历程。因此，对青年一代富有个性和变化的用语，需要给予准确的定位，既不能一律排斥，也不宜盲目追捧。

成年是人生的稳定阶段，社会角色的改变和生活的负担使人必须面对现实，青年时代的浪漫结束了，责任、义务不断地加在成年人的身上，与之相应的是对社会规则的尊重和维护。在用语方面，这个年龄段的人往往采取更为实际和稳健的态度，他们对于换个新说法的手段不再感兴趣，而更看重交流的实际内容和最后效果。

随着年龄的增长，人的记忆力和模仿能力都在不断地减弱，对外界知识吸收的速度变慢，倾向于更多地利用自己已往的经验来面对现实，他们的语言观也逐渐保守起来。新的说法需要新的学习，这就成为新的负担和压力。如果可以沿用原来的方式交流，为什么还要寻求变更呢，尤其是仅仅为了表达色彩？因此，从整体上说，成年以后，人的年龄增长跟语用中人的保守程度之间，存在某种对应性的关联。

规范面对的是不同年龄的群体，在标准的取舍之间，要考虑不同群体的平衡，而不能偏执一端，尤其不能只图新鲜好奇而背离维护语言交际功能、服务于全社会交际的规范初衷。应该尊重和维护既有的语言秩序，保障交际的顺畅，谨慎对待语言中的种种变异。

4.6 行业关系

社会的发展，在某种意义上体现为生活的社会化程度的提高。生产和生活用品中，大量本来由个人或家庭完成的工作，随着社会化程度的提高，从零星的个人或家庭行为，成为一种社会的集体分工行为。集中生产、集中供应，提高了社会生产率，促进了社会生产和物质文明的发展。生产社会化程度的不断提高，导致社会分工的不断细化，形成众多的社会行业。我们不仅不必亲自去开矿冶炼、纺织制衣、种植收割、砍柴运煤，甚至连食品的后期加工环节也越来越依赖于社会了。以过年吃汤圆为例，三十年前，需要在过年前一个月开始准备，买糯米、芝麻等材料，再分别加工粉碎，家里总要忙上好几天，才可能吃到汤圆。后来，有了各种现成的糯米粉和馅料，花上个把小时，自己在家里和面、包馅就行了，可以当天买、当天吃。到了现在，只需到市场上挑选适合自己口味的成品，拿回来直接煮熟就行了。以前历时多日的所有的复杂过程，简化为短短几分钟或几十分钟就可以完成的两个行为：买回家、下锅煮，效率大大提高。

行业的专门性导致用语的专门性，一些原来日常生活中多数人要接触的事物或行为，随着行业分工的形成，成为少数人的专门工作，相应的用语也就成了行业用语。新的行业不断地通过社会的分工而形成，那些本来属于大众的用语也不断地专门化，成为少数人的专门工作用语，更多的行业语随之形成。在专门性的行业用语分化、成形的同时，大众用语中的相应部分也在被剥离出去，成为少数人的专门用语。

与此同时，依托于社会大生产和新兴尖端科技的新兴行业也在不断地涌现，这些行业的最终产品虽然与人们的生活关系密切甚至息息相关，但大众对这些行业的了解和参与程度非常低，因为这些行业的创新和生产活动从一开始就只有少数人参与，而且参与者中大多只参与其中个别环节，很少全程参与，这样，这些生产活动与大众日常生活就只有间接关联。出现在这样的行业中的各类用语，行业性就更强，它们与全民大众用语的关系也更远。

不同的行业与公众的距离不同，这种距离的差异也影响行业语的开放程度，或者说阻隔了行业语对大众的直接影响。行业语与大众的关系主要取决于行业与大众的关联程度，或者说是直接接触程度。其中，有的与公众关系比较直接而密切，有的则相对间接而疏远，因此形成了相关的行业语跟大众之间不同的距离。

很多行业与消费大众并没有直接的联系，产品通过商业进入消费，大众与这些行业的关系是间接的。但也有一些行业公共性较强，比如文化娱乐、体育、部分服务行业等，行业的"生产"环节和消费环节高度重合，消费大众（比如观众）是行业行为的直接（现场）的或间接的参与者，这些行业的繁荣，有赖于更多的人参与和介入它们的活动过程，因此，它们对大众有很大部分是敞开的，这些行业的用语，尤其是这些行业用语中的前台用语（形成产品的用语）跟全民用语的相关度非常高，甚至进入人们的日常生活。

跟人们日常生活联系不直接的行业，比如科学技术类的行业，专业技术性强，跟全民用语关系较远。但是，有些行业中的个别事物借助于媒体宣传，可能在某一时期对社会产生特别大的影响，与此相关的某些概念会成为社会关注的焦点，从而影响全民，如太空飞行、基因技术等概念。

商业是一个特殊的行业，它不是一种生产性的工作，而是一种中介或沟通性的工作，它把各行业生产的各种产品向公众推广，一些行业用语，在商业操作中被放大，对社会产生影响。比如"纳米技术"曾在一段时间内成为某些商家推销产品的一个招牌。

商业本身也创造不少行业词语，其中有的为满足本行业运作，具有明显的行业性，还有一部分是宣传性的，为了促进商品销售而使用，是面向大众的，具有全民性。

现代社会中，行业发展迅速，不仅从物质和精神方面的生产、研究或服务的角度形成了大量的新的社会交际群体，也从消费的角度形成了许多新群体（比如从集邮爱好者到球迷、"驴友"这样的群体），可以把这些消费群体的特殊用语也视为行业语。新兴的行业语反映了社会分工形成的新群体、新知识对于语言表达的需求。

行业语不可能是完全封闭的，因为行业依附于社会，是社会有机构成的一个部分，它在具有自己独特性的同时，必须跟社会大众发生交流。行业中的从业人员也是社会大众的组成分子，因此，任何一种行业语，都有相当一部分向其他行业和社会开放，它们流向大众，为大众所接受；同时，一种行业语中总有一些专门性很强的用语主要在行业内部使用，公众很少接触，具有明显的封闭性。不同行业与社会公众关系疏密不同，因而，不同的行业用语的开放－封闭程度也不相同，不能一概而论。

行业语中与公共用语关系密切的部分，或者说是行业用语中向公众开放的部分，情况比较复杂。一些生涩拗口的行业语，在面向公众的时候，往往会有通俗化的现象，从而造成一些准确度低而可接受度高的同义形式。此外，随着科学技术的普及，一些过去行业性很强的工作，正逐渐成为一般大众的生活技能，比如简易的计算机操作、小型汽车的驾驶，等等，其中的专门性正在不断消解。

也有一些行业内部出于特殊交际需要，对公共用语作了特殊化处理，创造出一些公共用语的同义形式，在特殊群体内使用，以达到对外保密的目的，这方面的内容，在前文"群体维系"节中已经作了讨论，不再赘言。

新媒体的兴起，形成了一个特殊的行业。高度开放的新媒体吸引了很多人的关注和参与，在网络这个虚拟世界中，一些经常在网上交际的群体，形成了被称为"网民"的交际群体。这个依托于新媒体的、非职业的交际群体，具有跨地域、跨行业的特点，他们的用语在全民一般用语的基础上，杂采各方因素（比如英语、拼音字母、方言、键盘输入讹误，以及利用谐音、缩略、缩写、重叠、拉丁字母和汉字混用等方式创造的语言新形式），并借助最先进的技术手段，迅速汇集流行，成为一种特殊的社会方言，引起极大的关注。①

这种大量出现在互联网交际中的用语，有人称为"网络语言"。"语言"有广义和狭义不同理解，从学术研究的角度来看，应该采用狭义的理解，把"语言"视为一个独立的、全民使用的并且具有完整的语音、词汇、语法系统的交际工具。从这个角度看，网民们在网上交际的用语，称为"网络用语"比较恰当。

网络用语是一种特殊的书面语，与传统的口语和书面语都大不相同。它把原来的书写方式改作了键盘输入、数码储存、电子显示，而不是口头流行的用语。实用中的网络用语也与书面语不同，出于即时交流中对表达迅捷的追求，网络交际往往带有某些口头表达的特点，比如，缺乏推敲润饰、具有高语境支持、话语简略、用词平俗不重典范、随意创新，等等。网络交流中存在众多的

---

① 参立鑫《谈谈网络语言的健康问题》，《语文建设》1998 年第 1 期；张普《关于网络时代语言规划的思考》，《语文研究》1999 年第 3 期；于根元《网络语言概说》，中国经济出版社 2001 年；邹立志《从语言系统本身看网络语言的规范》，《修辞学习》2007 年第 3 期；程寅、黄锦章《网络造句背后的集体记忆和社会无意识》，《当代修辞学》2011 年第 6 期。

失误和不完备，但是，在语境的支持下，这些缺陷大多被对话方主动修正，并作理解上的补足，使交流得以继续。甚至，一些失误因此成为新的表达单位传播开来，习非成是。网上交际兼有口语的即时性和书面语的可保存性：跟口头交际一样，一方的意见可以在短时间内得到对方的回复；同时，又跟书面语一样，整个交流过程都有明确记录，可以逐一回顾。

网络用语除了在物质手段上有它的特殊性，其使用群体的生理心理特点也很特殊。由于计算机是一门新技术，因此，最初学习掌握计算机应用技术并经常上网消遣的，主要是一批年轻人，其中包括大量在社会生活中受到打击和排斥、未能顺利融入主流的失意青年（比如出现"网瘾"的青少年）。他们都受过相当程度的文化教育，具备基本的综合文化素养，掌握语文、数学、英语、物理、化学、历史、地理等方面的基础知识，带着很浓的学生气，经常把课堂上的某些知识套用在生活上。他们富有青春的活力和创造力，有很强的学习仿效能力和彰显自我的愿望，有逆反或叛逆的心态，不愿意接受他人的教训，强烈地希望对世界或社会事物发表自己的意见以赢得他人的关注和肯定，喜欢娱乐和游戏，好动好变不愿墨守成规。网络用语的使用群体自身，以及他们所处文化背景、技术手段、交际目的等方面具有特殊性，通过网络交际涌现的大量新兴词汇成分和表达方式，折射出这个群体的知识背景和心理特点。

出现在网络用语中的新兴成分，是在自由创造的气氛中产生的，这些新兴成分，大多一反往常，新颖别致，颇具刺激性，并且在短时间里通过类推成批"制作"，具有时尚和高产的特点，但这些成分的制作大多比较粗糙，缺乏传统文化蕴含，俚俗色彩浓厚，是一种底层性的社团用语，不具全民特点。因此，它们虽然流行很快，但缺乏稳定性，从历时的角度看，它的影响是有限的，不具备典范意义。

随着时间推移和现代传媒技术的普及，网络技术日新月异，大众使用的工具从固定的台式电脑、便携的笔记本电脑、平板电脑到智能手机，不断升级；网民的交际手段从最早的网上聊天室，到后来的发帖子、QQ、短信、微博、微信，等等，网上交际参与的人越来越多，参与的方式越来越自由。同时，旧网民的年龄在不断地增长，新的、主要是中老年的新媒体使用者越来越多，新媒体使用者的年龄和心理特点正在迅速变化。虽然年轻群体仍然是新媒体使用者中最活跃的一部分，早期网络环境形成的用语影响还在延续，但早期网民的年龄形成的特殊心理特点，正在不断地消退，网络用语的一般大众化色彩逐渐呈现。

网络用语社会意义被夸大或高估。计算机技术代表了当代新兴生产力，计算机网络是现代科技发展的产物，也是可以预见的未来的发展方向。计算机和网络知识在普及之初，带有浓厚的神秘感。在这样的社会心理背景下，出现在计算机中的网络用语得到了出乎意料的高评价，不少人把对计算机以及由计算机引发的对网络技术的推崇心理，类推到了在网络交流中出现的特别用语上，认为网络用语跟计算机技术或网络技术一样，代表了语言的未来，把网络这一先进技术手段对未来社会可能造成的巨大影响，与依附于网络、基于游戏心理形成网络用语等同对待，其中的偏差显而易见。

其实，网络用语，尤其是那些极其有个性的网络用语，大多是网上消遣的产物，是网上交流者在游戏心理和逆反心理的驱动下任意创造的，充满稚嫩和戏谑色彩，它们生动地反映了表达者的各种情绪，但并不严密，也缺乏严肃性和有效性。它们只是借助于先进的网络技术而形成并迅速传播，但这些用语本身并不能等同于先进技术，也未必能反映语言的未来或发展趋势，使用这些用语未必领先于时代。

随着新技术的推广，网络使用者越来越多，网络用语的影响也越来越大，网络用语确实在深深地影响着汉语。但更多的网络使用者形成了更复杂的网络文化背景，使它与大众用语日渐趋同，特殊性日渐消退。

4.7　群体关系的特性

人具有社会性，在一个社会中，所有的人构成一个大群体，而在这个大群体中，地域、职业、年龄、性别、兴趣爱好、生活技能（比如旧时的打毛线、纳鞋底，现代的骑自行车、驾驶汽车等）、社会地位、文化教养等方面的异同，造成彼此交往程度的差异。通常，关系疏远的人们，彼此交流和了解较少，缺乏"共同的语言"，难于形成彼此熟习的特定表达手段，在交流中容易出现障碍。反之，交往比较密切的人们，会有更多的共同话题，具有更多的共同认识，在用语上容易趋同，形成一批彼此熟习的特定表达手段。这种小范围内的共同表达手段积累起来，就形成了具有群体特征的语言社团，与其他的社会成员用语产生区别。语言中的群体关系大致表现为三种特性：层级性、多向性、交错性。

群体关系的层级性，表现为在社会的群体关系中，一些群体存在上下位的关系。即从某个角度看，一个大的群体按某些标准可以分为若干平行的次群体；次群体内，还可能存在更小的群体。在这种区分中，群体层级越低、群体规模越小，群体成员间用语的一致性就越高。

群体关系的多向性：群体的形成受到社会生活的不同方面的影响，年龄、性别、地域、职业、兴趣爱好等多种因素，都促成了不同群体的形成；一个人从社会的不同角度，与其他人发生关系，因而在不同的角度与不同的个体形成不同的群体联系，分别成为这些交际群体的成员，形成了个人与多个交际群体之间的多向的关联。

群体关系的交错，指不同的个体社会背景不同，他们的多向群体关联也不相同，由此形成了群体关系的交错。

造成这种情况的原因在于，社会中的各种关系并不是只从一个角度展开的多层级关系，而是从多个角度展开的多层级关系。其中，处于不同年龄以及性别的人们有不同的生理特点、生活经验和关注重点，具有不同的话题；依靠空间的阻隔，形成了语言的地域差异；借助于社会分工的不同，形成了语言的行业或职业关系；生活中，人们对某些事物产生特别的关注，形成了某些兴趣爱好，具有共同兴趣爱好的人们有共同的话题，交流密切，与没有这种爱好的人在用语上形成区别。此外，基于社会分工、个人社会能力和社会评价等综合因素，不同的人在社会的影响力以及个人形象方面也形成了某种群体关系，反映人的社会地位或文化修养。一个人在成长和生活过程中，要涉及和介入许多不同的群体，并获得参与不同群体的交际能力，这样，不同群体的表达习惯在参与者个人汇集，也形成一种交错关系。

不仅个人在群体关系中会有交错，群体之间也会有一些交错关系。比如，有些职业或行业的从业人员会偏向于男性或女性，这就造成了用语的行业性与性别的某种联系；有些职业具有地域特点，它的用语中可能会有较多的方言影响；有些兴趣爱好与特定的年龄、性别有关，有些兴趣爱好与有些行业关系密切，这些重合的群体关系也形成了交错。

群体关系对用语的影响表现在两个方面。一方面，群体之间存在的差异，造成群体用语的分化，各群体内部按照自己的交流需要，用自己的特有方式进行交流。兼涉几个群体的人，则采取"到什么山唱什么歌"的交际原则，根据交际语境选择交际用语。另一方面，由于个人处在不同的群体之中，他也可能把一个群体的用语带到另一群体之中，促成了用语在不同群体中的流通，使一些群体性的用语出现了跨群体使用的情况，成为语用修辞中一种很有特点的现象，也是一些语言成分变化的社会背景。①

---

① 参苏金智《语言文字的传播与规范》，《语文建设》1993 年第 1 期。

5 任意性、约定性与语言规范

5.1 约定性主导下的变异与共识的平衡

语用的多方面需求导致语言的创新和变化。对于一种有生命力的语言来说，变异是不可避免的，只是变异的程度有多大，变异是否导致分化以及分化到什么程度而已。社会在变，人在变，语言也在运用中变化，变化首先体现为新成分的产生。语言中的新成分有两类，一类是反映社会新事物、新现象的新表达形式，一类是对已有的表达方式的更新。其中，前者以满足概念的基本表达为目的，具有必要性；后者是为已经有了表达形式的概念再造新形式，主要满足修辞中的变化需求，不带必要性，造成语用冗余。

对于语言来说，任何变异都是对已有约定的突破，是任意性作用的结果，因此，语言在任意性的作用下存在和发展。但是，语言必须在约定条件下运行，因为交际双方如果对语言符号的理解没有共识，各说各话，就无法实现彼此沟通。任意性和约定性成为语用中两个互相制约、互为依存的因素，二者需要达成平衡。

一方面，除了外来性的借入，在一种语言本体中发生作用的任意性变化，总是以约定系统为依托的，即任意性往往以原有的约定为基础，或在原有的约定范围之内发生作用，这就导致语言的变异大多是一种"移变"，既与原系统中相关成分密切关联，又不尽相同，无法按原规则或旧认识作简单解读，需要受话人结合自己的语言经验，以原有的约定为基础，借助于既有的语言规则，通过拐弯抹角的思索和修正，来达成理解。如果变异完全脱离原有语言系统，那么说话人必须专门解释，否则交际就无法顺畅地进行。

另一方面，由任意性形成的语言变异，会在公众中重新形成约定。发生变异的语言新成分在出现之初，都在不同程度上造成了交际的障碍。但借助于语境的提示和交际者积极的配合和努力，障碍被克服了，语言新成分因此得以完成沟通双方的使命。这个成分如果在此后的交际中被重复使用，就会在不同的交际成员中形成约定，逐渐流行开来。流行开来的新成分为更多的人所了解，在更多的人中形成约定，直到成为公众的约定。在此过程中，任意性和约定性有一个此消彼长的过程，基于任意性形成的语言变异成分，在实际使用中，随着了解和使用者的增加，约定的范围和程度不断地提高，任意性随之消退。而约定的程度越高，交际的顺畅度也越高，它的阻碍力就越低，直到直白的程度。

因此，尽管语言的任意性是语言变化和发展的动力，是语言生命力的表现，但是，语言的应用必须建立在约定的基础上，并不断地趋向更高程度的约定。如果语言的约定关系发生变化，原有的语言经验不再起作用，语言的交际功能就会直接受损，出现交际障碍；如果语言失去基本的约定，或者基本的约定关系被颠覆，那么，语言就陷入混乱状态，不能再完成正常的交际。在这种情况下，人们必须调整自己的语言知识，寻求新的约定，来适应新的语言环境。

总之，任意性引起语言变化和发展，是语言生命力的表现，但它也造成语言的分歧和分化，导致交际障碍。障碍在交际中的作用并非完全消极，适度的障碍可以增加交际的内涵，丰富交际的情趣，或者控制交际范围。但是，过多的障碍会破坏交际符号的系统性和交际活动的有效性，使语言不能充分地发挥交际工具的功能，导致混乱甚至瘫痪。约定性反映交际各方在语言知识方面的共识，是达成交际的前提，约定性带来的稳定性不仅保障交际的顺畅，也是语言传承的基础，更是语言规范的根据。但是，约定性在保持语言的一致和稳定的同时，限制了语言的变化和创新，因而，过度约定可能导致僵化，降低甚至扼杀语言的活力。二者是矛盾的，但又互相依存，不可分离；语言就是这样一个建立在任意性基础上的约定系统。

应该认识到，任意性在保持语言生命力的同时，对语言有破坏作用——生命在于运动，运动必须适度，过量的运动对于生命的危害甚至大于不运动。任意性应该在适当的范围内、以适当的（可控、不导致质变）数量发生作用，不能对约定性，尤其是系统的约定关系造成破坏性的后果。或者说，语言的变化必须以保持语言主体的稳定为前提，不能动摇语言的稳定性。而我们在强调约定性的同时，也应该为语言的变化留下足够空间，不能使语言陷入窒息状态。

需要在任意性与约定性之间达成平衡，保持语言的正常运行。规范就是这样一项以语言约定性为支撑的、面对或者克服语言任意性的工作。

5.2　约定导致规范

语言的约定，是指语言的使用者对相同的语言成分有共同的认识，并采取相同的规则来处理这些语言成分。或者，反过来说，语言使用者对相同意义采用相同的表达方式，包括采用相同的语言成分和相同的语言规则。语言应用中，参与语言交际的各方都按这样的认识发出或解读语言，达成彼此的沟通。

语言交流中，对语言成分和语言规则的共同认识，是语言使用必须具备的前提。语言在发展和使用中不断地趋向复杂化，但这种交际群体必备的共识始终不变，这种共识在某种意义上说，就是规范。反过来说，语言的规范就是强化语言使用者对语言材料和语言规则在理解和使用方面的共识，这样的共识能保障交际的顺畅，达成人与人之间的沟通。从这个角度来说，交际群体中人们的语言共识在语言形成之初就已经出现，并伴随语言的发展不断发展。很难想象一种缺乏群体共识的语言能够让交际各方达成沟通：在没有基本共识的情况下，参与交际的各方对语言符号和语言规则会有各自不同的理解，彼此自然形成大量的误读误解，交流不可能有效地展开。

可见，语言的运行需要以约定为前提，而约定必然促使交际各方在用语方面形成彼此一致的认识，走向规范。

5.3　语言规范是一种自觉规范

语言在使用中随时出现的变异和分化破坏了约定性，然而人们只有在约定的前提下才能实现交际，因此，不论语言中出现多少分歧，语言的基本约定是不可缺少的，语言交际的这种需要使规范成为必然。规范有两个层面：自然规范和自觉规范。

语言产生于约定之中，人类最初的语言交流，就是以对相同语言符号具有相同认识为前提的，这种共同的认识就是一种自然的规范，一种不借助于行政力量或主观意志、由交际需求自然形成的规范。

与之相反的是语言在使用中的分化。语言的分化一方面来自内部，由于地域和人文差异，彼此交流不足，同一语言内部出现了隔离，隔离状态下不同地区人们的用语，在语用修辞需求的作用下产生变异，不同的变异向不同的方向各自变化，形成了同一语言内部的分化。

另一方面，不同语言之间的交流中，处在各语言边缘地区的群体，由于更多地与其他语言接触，因而更多地受外来影响而发生变异，积累的变异加上与本语的其他群体之间的交流不足，也会导致分化。

此外，语言接触还可能促成某些弱势的语言群体放弃母语，采用强势语言，成为使用这种语言的一个新群体。在这种情况下，改用他语的群体，在放弃母语的同时，又或多或少地把母语中的某些因素移植到目的语中，导致目的语的变化，甚至分化出目的语的方言新变体。

语言的分化是有限度的，只要阻隔被打破、群体间交流增加，分化就会受到遏制。群体间交流不断增加，群体的语言差异就会在群体间的交际中不断减少，逐渐趋向一致。同一语言内部不同群体之间的融合，也是语言的自然规范。

语言的自然规范反映了语言作为交际工具的基本属性，符合语言的本质特征。但是，由于社会关系纷繁复杂，群体中的各个个体之间的交流不是均等的，尤其对于汉语这样内部情况非常复杂的语言来说，自然达成的规范可能只能在某些有限的范围之内通行，并且它会在达成某种一致的同时，形成另外一些差异，即部分群体间达成一致的同时，扩大了与其他群体之间的差距。以上的情况，加上语言应用中修辞性需求引发的语用创新，不断引发变异。语用中对分歧的自然弥合并不能完全抑制和消除分歧，对于使用人口众多、内部差异复杂的语言来说，自然规范作用是有限的。

自觉规范是通过人为干预来制约语言中的分歧现象，以维护语言符号的一致性，保障交际顺畅。人为干预是指借助社会公权力，通过社会的行政性措施，设立并推行某些用语标准或语用典范，来加强语言的共同性，抑制或消除语言内部的分歧或差异，满足全民共同交际的需要，我们通常就把这样的规范行为称为语言规范。

既然语言的自觉规范是人们有意识地通过人为干预来维护原有的语言规则、实现语用一致性，那么它就是一项社会管理工作，与政府的行政管理密切相关。不过，跟其他的政府行为或行政管理不同，语言规范有它自己的特点。

第一，语言作为人类交际工具，涉及人们生活的每个方面，反过来，语言的使用又受到社会各个方面的影响，规范不可能脱离具体的社会环境展开，而社会管理主要作用于社会公共事务，不可能渗入社会的每一个角落，因此，对于复杂多样的语言应用环境来说，管理者的意志只能在有限范围内起作用。

第二，作为交际工具，语言具有公共性。语言的公共性至少有两个层面：一是全开放的公共性，即人们在同语人群中交流没有隔阂；二是有限的公共性，即有很多交流是局部或小范围的，比如存在于家庭内部或恋人、朋友之间的各种类型的悄悄话，或者，某些特定群体内部的交流，比如行话切口，都带有隐秘性，出现在限定的范围内。这种有限的公共性与全民公共性形成区别和对立。

第三，语言基于人类与生俱来的能力，这种能力是人类区别于其他生物的本质特征之一，具有先天性的特征。虽然人的语言能力有待于社会交际活动的激活，但它的社会属性跟一般后天产生的社会事物，比如道德、法律、习俗等仍有所不同。语言虽然具有社会约定的特点，但这是基于人的先天能力的社会约定，而不是纯粹的后天约定，因此，基于管理者意志的强制性社会管理对于语言规范的作用是有限的。

第四，语言的个体性。语言是思维工具，思维具有强烈的个人色彩，个人的思维虽然很难摆脱时代和社会的影响，但它可以在很大程度上摆脱群体约束，自由展开。与此相应，个人的语言运用也存在自由度，可以突破外界的约束。每个人都是他所使用语言的保存者，既对这种语言的存在承担一份责任，也享有一份不可剥夺的语用权利。

由于以上特点，立足于社会管理角度的语言规范工作，有一些需要注意的方面。

第一，社会管理是属于公共领域的工作，它主要在社会层面的一定的时间或范围起作用，不必也不能进入所有交际范围。因此，社会管理的影响范围应该以社会公共事务为主，更多地适用于全民开放性的范围之内。群体内的社会性管理，则适用于有限公共范围，包括某些行业或某些带有隐秘性的群体。但是，无论如何，社会管理不宜介入纯粹的私人领域，从这个角度来说，包括语言规范在内的社会管理从粗不从细、管大不管小。

第二，社会管理涉及社会生活的方方面面，语言也涉及社会生活的方方面面，因此，社会管理不仅可以直接通过语言规范影响语言，也可能通过对社会其他方面的管理，间接影响语言和语言的规范。

第三，语言是一种天生的能力，有着自发性和自然性。社会管理对于这样的能力，可以通过适当的手段进行规范性的引导，但是，不可能做到全面的管理和控制。

5.4 从规范的角度看文言

语言的物质形式是语音，在录音技术发明之前，语音只能在有限的空间内传播，并且转瞬即逝，难以保留。但是，在很早以前，人们就把听觉形式的口头语音符号转换为视觉形式，并通过书面文字符号形成文献，把需要保存的话语内容通过语言的书面形式保存和传播，克服了语言的时空局限。前人的知识和经验，通过这样的途径保存并留传下来，文献对于人类文明的传承具有无可替代的作用。

文献记录的有效性必须有一个前提，就是记录者的用语能够被阅读者理解，换句话说，就是记录者和阅读者要有共同的语言约定。缺乏这种约定，就形成交际阻隔。阅读者与记录者之间理解上的分歧，导致阅读者无法正确解读文献，文献记载的信息无法传递给阅读者，文献记载就失去了作用。

因此，要使文献记录真正有效，需要多方面的努力。从文献记录者来看，应该充分注意自己用语的可解性或规范性，以保证文献中的用语不仅能被当时人们理解，也可期望被将来的人们理解。当然，前人无从知道后人的语言状态，但是，由于前人的语言约定会传承给后代，记录中采用当时最规整的表达，既可方便同时代人的理解，也会方便后人的理解。而对阅读者来说，了解并顺应记录者的语言习惯，按表达者的思路来理解文献的内容，也是达到记录−阅读沟通的重要因素。

对于没有文献记载或流传的语言来说，语言的变化不会受到书面语的制约，也不存在言文是否一致的问题。但像汉语这样的语言，由于有长期书面记录的传统，形成了丰富的文献，这些文献在传播知识的同时，也跨越时代，把前人的用语留给后人——传世文献在影响中国社会发展的同时，也直接影响了后人的用语。一方面，汉语使用者通过文献与前人沟通，了解古人的语言，并使相当数量的古代成分保存在后代用语中，减缓了汉语变化的速度，提高了汉语的稳定性；另一方面，由于人们并不是先读书后说话，甚至很多人是只说话不读书的，因此，实际生活中的用语变化并没有完全受文献用语的控制或影响，文献用语主要在书面上发挥影响，或通过书面间接影响口语，这导致书面语和口语的差距不断扩大。沿用了两千多年的书面语，作为一个古老而稳定的基础，形成了当时社会的典范用语文言，与大众实际口头用语形成了巨大的差异，其中的矛盾和冲突十分明显。尽管如此，文言对中国社会文化和历史的影响仍然是异常重大的。

文言使用两千多年，在知识分子中形成了大一统的语言意识。在文言失去正宗地位、不再是语用标准以后，这种意识和这样的社会需求都没有消失，需要有一种新的用语来代替它。而且，尽管文言失去了语用的典范性，但是它的古奥典雅色彩，使得文言性的成分具有更浓厚的文化意味和更丰富的传统气息，更能体现使用者的文化修养，提升使用者的文化品位和社会形象。因此，文言成分在语用中仍然在发生作用，它的适当使用能获得非常正面的社会评价。

对于文言，自清末以来，社会评价以负面为主。对文言的批评主要是顽固保守、脱离大众、落后于时代，甚至有人认为它是反动腐朽的象征或标志，等等。对于文言的批评有它的理由，文言固守两千多年前的用语典范，忽视且没有适时反映两千年来汉语的变化，以致在词汇体系和语法规则等多方面，跟大众的日常用语之间出现了很大的裂痕，导致没有受过文言教育的人在面对文言材料时，面临巨大理解障碍。更为重要的是，文言也是一些保守思想的书面载体，对一些文言作品内容的反感以及对文言维护者的反感，被转移到了文言本身，对文言的批评含有很多情绪因素。当时中国社会文化教育落后，科技水平低下，文盲占人口的大多数，批评者把当时中国社会的颓势归咎于文言。确实，文言脱离口语，人们所说与所写所读不一致，造成了书面语的学习困难，影响了教育的普及。面临危机，人们寻找解决的方案和出路的同时，往往还要寻根问底，追究责任，文言因此背负了造成中国社会落后的重责，成为中国社会落后挨打的一个替罪羊。对文言的批评，情有可原，但是否的当，还须研究。

把言文不一作为一项标准来否定文言，其实不尽妥当。因为，即使在现在白话文的表达中，我们也没有完全做到言文一致。出于种种原因，人们总是会在书面表达的时候，采用跟口头表达不同的语言形式。口语与书面语的距离在各种语言中都普遍存在，在有深厚历史文化传统的语言中，口语与书面语的距离尤其显著。同时，用语口语化的程度与国民教育普及或国家科技水平提高的关系，也不像过去想象的那样密切。科技知识的专业性所带来的生疏艰涩，并没有因为口语化而变得通俗易懂，大量专业性的术语不经过专门的学习，根本无法掌握；一些有别于口语的又非文言的书面用语，正在大量地出现在日常语用生活中。言文只能保持尽可能的接近，不要出现鸿沟。

此外，言文不一造成的阅读困难，与不识字而不具备阅读能力也不能混为一谈。文盲率高是识字教育的问题，对于不识字的人来说，文言文和白话文一样无法阅读。封建社会的教育模式没有把扫除文盲作为社会教育的目标，这是历史的局限，与文言也没有直接的关系——文言的启蒙教育也是从日常用字入手，与口语并无明显隔阂。

文言有它的消极面，对此，前人批判不少，其中得失还有待总结。但如果采用反向思维，不考虑文言的消极面，而从积极方面对文言作一观察分析，或许对规范工作另有启发。

文言的形成，不是基于某种具体的语言政策，而是通过社会需求实现的，在某种意义上说，是"无心插柳"的结果。是古代中国社会丰厚的文化积淀、大一统的社会结构和历代的现实政治需要，造就了文言。

在先秦诸子百家中，儒家特别重视文化的传承和对大众的教化，一批前人流传下来的文献受到儒家的推崇。汉高祖马上夺取天下，历来鄙视儒者，但王朝建立之后，却依赖叔孙通为首的儒者制订朝廷礼仪，理顺了朝廷纲纪。汉武帝独尊儒术，设五经博士，专门从事儒家经典的研究和传承。儒家的思想从此成为历代王朝统治的主导思想，儒家推崇的经典也成为封建统治思想的源泉。

隋唐以下，封建王朝选拔治国人才的科举，更是以儒家思想作为考试的基本内容。科举时代作文的要求是"代圣人立言"，既然是立足于圣人的思想发挥，就需要像古文大家韩愈所说的"游之乎《诗》《书》之源"（《答李翊书》），熟习、研读记载圣哲思想的经典。这样，长期浸润在这些经典中的读书人，在写作时自觉或不自觉地模仿或采用其中的用语，也是自然的，这就导致了在文白距离渐远的后代，士人们写作仍然大量借鉴先秦文献用语。

儒家思想作为主流的社会思想，结合现实社会选拔人才的科举制度，直接影响到社会的文化教育。当科举成为社会人才选拔的主要途径时，参加科举就成为社会教育的基本目标，适宜科举考试的用语就成为社会教育的典范用语。独尊儒术的传统以及受其影响形成的科举制度代代相传，适用于科举的文言教育也代代相传，延续两千多年。不过，这个理由是表面上的，深层的理由是，人们需要一种公共的交际工具，它不仅跨区域，还要跨时代，当然，最好还能有助于全民的精神寄托。

中国是一个多民族而幅员辽阔的大国，内部成分非常复杂，要统治这样一个国家，需要在皇权的旗帜下确立全民认可的思想和精神方面的权威，使人民有高度的认同感，以形成足够的向心力或凝聚力。中国古代哲人的思想，尤其是儒家的思想，十分有利于确立这方面的权威，形成民族的认同感和凝聚力。因此，儒家思想获得了最高统治者的认可，并成为社会的主流意识。这种对古代圣贤的崇敬和对他们的思想的继承，在行动上就体现为对他们的著作的仔细研读和结合社会实际的贯彻落实、身体力行。

中华民族是一个非常重视传统的民族，这种对传统的尊重，不是死守传统不变，而是设法在变化的时代里，从传统思想中寻找变化的依据以及应对变化的策略，其中就包括了大量的对前代圣哲思想的重新阐发。这种做法，既是借前人的说法为自己的行为张目，也强化了对前代思想文化的继承，是尊重传统的具体体现。

在这样的历史过程中，产生于先秦的儒家思想对社会稳定的作用，从正反两个方面一再得到证明：它的作用是任何其他手段都不能代替的。而中国古代的官僚体制是开放的，"学而优则仕"，人才的选拔着重于人的才能而不是出身，这就造成了一种全民性的对古代文化（主要是产生于先秦的儒家经典）学习的强制性需要，作为统治阶级人才基础的士人，如果缺乏这方面的修养，就无法满足统治的需要，也无缘进入统治阶层；对儒家思想的掌握，成为进入社会上层的士人最基本的修养。

由于这些传统的思想内容依托于传统文献的记载，所以对这些文献用语的了解和掌握是了解这些思想的必要工具，对这些文献用语的模仿能力也是对古代文献及思想了解能力的体现。这样跨越时代的共同话题、共同基础文献，有利于共同语言的形成和使用，使文言成为通行两千年的典范官方用语，也成为知识阶层的规范用语。是否具备文言能力，成为能否进入知识阶层的门槛，成为权力、财富之外，衡量人的社会地位的又一个重要的标准。社会对于传统承袭的需要，成为文言使用的难以撼动的社会基础。

此外，广阔的地域和复杂的方言，也需要一种跨地域、跨方言的交际手段，特别是书面的交际手段，来实现彼此之间的沟通，这也是文言存在的现实社会基础。在这个方面，使用统一文字记载的文言，成为维系用语情况复杂的中国社会稳定和统一的重要手段。因为，有着共同来源的各地方言，在发展中有着各自的变化，形成了一种复杂的局面：一方面，各方言之间有差异、方言与古代语言有差异，而且这些差异有日渐扩大的趋向；另一方面，各方言之间，彼此在核心部分分别存在相当程度的共同点，邻近方言间的交流也增加了方言间的共同点，并且各方言与古代语言之间也分别存在密切的传承关系和共同点。方言间的共同点反映了现实语言生活中各方言在发展变化中的同步关系，而各方言与古代用语的共同点则反映了各方言的深厚历史渊源，更为人所重。以先秦用语为典范的文言，对于后代各地方言来说，具有"认祖归宗"的权威性，在各方言间差异巨大的情况下，文言成为大家更容易接受的共同语，有助于克服交际中的障碍。

汉语文言的语言基础是先秦的典籍用语。先秦的典籍用语大体是先秦实际用语的反映，它是具有口语基础的社会典范用语的书面形式，而不是当时的一般口头语。先秦时期涵盖了漫长的历史阶段，其中的用语大致有两个倾向，一是以《尚书》为典范，倾向古奥，比较难懂，它主要影响传统的庙堂文学，不是文言的主流；一是倾向于典雅或通用，以《春秋》《论语》《孟子》以及诸子和《史记》《汉书》等作品为代表，成为文言的主流。

书面语与口语的差异，大约从汉代开始逐渐显著起来，其后，以《春秋》等先秦典籍用语为典范的文言沿用了两千多年，其中虽然也吸收了不少后时的语言因素，但在主体上，与口语渐行渐远。

总之，文言形成于无意之中，汉代掀起的尊孔读经风潮，使一批先秦的典籍成为全社会学习的经典，这些经典在作为思想和知识源泉的同时，也成了语用的典范，学习者以经典文献用语作为楷模，进行严肃语体的写作和正式场合的对话。尊孔读经的风气延续两千多年，读书人用语的典范维持了两千多年，文言也持续了两千多年。

这种局面对于中国社会而言意味着什么呢？文言对于中国社会，曾经是一支强力的稳定剂，它的最大特点是高度的通用性，即它不仅可以超越空间的限制，还可以超越时间的限制。这种超越帮助人们很容易地阅读不同地域、不同时代、不同人物所作的各类著作。文言对社会各方面的影响是显而易见的：

（1）反映两千多年民族文化核心的先秦经典，它的用语作为后世社会用语的典范，影响并形成了文言。反过来，文言的形式也有利于经典文献中所记载的古代文化遗产的传承，有利于人们以传统为基础，在思想观念方面达成一致，有利于立足传统的民族精神的形成和发扬光大。在两千多年间，文言成为传承中华文明的主流载体，得到历代统治者的认同。尽管历史上出现过多次异族统治中国的现象，但入主中原的异族统治者如果没有迅速垮台，最后都接受了以文言为媒介的传统的中华文化精髓，以及由此构成的社会结构，并推进了与汉民族的语言同化。血缘上的差异被文化上的认同弥合，最后凝聚融合成一个大中华社会，其中文言的媒介作用不可忽视。

（2）统一的书面用语不仅有利于传统经典的传播，也有利于后世的知识精华和优秀的文学创作的保存和传播。前人在文化和知识方面取得的成果，通过文献留传给后人，让后人有了一个高起点，一些前人的生产生活或社会管理经验和道德行为规范，通过文献的传播，成为社会的基本认识或常识，为整个民族的文化素养和科技水平的提高提供了有力的保障。由于书面用语的长期一致，这种积累就在同一环境中不断增加、愈积愈厚，形成了中华民族在文化和科技方面的雄厚积淀和发展基础。良好的基础很容易转化为领先优势，两千多年中，中国社会一再在世界上占据领先地位，绝对不是偶然的，文化和知识的积累对社会的稳定和发展的作用，不可忽视。

（3）文言对中国古代社会的重要作用还在于知识传授和人才培养方面。文言的存在使得中国古代社会教育有一个持久稳固的语言典范，保证了教育用语的规范性，提高了学习成果的有效性。通过文言教育，具备书面能力的学习者可以自由阅读各类文言文献，在古今知识交流中不受语言障碍的困扰。在工业化以前、知识和信息都很匮乏的农耕社会中，由于文言文献的丰富积累，从中获取的知识量非常可观，使文言成为一种高效的知识传播用语。

（4）中国幅员广阔，各地方言差异很大。文言消除了方言间书面交流的隔阂，有利于各地人们的书面交流。在政府施政过程中，采用这样的语言作为公务用语，可以克服共时条件下的地域方言障碍，实现政令通畅，保证下情上达，从而有效地管理整个中国社会。从这个意义上说，文言为中国社会大一统的政治格局的形成和维护，发挥了不可替代的作用。

（5）文言和用文言记载的各类文献，成为中华民族的精神和知识宝库，是造就中华民族特有的人文素养的思想和精神源泉。它为中华民族在人文精神、社会政治、文化艺术、科技和生产力等方面创造出辉煌的成果，提供了交流方面的保障。影响所及，中国的邻邦，包括朝鲜、韩国、日本、越南等许多国家和地区，在学习中华文化、引进汉语文献的同时，也学习了汉语文言，甚至采用汉字作为他们语言的书面记录形式，这些影响现在仍然有不同程度的保存。

从实际效果看，文言在汉代以后的两千多年间，伴随中国社会的辉煌历史，至少到鸦片战争之前，曾很有效地为中国社会服务，并且取得了骄人的业绩。文言不仅记录了古代的中国历史，记录了历代知识精英的思想精华，还记录了中国古代社会在自然和科技方面的各种成就和经验。文言曾伴随中国历史的辉煌而辉煌。

问题是，当中国社会落后的时候，是语言（文献用语）还是其他原因，造成了政治的腐败、社会的落后，阻碍了科技发明或传播？二十世纪的文言确实严重落后于社会语言实践，影响了人们的学习和交际，但是，文言真的是那样地十恶不赦吗？似可斟酌。

从历史上看，对于中国社会来说，文言在形成社会共识、传承中国民族文化、促进民族的认同等多方面，起了重大的作用。假设中国各历史时期的文献用语是有阻隔的，古今沟通难以实现；假设中国各地的文献用语是有阻隔的，各地沟通难以实现，那么，中国社会还会有现在这样的整体凝聚感吗？中国历史上曾经出现过多次严重的社会分裂，像南北朝、五代十国、宋辽金时期等，尽管政治上长期分割，但分治各方在文化上始终保持高度的共同认知。古代那些入主中原的北方民族，对汉文化都有高度的认同或向往，比如，魏晋南北朝时，北方在军事政治上处于强势地位，但在文化上却非常重视南方的精英人物，把他们视为至宝（比如陆机、陆云、庾信等人）。宋金时期，南北分治，但却同样实行科举，总结前人经验，由金朝王文郁根据宋朝《礼部韵略》合并而成的平水韵，也同时作为南北诗人押韵的通行标准，在宋金两个王朝的统治区内普遍流传。由于大众在文化和语言上保持了高度的认同感，因此，度过了有限的政治分裂对峙时期之后，分裂的各方又很自然地凝合在一起，回到政治统一的局面。

稳定的语言，对于社会交流，尤其是跨时空的交流，具有重要的作用。它也对文化的认同和民族的认同产生了重大的影响。借助于现代社会各种先进技术，跨越时空交际已经不成问题，但是，作为人际交流工具的语言的共通度对于社会的影响，却仍然值得高度重视。

文言退出社会主流交际之后，语言典范发生了变化，流行的语言应用观念也出现很大的变化。时过境迁，今天的汉语已经不再固守某一批文献作为典范，文风和用语迅速变化，导致我们很难确定哪些文献是真正适合作为现代汉语规范的"典范作品"。大众对语言的变化采取了空前的开放态度，甚至有人把语言变化与社会改革或生产技术创新等同看待，无条件地支持各类不同形式的语言新变化，甚至以促进汉语的变化为己任。

在这样的大环境下，现代语文教学培养的学生，更多地关注现实中的自我表达，关注表达的通俗性和形象性，注重即时的交际效果，很少从语言传承和共通的角度顾及这些表达与过去的联系和对将来的影响。在这样的人际交流中，语言的共通性不断受损，这对民族和社会的影响将难以估量。中华民族能够成为世界上最伟大的民族之一，一个重要因素是有悠久的可追溯的历史和灿烂的文明，并且在这样不断延续的历史和文明基础上再创辉煌。应该关注这种历史和文明的传承与语言应用的关系，如果汉语变化到后人不懂前人的境地，这种文明传承将如何持续？如果我们落到看古代文献比看英语文献还困难的地步，恐怕汉语和它所承载的传统汉文化，就失去与现实的关联了。

可见，语言的规范工作，往小里说，跟每个人的切身利益密切相关；往大里说，事关国家和民族大计，是一件要对历史负责的大事。

放开眼界来看，一种语言的规范，不仅能为本语言内部不同群体成员之间的交流提供方便，也能为不同语言之间的交流提供方便，为外语人群学习本语提供方便。目的语内部的分歧，会增加外语学习者的学习量和学习难度：目的语内部分歧越多越大，学习的难度也越大。目的语缺乏规范或规范不善、目的语变幻莫测的表现，都会使学习者无所适从。

规范通过保持语言稳定而提高交际的有效性。文言使用了两千多年，虽说它只是历代统治者在社会政治文化方面各项措施的副产品，但是在高稳定这一点上，应该是非常典型的，它的交际效率、它的使用对中国社会产生的影响，其间利弊，值得总结，作为现代汉语规范工作的借鉴。

6 语言规范的特点

6.1 规范的取舍原则

要保证语言文字的通行性，就需要推出统一的标准，强化语言文字的约定关系。这就需要在对语言文字的使用进行全面了解的基础上，从众多的分歧中作出选择，使得规范提出的标准与公众的语言习惯尽可能地切合。其中，有些原则性的问题有待思考。

语音是语言的外在形式，汉语语音规范包含两个层面，先是语音系统的规范，即确定汉语的声母、韵母和声调的系统标准，然后再确定每个字、词的具体读音。汉语方言复杂，确定以北京话语音作为全民共同语的语音系统，为语音规范提出了良好的基础。现存的问题是，由于音系的差异，一些方言词在改用北京话语音系统注音时，有两可的现象，具体如何"折算"，有时颇费斟酌。比如宁波话称已婚妇女的"嬢"，与"浓""绒"等字谐音，毛奇龄《越语肯綮录》写作"㑆"，注音为"女裙切"，闵家骥《简明吴方言词典》写作"妠"，朱彰年等《阿拉宁波话》用同音字注为"绒"，把这些不同的注音折算成普通话，结果显然不同。方言词主要用于方言，一般不进入共同语，影响有限，但如果进入共同语或通过北京话再进入共同语，包括北京土话进入共同语，影响就比较大了，稍有不慎，可能引起纷扰。比如，"尴尬"一词在吴方言和湘方言中都有使用，在这两个方言中，它的读音就据声符读作"监介"；但方言读音在转换为普通话读音时，没有按音系对应关系读作 jiānjiè，而是采用了借音的方式，仿湘方言实际音值读作 gāngà，即采纳了湘方言的白读音而不是文读音，而在上海话中，"监介"没有发生文白异读，普通话的注音反而破坏了上海话与普通话的对音关系。又如，"弄"是方言词，在上海话中，它出现在"里弄、弄堂、作弄、玩弄、弄潮儿"等词或单独作动词时，读音都是相同的，可是在现行的词典注音中，却有两个读音，声母分别是 n、l。江浙一带方言，南京话不分 n、l，转换成普通话区分 n、l 还可理解；但上海话中 n、l 本来是分清楚的，由于口语中"弄"的声母没有读作 n 的，因此，上海人用普通话说方言动词"弄"的时候，总是违反区分鼻音和边音的要求，读成 long。其实，"弄"是古代的来母字，应该读 l，把它读成 n，缺乏历史依据，也不符合江浙地区方言的实际。演员扮演的"角色"，比较老派的演员以及包括港台在内的南方各地都读 jiǎosè，但播音员以及受过读音训练的演员则读 juésè，这也与方言口语与北京话的交流有关。一些根据方言口语标定词典读音的字，比如"落""色"的口语音，往往没有区别意义的作用，它们照顾了北方一些地区的口语习惯，却成为其他地方的人学说普通话时需要专门记忆的难点。对于汉语字音的规范来说，在字音标定中平衡不同方言之间的关系，还有一些工作要做。关键是取向问题，是让普通话带有更多的"京味""韵味"，还是让普通话的发音更"普通"一些，需要有恰当的取舍标准。①

文字是记录语言的符号，在历史的使用中，汉字出现了大量异体和通假现象，前者导致一个字有多种形体，后者导致一个形体可以表示不同的字。二十世纪五六十年代的文字规范工作，清理了异体字，消除了现代汉字的通假现象，并且还对一个汉字表示两个音节的"合体字"作了清理，强化了汉字的标准化。由于当时的局势，汉字的整理工作仅在大陆地区展开并推行，未能涵盖整个汉语地区，也没有考虑其他使用汉字的语言，因此，从汉字的规范和统一的角度来看，还有许多工作需要努力。

词汇数量众多，并且始终处在变化之中，每年至少有数以百计的汉语新词语出现，也有一些词语渐渐退出语用，包括大量"夭折"的新词语。对于规范来说，有责任对每个词汇成分作调查和描写，确定它们在语用中的基本形式（包括读音和字形）和含义及用法。但是，作为一项社会管理工作，规范负有重要的社会责任，要引导大众用语趋向文明，而不同的词汇成分带有不同的社会层级色彩，规范不必也不能无条件地向大众推荐每一个词汇成分，应该对不同的词汇成分作区别性的处理，引导大众趋向高雅、摈弃低俗。

语法是语言的组合规则，从构词、造句到组成篇章，汉语的各类结构方式都是应该描写的对象。同样的结构，往往可以表达不同的意义，形成多义构

---

① 参王晖《文白异读与语音规范》，《语言文字应用》2012 年第 2 期。

式，这也是语法描写应该关注的方面。从规范的角度来看，不同的组合会有不同的适应语体，适用于不同的交际环境。观察并分析不同语法结构的语体差异，作必要的语用提示，也会方便新学者。

不论是在语音、词汇还是语法层面，对事实的描写和认定是规范的基础，只有在这样的基础之上，才有可能作出适当的选择。但在选择的过程中，需要有充分的考虑，周全地顾及各个方面，以利于规范的落实。

6.2　规范的引导性

规范原有"典范"的意思，指事物行为的榜样。在现代汉语中，规范与标准有同义关系，《现代汉语词典》就把"规范"解释为"约定俗成或明文规定的标准"。在现代社会生活中，二者又有细微的区别。我们常说某一事物、行为"达到标准"或"符合标准"，或具体提出某些标准，如技术标准，这类标准往往可用具体的数值来表达和衡量，因此，"标准化"常常被理解为高度的整齐划一。而规范多用在相对抽象、不宜用数值衡量的事物、行为上，通常我们多说"符合规范"，而不常说"达到规范"。

语言应用不能强制推行标准化，因为过度的整齐划一会扼杀表达的个性，使语言淡然无味，这是表达的大忌。况且，语言应用的实际也是复杂多变的，很难用强制性的规定来作全面统一要求。语言规范化与产品标准化不同：在实际生活中，我们可以把不符合标准的产品定为不合格产品，并禁止这些产品进入市场，甚至把它们全部销毁；在交际中，我们无法也不能阻止用语不合规范的人开口说话，也无法阻止不合规范的语言现象出现在交际中。

从规范的执行来看，全民语言的使用者数量巨大，在时间和空间的分布上都非常广泛，且个体之间总是有许多差异，不可能像商品规格那样严格控制，达到高度统一。规范工作者不仅无法对全民所有的语言行为进行监督，甚至也很难对某一特定范围内的大众语言行为实施全面的监督。语言规范的监督工作只能在有限的范围展开，主要是依托书面（比如报刊书籍）或特殊的语用环境（比如传媒业、窗口行业）展开；语言规范的实施，甚至不可能像交通法规那样在交通警察的监督下全面落实。因此，语言观范不可能是一种强规范，而是一种弱规范，不能过多地依赖行政的管制，而需依赖语用者的自觉。语言规范的实施应该是引导性的，即鼓励大众按某个标准说话；不能是强制性的，即不能阻止大众以不符合标准的方式说话。这或许可以解释为什么我们避免使用"标准"一词，而采用相对模糊、弹性较大的"规范"，其实也就是推行一种引导性标准，鼓励大众努力向这个标准靠拢。

虽然我们认为规范化与标准化是有区别的，但是，这种区别只在于某种程度的差异，它们的共同点不容置疑。可以认为，规范是一种标准化的行为，即为公众在语言活动中提供一个共同认可的标准和规则，引导大家在书面和口头表达中使用共同的材料和共同的方式（即恰当地使用语言和文字形式，包括标点、文字、语音、词汇、语法等），以保障沟通、提高交际效率。

除了提倡用语的统一性之外，规范还有一项重要的社会责任，就是积极引导全民用语的文明趋向，提高全民用语的典雅程度，强化母语的情感纽带作用。语言内部成分复杂，规范工作不仅要从描写的角度确定各类语言成分的形式、含义和使用规则，还需要对不同成分的语用色彩作出评价，引导大众摈弃低俗趋向高雅，提高全民的语用素养。

6.3　规范的作用和目的

语言的规范，至少与索绪尔论述中的两个方面有直接的关系：任意性和约定性、语言和言语。其中语言的约定性与语言的稳定性有关，而保持语言的稳定正是规范的目的。

但是，语言还有任意性的一面。受地域阻隔、周边环境差异、人文历史习俗不同和自由创新等因素的影响，语言在使用中存在大量个体变异。语言使用中的个体变异，大多会被个体所属的群体纠正，但有一些个体变异却因为它的特殊表现力而被群体接受，成为群体习惯，造成群体用语的变化。使用同一种语言的不同群体中如果出现这样的不同变化，就会导致同一语言的不同社团用语向不同的方向变化，引起内部分歧。这种分歧，主要表现在两个方面：对相同或相似的语言形式的理解差异，比如大陆地区的"公车"是公家的车辆，而台湾地区的"公车"是公交车；或者对于同一意义表达的方式的不同，比如"红薯"，各地还有"红苕""白薯""番薯""山芋"等许多叫法；还有同物异名和异物同名两个方面发生交叉的，比如"地瓜"，在北方作红薯的别名使用，在南方一些地区却指豆薯的根茎。这类分歧的客观存在，会造成群体间的交流障碍，形成交流中的阻隔因素。并且，同一语言内部不同群体（社团）的语用差异如果长期延续，会得到固化，就造成了语言的内部分歧和差异；不同群体之间的语言差异增大，会使语言走向分化。

语言中这种内部分歧的产生与存在是客观的，但是，如果一种语言的使用者之间沟通程度较高的话，变异的成分就会通过大众的筛选而达成新的一致：或者得到大家的认同，达成新的约定，或者被大家弃置，不再用于交际；当然，二者也可以作为同义词并行不悖，任由使用者选择。这样，分歧就不容易长期存在和扩大，语言内部就能保持较高的一致性。但是，如果一种语言的使用者人数众多、分布广泛、彼此之间存在许多相对独立的群体，且群体间的距离较大，沟通的程度低、范围小，这样的分歧就会长期存在并且不断扩大，不同的变异会在不同的群体中分别保存下来，得不到其他群体的认可，群体间的分歧就形成了。

为一种语言制定规范并加以推行，目的在于克服语言内部的分歧，或者为内部存在众多分歧的语言确定一个共同遵守的交流准则。如果绝对地从规范的角度来看待语言的使用，完全一致且一成不变当然是最理想的。但是，规范的提出，就是因为语言本身无法保持完全一致和一成不变，语言使用中自然产生的分歧和变化，使大众对部分语言成分的认识出现分歧，会打破语言的约定而影响交际。因此，为了保障同一语言群体内交际的顺畅，需要制约、减少或消除语言使用中的分歧和变异，维护语言的约定性，加强语言的通用性和稳定性。

从实用的角度来看，规范的好处还在于，面临语用中的分歧，人们常常会把握不定或者互相争执，这时就需要有一个帮助选择的参考意见，甚至是权威的意见，来判定是非或决定取舍，避免似是而非、无是无非而无所适从。在语文教学工作中，这种需求尤其迫切。

在没有共识或缺乏明确规范的情况下，面对语用差异，我们可能听从某些权威个人的意见而作出抉择。但是，不同的个体、不同的场合、不同的时间，权威的意见也会有矛盾不一的地方，有了规范以后，可以在更大程度上避免个人意见的偏面性和随意性，找到语用方面的共识。此外，规范还有助于克服个人在语言表达（包括口头的和书面的）时的随意性，在最大程度上形成全民的语用共识。

有了这样的语用共识作为基础，民众可以无障碍地在各个领域内自由交流，减少由交际障碍带来的种种损耗，把交流的成本降到最低，从而提高全民的交际效率，为全社会的经济、文化和科学等各领域的发展提供坚实可靠的保障，为全社会政治的稳定和民众团结，也为整个民族在传承历史、发扬民族传统和民族精神、增强民族的凝聚力和民族自豪感方面，提供牢固的基础。[①]

6.4 规范自身的稳定性

事物往往是相反相成的，一种积极的事物背后，可能隐含着某种消极的因素，语言规范也有这样的两面性。语言规范工作，在某种意义上说，是一种纠察工作，有点像交通警察，它管理社会公共的语言应用，听任一般的、常态的语用行为，而限制某些特殊或反常的语用行为。

规范由于强调一致和通用，所以不得不追求稳定性，以强化语言的传承性。因为只有在传承的基础上保持稳定不变，一致性才能得到保证；有了一致性，通用率才能得到保障。因此，语言规范需要努力保持语言系统的现状，减少变异的发生，并在此基础上保障语言的沟通功能，达到提高交际效率的目的，而不能追求酣畅淋漓的大破大立、除旧布新。[②]

在语言规范中，传承意识是非常重要的。从事规范工作而没有强烈的传承意识，甚至试图用颠覆性的手段来推行规范，在观念上就是自相矛盾，在行动上更无法贯彻下去，因为规范需要前后一致，而变化则在于打破这种不变的一致性，二者的目的和效用恰恰相反。只有在强烈的传承意识指导下，才能有效地开展规范工作。

规范的稳定作用表现在以下几个方面：

（1）规范不能超前。商品推销中，"领先一步""抢占先机"或者"引领时代新潮流"这一类的说法，对很多人都很有吸引力，也是很多人想身体力行的。但这是创新的观念，适用于科学技术的研究或商业竞争等许多领域。语言规范是要确立社会交际中语言使用的标准，它是语言发展到一定阶段后的产

---

① 参王宁、孙炜《论母语与母语安全》，《陕西师范大学学报》2005 年第 6 期；刘英《语言观的历史演变和新中国的语言规划》，《南京社会科学》2006 年第 6 期；戴曼纯、朱宁燕《语言民族主义的政治功能》，《欧洲研究》2011 年第 2 期；戴曼纯《国家语言能力、语言规划与国家安全》，《语言文字应用》2011 年第 4 期；侍建国、卓琼妍《关于国家语言的新思考》，《语言教学与研究》2013 年第 1 期；沈骑《非传统安全领域的语言规划研究：问题与框架》，《语言教学与研究》2014 年第 5 期。

② 参刘泽先《正词法只能简单刻板些》，《语文建设》1989 年第 6 期；魏晖《国民语言能力建设刍议》，《语言科学》2014 年第 1 期。

物，它需要在既有的语言现象中选择适宜的成分向大众推广，所以应该是先有语言现象，后有规范。不可能为还没有产生的语言现象提出规范或标准，也不应该创制语言形式向大众推广，或者向大众预言将来该怎么说话。

（2）规范的滞后性。日常生活中，语言在不断地变化，变化是语言活力的体现，因此，实际的语言总是处在动态之中，有很多新现象不断地出现在语用实践中。对于语言生活中出现的种种新现象，有人急于把它们纳入规范加以推广，认为这是规范工作的一个重要方面，其实并不妥当。新的语言现象的产生当然有它的依据或理由，但并不是所有新现象都反映语言未来的发展方向，都适宜大众使用，都会流传下去。新兴的语言现象或语言成分，跟自然界很多生物一样，面临严酷的筛选和淘汰。夭折是自然界中新生物的常态，不是每一颗种子都能长成大树，相反，绝大部分的种子都以"不了"的方式"了之"，甚至连发芽的机会都没有。新出现的语言成分，也需要在语言应用的实践中接受类似的筛选和淘汰。只有能够通过语用选择、成为大众普遍而长期使用的成分，才可以通过规范获得典范的身份；那些昙花一现的语言新成分，虽然也应该纳入规范的视野，但不能成为语言中的典范成分。

规范跟其他社会管理规约一样，都需要先有充分的事实和坚实的公众基础，然后在充分事实和广泛群众基础之上总结归纳，最后提出具体可行的管理方案。因此，规范无法也不应该体现语言变化的最新动向，应该在看清语言事实在语言生活中的具体走向之后，才确立规范。可以说，当新现象不再"新"的时候，才适宜考虑它的典范性。规范不仅不能超前，而且总是滞后的。

（3）规范是非时尚的。时尚最主要的特征是新颖别致，从而给人留下深刻的印象。而规范重在平实，因为它的目的是通过维护语言的常态，为大众的交流提供方便。从方便交流的角度出发，使用流通性好的语言成分最为便利，但流通性好的语言成分未免"千篇一律"，倾向于一般化，平淡无奇。那些富有新意的时尚表达手段，带有强烈的个性色彩，它们在普遍流行之前，只能适用于少数甚至个别人之间，缺乏全民的公共性，因此不宜为规范所采纳。规范应该关注时尚用语，把握社会用语的动向，但绝不能追逐时尚。时尚的东西可能在一段时间之后成为常态，也可能昙花一现、不见踪影，而规范是为大众一般性的公共交际服务的，要考虑最大多数人的最一般的交际需求，所以规范的制定应该充分考虑语言成分的全民普遍性和历史稳定性。

因此，不仅规范涉及的语言成分需要具有良好的稳定性，规范本身也需要具有高度的稳定性，规范需要顺应语用现实，谨慎、微幅、适时地作出调整或补充，但不能大起大落、朝令夕改、变幻不定。

6.5　规范形式的选取标准

语言存在于每个使用者的大脑之中，每个语言使用者内心都有一套完整的语言习惯。要为不同的使用者确定共同的语言使用标准，就应该充分考虑使用这种语言的社会大众，考虑标准所应有的广泛社会基础。语言规范工作不是由规范工作者去规定或指导大家怎么使用语言，而是由专家根据大众的语用现状和语用需求，立足于求同的立场，寻求全民用语跨越空间和时间的"同"，并在这个基础上为大众提出选择性的建议，加以推行。因此，在面临分歧时，要有一些基本的考虑，以提高选择的合理性。①

（1）权威性。对于一种方言分歧众多的语言来说，要以全民交际中占据强势地位的中心方言为规范的基准。中心方言的形成，有它的历史文化和政治经济等多方面的因素，它所处的地域，既是各地人才荟萃的中心，又是人才信息向各地幅射的中心。长期处在全民交际中心位置的方言，在各方言之中有较广的公众基础、较好的流通性，也有较高的社会声望。规范应明确中心方言的权威性。

（2）全民性。有些语言成分，不仅在各个方言间有分歧，在中心方言内部也有分歧。在这种情况下，应考察这些分歧在全民中的分布情况，从全民的大局出发，选择其中符合或切近多数人习惯的方式，使拟定的规范具有尽可能广的群众基础。

（3）历史性。我们生活在前辈铸就的语言环境中，从前辈那里学习语言，

---

① 参刘叔新《现代汉语词汇规范的标准问题》，《语文建设》1995 年第 11 期；徐家祯《试论汉语规范化的社会背景、标准以及政策》，《语文建设》1988 年第 3 期；施春宏《现代汉语规范化的规则本位和语用本位》，《语文建设》1999 年第 1 期；刘福根《传统语言文字规范理论与实践初探》，《语文研究》2000 年第 2 期；李行健《惯用语的研究和规范问题》，《语言文字应用》2002 年第 1 期；叶军《从色彩词的规范谈规范化工作中的语用原则》，《语言文字应用》2002 年第 3 期；于根元、王铁琨、孙述学《新词新语规范基本原则》，《语言文字应用》2003 年第 1 期；刘凤玲《规范社会语用的基本原则》，《广州大学学报（社会科学版）》2004 年第 1 期；王翠叶《汉语言文字标准化工作的回顾及思考》，《语言文字应用》2005 年第 1 期；王宁《再论汉字规范的科学性与社会性》，《语言文字应用》2006 年第 4 期；杨文波《〈质疑现代汉语规范化〉讨论综述》，《语言教学与研究》2008 年第 5 期；施春宏《语言规范化的基本原则及策略》，《汉语学报》2009 年第 2 期。

并且自己也随着年龄的增长成为前辈，向后代传授语言。语言的传承性是不言而喻的，但是传承中的语言面临变异所引发的分歧的挑战，在这种分歧面前，何去何从，应该有一个优先考虑的标准，至少，在同等情况下，历史因素应该得到充分和优先的考虑。尊重语言的历史性，有助于保持语言的稳定，也有助于后人与前人的沟通，让后人更容易读懂前人的著述，更容易从前人那里获得经验和教益，从而提高语言的交际效益。

（4）典雅性。一个社会内部，由于文化教养等各方面的差异，社会成员之间以及各成员的不同行为中，雅俗的区别是不可避免的，它们各有自己的适用环境。其中雅的表达更适合严肃、正式的场合，有丰富表达的内涵，能增强表达力，更符合文明标准；俗的方式比较令人放松，拉近人与人之间的距离，一些粗俗的用语，还能够满足宣泄消极情绪的需要。语用中，人们对雅和俗的需求都是自然存在的，因此，想用简单的办法来禁绝粗俗或恶俗的用语是不现实的，应该承认语言中低俗成分存在的客观社会基础，但绝不能以此为导向，更不能乐此不疲。

社会用语的雅与俗差异是社会风气的反映，随着社会文化教育水平的提高，以及伴随而来的全社会文明程度的普遍提高，趋向典雅是有文化、讲文明的表现。因此，规范作为社会管理的一个方面，应该积极引导、倾向典雅，并在职权范围内排斥低俗用语。

（5）理据性。理据性指语言成分的可分析程度，按常用的语言规则和语言成分的基本含义，可分析程度高的语言成分更容易被人理解和掌握，也使语言本身更具有逻辑性。因此，在规范所面临的选择中，语言成分理据性的强弱应该受到关注。理据性强的语言成分更容易从形式（字面）上得到解释，有助于维护语言的逻辑性和系统性，增强语言成分的可解度，降低它们的学习难度。

（6）系统性。语言是一个复杂的大系统，包括语音、词汇、语法，一个语言成分处在众多的关系之中，一些看似个别、局部的变化，很可能牵一发而动全身，因此，不能不深加思考。顾及语言的系统性，也能很好地切合语言使用者的思维逻辑，加强语言成分之间的类推关系，使语言内部本身趋向严密。

总之，规范为全民提供用语的典范，这种典范不能简单地来自规范工作者的个人意见或主观取舍，规范工作者的责任是基于语用现实，兼及历史、现实和未来，少数与多数，典雅和通俗，理据和习性等多种因素，通过综合的考虑，作出适宜的选择，提出规范的标准。

6.6 规范的社会环境和问题

汉语的规范工作有迫切的社会需求，这是规范的有利的社会环境，同时规范工作也面临一些问题。促进汉语规范的社会环境表现在：

（1）借助于越来越发达的现代交通，以及日新月异的传播技术、国际化和开放性的社会，空间地域对人们交往的限制作用日渐减弱，人际交往范围空前扩大，跨地域交际大量增加。在这种情况下，不同方言区的人，国内各兄弟民族之间，还有中国人与外国人之间，都更需要有共同的交际符号。

（2）中国人口占世界人口五分之一，掌握了汉语就掌握了与世界五分之一人口的交际手段，具有高效性。对于外国人来说是如此，对于中国人来说也是如此——条件是汉语本身要有较高的规范程度，说一口标准汉语就可以跟各方言区的人们交流而没有隔阂，普通话因此大行其道。

（3）在物质生产日益丰富的现代化过程中，人的精神需求也在不断地增长，并且速度已经远远超过了对物质的需求。人们的精神需求的满足除了从当代生活中汲取营养之外，传统文化也是一个重要来源。传统文化对于一个民族的精神建设具有非常重要的意义，汉语有记载的历史漫长，文化积淀深厚，掌握汉语，了解中国古代的智慧，可以打开一道通向千百年积累的智慧大门，能在更大程度上满足当代人的精神需求。

（4）承载中国文化的汉语，在历史上对周边国家产生过广泛的影响，这种传统到了近代，因资本主义冲击下中国的衰落而减弱，但随着中国的振兴以及传统的回归又有所恢复。中国与周边各国的传统友谊和文化联系，以及侨居这些国家的华人（以及更大范围内的海外华人）的思乡情怀和民族认同，都激发了了解或继承中华文化的愿望，这种愿望受日益增长的中外经济文化交流的支持而不断增长，提高了他们学习掌握汉语的热情。

（5）中国经济持续发展，经济总量不断增长，各国与中国交往的需求持续增加。随着"一带一路"倡议的提出，各国与中国的关系更密切，汉语作为交际工具也有更广阔的使用天地。中国持续发展，不仅能在经济领域向外作物质性的输出，在科学技术和思想文化等软实力方面也在不断地创新，将会产生更多高技术含量、高文化蕴含的可输出内容，在强有力的中外交际需求的增长过程中，汉语的作用以及对其他族群的吸引力还会进一步增大。

（6）在当今的"地球村"时代，国际交往增加。人们享受各国互通互利的成果，各种文化冲突也随之而来。复杂的世界政治格局，需要更多的政治智慧来应对。中国具有漫长的大一统社会历史，在处理复杂的社会群体关系方面所积累的经验和教训，对于应对当今世界的各种矛盾，不无启发或借鉴意义。立足于现实了解中国的历史，以及中国古代的政治经验和教训，还要借助汉语。

与此同时，汉语规范也面临一些困难：

（1）汉语内部方言分歧众多，一些方言之间交流困难。通过多年的努力，虽然各方言区中年轻一代的普通话普及程度有了很大的提高，但南方各方言区的人们普通话水平仍有待提高。如何处理好方言和普通话的关系，也有待探索。

（2）现代化促进了社会的发展，同时对传统造成了巨大的冲击。现代化给我们带来的巨大现实利益，引发了人们对变革的过度期待，出现了一些忽视或轻视对传统承袭的倾向，而传承性是语言存在和稳定的重要基础。

（3）配合对外开放，大力强化外语教育和学习，收获甚丰，年轻一代英语水平普遍提高，却削弱了对母语的学习，学生汉语能力普遍下滑。英语学习和汉语学习都属语文教育，在语文知识的学习中，通过大量记诵来增强语感是必不可少的一环。学生的学习时间和精力是有限度的，强化了英语学习，汉语学习自然受到削弱。因此，在基础语文教育（包括汉语教育和外语教育）中，如何恰当地分配学生外语学习和母语学习的份额，也需要深入思考。

（4）对母语汉语的认识和评价，部分人自信不足，导致对汉语不当的自我批判、自我否定。在缺乏科学细致了解的基础上，许多对汉语言文字一知半解的错误认识，至今在社会上（包括在知识精英中）普遍流传，比如，认为汉字难认难写难记，认为汉语语法不严密，甚至认为汉语没有语法或者汉语不讲语法，认为汉语是世界上最难的语言，等等。都站不住脚，需要厘清。

（5）一些偏颇的语文意识广泛流行，这种偏颇，既包括上述对汉语的错误认识，还有其他五个方面。①随着国人外语水平的提高，以及与国外交流的增加，汉语表达中大量夹杂外语成分成为时尚，在一些人的表达中，"OK""out"等英语词随口而出，汉语深受英语的侵蚀。②与此相应，缩写的字母词大量出现，有人认为这样比较简捷。其实，缩写的字母词通常只是在书写上比较简单，读起来并不简单，有时还更复杂一些，比如"WTO"，按折算成汉语读音读有五个音节，而在汉语的缩略语中，"世贸组织""世贸"分别是四个音节和两个音节，显然说起来更简洁。在可解度方面，人们无法通过字母来了解词的含义，需要通过特别的记忆才能理解字母词——在很多情况下，我们缺乏这样的记忆，对一个含含糊糊的概念并没有清晰的理解。③对汉语中出现的新成分，也存在一些偏颇的认识。比如对大量出现的新词语，有人表现出无节制的欢迎，认为新的总是比旧的好，新的总是比旧的有生命力，其实，很多新词语，人们还没有来得及记住，就已经失去踪影了，并没有展示出强大的生存能力。④网络交际用语随着计算机技术迅速发展，被人称为"网络语言"，流行在大众，尤其是青年人之中。计算机技术代表了当今科学技术发展的方向，年轻人是我们的未来，因此，有人认为网络交际用语代表了汉语的未来。其实，网络交际用语中充满了游戏色彩和稚嫩的气息，更多地与年轻人的消遣逗乐相关，并不反映汉语的未来。⑤时代在变，语言当然也要变，但是，语言是否应该跟当代科学日新月异的发展同步，也要急速变化，甚至要超越时代？我们是否也应该像大力促进科技发展那样，大力促进汉语的变化？过于迅速的变化对汉语到底意味着什么？对此，我们还缺乏一个科学的认识。

（6）在过去的两千多年中，中国以先进的生产技术、良好的治国制度、丰富的精神文化产品，影响了周边许多国家和民族。中国不仅输出了丝绸、瓷器这样的物质产品，也输出了官吏制度、科举制度；中国的文学作品在国外被翻译、改写或模仿，汉语汉字深深地影响了周边多个国家和民族的语言文字。但在当今的国际交往中，中国在高端技术和文化产品的输出方面却相对薄弱。从语际交流的普遍规则来看，只有凭借高端技术和精神文化产品输出的支撑，才能形成语言交流中的强势，对此，我们还需再加努力。总之，我们一方面要看到世界对汉语的热情，另一方面也要认识到汉语还要有更多的支撑来面对这种热情。

6.7 规范的副作用及其预防

语言规范通过抑制语言的变异来增强语言的稳定性和共通性，通过强化语言内部的一致性来克服不同群体之间的交际障碍，达到方便全民交际的目的。但是，事物都有另一个方面。规范强调一致和通用，即要求把个性化的表达限制在现有的规则和现有的材料基础上，这样，就可能在抑制变异的同时，缩小语言使用中的个性化空间，阻碍语用创新。过度地抑制语言表达中的个性发挥，尤其是否定语言表达中的个性化创造，可能导致语言使用过度程式化而走向单调甚至僵化，降低语言表达的生动性，无法满足大众交际的需要，反而脱离语用实际，影响了语言的活力。

长期遵循一个规范标准，而又不能真正让这个标准贯彻到大众语言生活中，致使规范与大众语用习惯发生背离，甚至出现巨大隔阂，会形成像以前汉语言文分化或文白相对的局面。

从这个角度来看，规范和语言应用中的创新是互相矛盾和对立的，从遵守规范的角度来看，创新表现为变异的不断出现，也就意味着规范不断被挑战、被突破。因此，规范对于变异的抑制有它的副作用。

其实，规范既不能或不应否定变异的合理性，也不可能阻止变异的发生和流传。从事物的本性来看，总是要有变化的，变化是事物活力的体现，没有变化的事物会进入僵死的状态，失去生命力。语言变化形成的语言变异是客观存在的，也是语言生命力的体现，不可能被人彻底抹杀或遏制，问题是如何正确认识和恰当处理规范和变异二者的关系。

需要用辩证的态度来斟酌语言规范工作中存在的利弊，在理论上对此有一个深入的认识，以促进汉语规范工作的健康开展。过度强调规范，会造成语言使用过度程式化而走向僵化，影响语言的活力；过度支持变异，则直接破坏语言的稳定性，干扰交际，导致交际障碍，提高社会交际的成本，并对语言本身及其传承造成破坏性的影响。对于这个问题的两个方面都应该有充分的考虑。应该认识到，规范是一种制约性的工作，它只有在变化存在的前提下才有价值，而变化是语言生命力的体现，语言又必须在约定的前提下才能有效地达成交流；语用中存在的变异是规范工作的对象，而语用对约定的需求则是规范存在的依据。从宏观上看，规范既要建立和维护语言的标准，又不能过度限制语言的活力，关键在于如何让限制和发展二者达成平衡。要充分考虑到二者的利与害，从个人和群体、现实和历史多角度权衡，兼顾不同的方面，在规范和创新之间把握一个适当的度。

总之，语言不能不发生变化，但变化又不能过快，规范以稳定作为首要任务，适当延缓变化的发生和流布，控制那些适宜小范围使用的语言现象无序蔓延或过度使用，而不是倡导、推广和促进语言的变化。规范在强调稳定的同时，也需要随时关注本身所具有的消极因素，既不能"一放就乱"、全无规范，又要避免"一管就死"、严重影响语用活力的现象发生。①

---

① 参李建国《传统语文规范及其现实意义》，《中国语文》1996 年第 1 期；冯广艺《语言和谐论》，《修辞学习》2006 年第 2 期；曹志耘《论语言保存》，《语言教学与研究》2009 年第 1 期；王志钧《普通话语音应加强规范还是接纳流变?》，《语文建设》2012 年第 9 期。

7 语言规范的制定和层次

在复杂和多元的社会中，不仅使用语言的人具有多元性和复杂性，语言本身也多元而复杂，语言规范工作需要顾及这种多元复杂的因素，按语言应用的轻重缓急，有区别、分层次地针对不同的情况提出不同的要求，区别对待，突出重点，带动一般，才能更有效地做好规范工作。[①]

涉及语言规范的层次有多个方面，在这些方面中，都需要按规范的实际需求分层级作处理，其中的原则应该是：从众向上，即充分考虑多数人的语用现实，并逐步引导社会用语向更高的层次提升，因此，在社会的不同方面，应该有一些群体作为规范优先或重点考虑的对象，并通过他们的榜样示范作用把规范推向全民。[②]

7.1 语言成分的规范度（程序规范和典范规范）

汉语规范工作，从汉语本体来看，可以分为文字规范、语音规范、词汇规范和语法规范等几个方面，其中，文字和语音的规范是语言形式的规范，具有比较强的系统性和整体性，词汇和语法的规范面对大量具体的语用单位和规

[①] 参张巨龄《报纸语言的示范作用和语言的阶层性》，《语文建设》1994 年第 2 期；刘真福、李春玲《文化多元化形势下的语言规范化》，《语文建设》1996 年第 8 期；郑远汉《论言语规范及其多体性》，《语文建设》1997 年第 6 期；徐杰、覃业位《"语言特区"的性质与类型》，《当代修辞学》2015 年第 4 期；王晖《论国家通用语言及其推广的时效度》，《语言战略研究》2016 年第 4 期；黄长著《语言多样性与文化传承》，《澳门理工学报》2017 年第 2 期。

[②] 参周一农《论汉语规范化的层次性》，《语文建设》1990 年第 3 期；赵怀印《规范化应具有层次观念》，《语文建设》1993 年第 4 期；侯敏《缩略语使用的层级性特点及其规范问题》，《语文建设》1996 年第 6 期；洪成玉《不存在两个层面的规范》，《语文建设》1997 年第 12 期；郑远汉《言语规范三层次》，《武汉大学学报（人文社会科学版）》2000 年第 5 期；李保嘉《论语的语层性、语域性和语体性》，《语文研究》2003 年第 1 期；李晋霞《论语法规范的领域性、动态性、谨慎性与着力点》，《修辞学习》2004 年第 2 期。

则，个体性比较明显。

现代汉语规范工作开展以来，在文字和语音的规范方面，取得了巨大的成就：通过异体字整理和汉字简化工作，对汉字系统作了全面清理，确立了书面用字的规范；通过汉语拼音方案的制定，确定的现代汉语的音系以及拼写规则，保证了现代汉语口语发音的规则。至于个别词的写法或读法问题，不影响文字和语音体系，而涉及语言单位的表达形式与意义的关系，应该归入词汇规范讨论。

词汇规范和语法规范涉及大量语用问题，其中词汇变化的个体性最明显，部分词汇成分的变化十分频繁，是规范中最为复杂的部分，因此，对它们的规范也需作更细的思考。①

应该把规范分为程序规范和典范规范两个方面。对于规范工作来说，任何一个进入汉语的成分，都应该有一个基本的界定，确定它的基本形式和内涵，以方便公众使用，这是程序性的规范。通过程序性规范的成分，并不意味着就已经成为汉语中的典范成分，可以进入推广使用阶段。还需要对通过程序规范语言成分在语用中的地位作进一步分析，确定哪些成分是汉语中适宜全面推广的成分，哪些成分是使用有局限的成分，或不宜使用的成分，这就涉及汉语的典范。比如"的士"进入汉语之后，应该为它确定读音和含义（"的"字因此多了一个 dī 的读音），但这并不意味着它就是汉语中可以取代"出租汽车"的规范的形式，取得了典范的地位，它在汉语中所占据的是一个非典范的位置，不是主流的、应该推广的成分。

通过程序规范之后进入语言中的成分，在规范的典范度上有区别。语言成分的典范度可以分为以下几个层面②：

（1）前规范，过去属于规范的成分，现在已被取代或不用，失去了典范的地位，比如文言助词"之"，在现代汉语中已经被"的"取代，虽然时或有人使用，并以书面语的身份保存在现代汉语中，但它已经不是现代汉语中的典范成分，而是一种前规范的成分。前规范的成分，由于受到文化传统的支持，往往具有较高的典雅色彩。

---

① 参曹德和《规范度评价以什么为根据》，《修辞学习》2005 年第 6 期。
② 参方武《亚规范：语言空符的无奈选择》，《语文建设》1995 年第 8 期；孟建安《不规范的话语与可接受的话语》，《修辞学习》2002 年第 2 期。

（2）正规范，目前公认的标准说法，是符合当前规范的各语言成分，适用于相应的语境之中。

（3）亚规范，近于规范，已经比较流行或开始流行，但还有待时间的证明和确认。一些工具书出于描写的目的，以及为实时反映语言变化、满足读者查阅的需要，会收录语用中的亚规范成分。处在亚规范状态下的成分，音、形、义已经基本确定，但在语言系统中它们往往只是规范成分的备选项，它们可能在一定范围内有较高的使用率，但还没有成为全民公共表达的首选或标准，适用的语言环境还有局限，不足以代替原有的规范表达。此外，一些在语境中带有明显范围限制、不宜在公共场合普遍使用的局域性成分，也是语言中亚规范的成分。

（4）待规范，新出现的用语成分尚未得到一致的认识，流传范围也不广，或者还没有得到一般人的认可，在音、形、义等方面还存在某些不确定性，有待通过程序性的规范来确定。

（5）不规范，包括越界使用的方言和行业语等局域性成分，未得到大众认可的新产生的词语或用法，偶发的语误，都属于语用中的不规范成分。

汉语本身非常复杂，以词汇为例，几乎每天都有新的成分出现，规范应该着力于维护词汇的核心部分，对于词汇的不稳定部分，采取多观察、多等待的方法，后发制人，根据具体对象在语用中普遍性和稳定性的增长，采取事后承认的方法。语法或语音文字方面的规范，也应参照这个原则进行。

7.2　职业与规范

人们在社会中从事不同的职业，形成不同的群体，并对社会形成不同的影响。在社会职业中，有的以处置事物为主，如生产或研究性的行业；有的以待人接物为主，如服务业。不同的行业，在工作中涉及的人际交流关系程度有所不同，对他人在语言方面的影响也有所不同。语言规范工作，需要根据不同群体在社会职业中所处的具体情况，对他们的用语提出不同的要求，重点关注对全民示范作用高的社会职业群体，做好导向性强、影响面广的社会群体用语的规范工作，引导和推动汉语应用的规范。①

---

① 参李宇明《论语言生活的层级》，《语言教学与研究》2012年第3期。

一些从事文化教育、文化传播和公共服务等方面职业的群体，他们的用语对公众影响较大，是规范首先关注的群体。

首先，学校教学用语是语言规范工作中最为基础的部分，它直接影响下一代人的用语习惯，加强这方面的工作，可以养成后代人的用语规范习惯，因此，学校教学用语历来是汉语规范的重点。学校的语言教育，包括一般教学用语和语文教育两个方面，一般教学用语的规范应该强调用语的通用性，即采用普通话和常规、适宜学科知识传授的教学用语；语文教育则应该有更高的要求，学生应该以掌握典雅的语言表达为目标，能按照语境的需要，用流畅、充满文化气息的（或称之为优美的）用语来表达自己的想法，而不仅仅是能读懂一般书面材料、平淡无味地写出自己的想法。

在语文教学中，应该开展语言规范知识的教育和普及，让学生明确树立语言规范的意识，明白用语规范是个人的文化修养和自我社会定位的重要因素，了解不同群体的用语在规范程度方面的层级差异，懂得用语的适宜性和规范性的关系，树立积极向上的语用态度。语言教学通过对一代又一代人的教育，形成全社会良好的语用观念。

其次，公共媒体行业专门从事社会宣传，语言是它们的最主要或最基本的工具。公共媒体以大众宣传即影响社会大众为己任，为了最大限度地扩大社会影响、强化宣传效果，公共媒体在用语多样化方面用功最甚。公共媒体用语成为当今社会用语中色彩最丰、变化最多、对规范冲击最大的部分，值得语言规范研究者的重视。

从信息载体的角度来看，公共媒体包括了书籍、报纸、杂志以及其他各类书面宣传材料，还有户外广告（包括各类宣传性的张贴或墙面书写等）、广播、电视、电影以及其他的各类新兴电子传播手段。从传播所使用的工具来看，公共媒体包括传播声音的广播，传播文字的书报杂志、户外广告等，兼用声音和图像进行传播的电影、电视等。随着技术的发展，传播工具的综合性不断增强，许多影视宣传品在图像和声音之外，还配有字幕。传播手段的多样化，更方便人们接受所传播的信息，公共媒体对大众的影响持续扩大。借助现代传播手段，任何人都可以向大众发布信息。于是，媒体信息的发布者，也由专业人员向不特定的个人变化，出现了"自媒体"。

在传播技术迅速发展，传媒自主性不断增加，传播风格日趋多样的情况下，媒体所传播的内容和传播者的语用态度存在很多差异，导致不同媒体，甚至同一媒体内部，以及不同的传播者，各有不同的语用定位。其中有的倾向庄重严肃，有的偏向通俗平易，也有的追求轻松活泼，甚至还有专以"恶搞"为事的，不能一概而论。在这样的局面下，一些态度严肃的大众媒体，往往被批评为保守、死板、僵化等，承受了很大的压力，而哗众取宠、捕风捉影的八卦成为时尚。

在娱乐化倾向越来越重的媒体世界，追求新奇变异、逗趣搞笑已经形成风气，这从消遣的角度来看，自然无可非议，但是，它们对于大众用语的影响却非常深刻。媒体以轻佻的用语取悦大众，同时也为大众树立不良的语用样板，大众正在这样的日积月累的影响下潜移默化，长此以往，我们还会认真严肃地说话吗？

需要认清不同传播用语的不同语用地位，正确认识不同用语的适宜场合，不应以偏概全，片面追求或过度推崇某些风格的用语。信息的传播者，尤其是具有官方或正式身份的信息传播者，应该认识到，面向大众发布信息，不同于日常交际中的"私聊"，而是作为一种面对不特定个体的公共行为，需要承担相应的社会责任，既要对信息的真实性负责，也要注意用语对大众的影响。而大众也应该明确，消遣逗乐性质的表达跟严肃信息的传播不能混同，生动有趣不是判断语用价值的唯一标准。

再次，公共窗口服务人员面对全社会各种人物，体现企业形象。在人员高度流动的今天，采用通用语言成为接待不同来客的标准手段，因此，公共窗口服务人员的用语，已经成为企业形象和企业实力的一部分，他们的用语自然受到企业经营者的高度重视。改革开放以来，在各方言地区，企业的档次与企业工作人员的服务用语形成了某种对应关系，在商店、旅馆、饭店、机场、车站、码头、银行等各类企业中，企业自我定位越高，对员工在服务工作中用语的规范要求也越高，流畅的普通话成为许多窗口服务人员的工作用语。只有那些定位不高的小商店、小餐馆、小旅店、小摊贩的服务人员，才以方言作为接待顾客的用语。改革开放以来，顺应企业的实际需求，汉语规范，尤其是普通话推广的工作是卓有成效的。

最后，公务人员代表国家权力为人民服务，他们的言行举止也对公众有着强烈的示范和导向作用。因此，公务人员在工作中，既需要有亲民的态度，接近群众，与群众打成一片，用语通俗准确；也需要立足自身的地位，注意以身作则，遵守国家制度，维护国家形象，一言一行要保持严肃端庄。公务人员，尤其是面对不特定对象的公务人员，必须具备良好的规范用语能力。

不同的行业，在语用规范程度方面的要求应该有所区别。那些学术性或技术含量高的行业，从业者的用语（包括行业用语）规范程度也要高一些，并且，他们在遵守行业用语规范的同时，也要比较严格地遵守全民的用语规范。比较大众化的行业，用语倾向通俗，用语的俚俗色彩也会重一些。而娱乐性的群体，他们的工作目的是让大众放松，用语重在花样翻新，规范程度往往比较低，甚至突破规范。商业用语涉及可能引发各类纠纷的措辞，应该有较严格的规范性，但从商业宣传的角度而言，非规范或超规范的用语会更有感染力，能提高宣传的效果，因此，对它们进行严格规范是不切实际的。语用中出现各种影响规范的因素和现象是不可避免的，关键是我们要正确理解这类现象的表达功能的形成机制，认清这类现象的社会定位，不要把这些低定位的语用现象作为时尚或语言发展的趋向，错误地为它们张目。

总之，从规范的角度看，应该针对不同的群体提出不同的要求。导向性强、公众信赖度高的社会群体，用语的规范要求应该高于其他群体；对于民间一般人的用语，可以鼓励他们采纳规范，而不提过高的规范要求。从受众的角度说，应该具有对不同用语的正确评价能力，处理好表达中的严肃性、通俗性和趣味性的关系，不宜偏执一端。另外，要在全民范围内开展规范意识教育，提高公众用语规范意识，让公众了解不同语言表达方式在适宜性方面的特点，处理好它们与规范的关系，建立健康向上的积极语用观。

7.3　社会层级与规范

社会群体关系复杂，从不同角度观察，群体之间存在不同的层级关系。形成群体层级关系的因素是多样的，比如权力、财富、文化，等等，处在这些层级高端的群体，对于其他群体具有更大的影响力，包括语言的影响力，因此成为社会用语的示范群体。

社会不同类别的群体层级对全民语言应用的影响是有差异的。

文化反映了人们的精神世界，精彩的文化作品是全民精神知识群体为社会文化创造的成果，引导着全社会文化发展的方向。而语言是文化构建的重要工具，思想表达中的各种精彩用语，在体现文化内涵的同时，也成为全民用语的精华。知识阶层，尤其是知识精英在语言的应用方面的典范，体现了语言发展的走向。

处在权力顶端的群体，他们的态度直接影响社会用语的典范。在尊重文化的环境下，社会的管理者应向文化顶端的群体倾斜，把知识群体的用语作为典范，自己也努力向这个群体靠拢，提高自己的文化涵养。但如果权力更多地肯定自我，那么知识群体就会受冷落，社会用语就会向效仿统治群体用语的方向发展。

财富也能影响社会的各个方面（包括权力和文化）。在一个尊重文化的环境中，在财富方面处在社会顶层的人们，会通过提高自己的文化修养来改变自己的社会形象，保障和提升自己的社会地位；反之，财富也可能影响权力和文化，使它们向自己靠拢，让权力和文化屈从于财富。

这就形成了规范标准取样的社会层级依据。一个社会可能以权力中心群体、财富中心群体或文化中心群体中任意的一个，作为语言规范示范群体。其中，文化中心群体的示范性与这种语言使用者的集体文化修养有关，最能够体现民族文化、民族传统和民族精神，有利于民族文化素质和精神－道德水平的提高。而规范工作作为社会管理的一个部分，也是权力的一个部分，做好权力群体内部在规范方面的协调，对于语言规范工作的开展也有重要的意义。

强化社会上层人物的用语规范意识，强调个人用语在人物社会定位中的作用，既有利于他们自身修养的提高和个人形象的维护，也有利于整个社会用语规范的推广。

7.4　语用环境、情感和规范

语言规范与语言的使用环境有密切的关系，在不同的语用环境下，对规范的要求应该有所不同，应区别对待不同的语体和语境中的规范要求。因此，应该从规范的角度，研究用语的得体性，区分不同语言成分对不同语言环境的适宜度，使规范的要求与语用环境相吻合。

人际交往场合大致可分为正式的场合、日常的场合和随意不加限制的场合，个人表达中还有口头与书面的不同。不同的交际场合和交际方式，对用语也会有不同的要求，规范应该考虑跟语境相关的用语得体程度。换个角度看，表达的正式程度跟情感表露也有密切的关系，表达正式程度越高，表达的严肃度也越高；表达的正式程度低，表达的严肃性也就越低。严肃程度低的表达，适用于两种相反的情感表达：亲近的和敌对的，前者是因为亲近而无需讲究礼貌或客套，后者则因为敌对而不愿讲礼貌，直接进行言语攻击、伤害或宣泄。

用语的得体性，跟使用的语境以及所表达的内容的正式程度或严肃程度直接相关。在大型、公共的场合，以及认真、严肃、庄重的场合，通常要提高用语的规范度，以保障交际的顺畅或维护现场的气氛；在随意、私密、亲昵的场合，则会降低用语的规范度，以拉近与对方的距离，促进情感的交流。在陌生的场合，或与陌生人交流时，用语会拘谨一些，更倾向于规范；在熟悉的场合，或与熟悉的人交流，用语会随便一些，表达者会在有意无意之间降低用语的规范度。在敌对或发泄的表达中，用语的文明礼貌、措辞规范方面的限制会更少。

交际参与者的主观态度或意愿也影响用语的规范程度。在相同的语境中，说话人在想要提高交谈的严肃度、强调谈话的重要性时，会采用更规范的表达方式；说话人想要缓和对话中的对抗和冲突，缓解交流中的紧张气氛，营造一个宽松的对话环境时，会降低用语的规范度。而敌对心理下的表达，会为了强化用语的攻击性而降低用语的规范和文明程度。

书面语因为"白纸黑字"的原因，把口耳相传、瞬间即逝、不可触摸的语言固化为可以长期保存、反复呈现的有形形式。语言的有形形式，过去被称为"白纸黑字"，比起"口说无凭"的口头语言，它更便于锤炼和修饰，并且可以反复传诵、长期流传，在社会上产生更大的影响，因此，"书上说的"在很长时间内，更具有权威性，规范度一般都比较高。

但认为书面语一定都是高规范的用语，其实是误会。随着时代的变迁，有形载体也多样化了，从载体的公共客观性来看，不同载体的用语的正式程度也有差别，比如：

正式的文书，诸如公文、文件、法规、规范的合同合约、教材课本、学术著作和经典的文学作品①、通讯报道、公共标牌等公共色彩浓厚、公认度高的书面材料，它们的用语正式程度也相对较高。

一些带有非正式色彩的书面材料，比如报刊中追求娱乐消遣性的内容、文

---

① 参张志公《文学·风格·语言规范》，《语文建设》，1992 年第 6 期；赵长天《作家使用语言的权利和义务》，《语文建设》1992 年第 10 期；叶永烈《作家应是语言规范化的模范》，《语文建设》1992 年第 11 期；贾崇柏《文学语言规范三说》，《语文建设》1993 年第 11 期；刘绍棠《不可忽视的语言艺术》，《语文建设》1995 年第 2 期；查振兴《文学语言的道德》，《语文建设》1996 年第 8 期。

学写作中着意语言创新或探索的作品、各种强化庸俗色彩的书面材料，都可能带有一些背离典范的用语，以实现它们的表达目的。[①]

功利性的宣传品，诸如广告、商品包装上的宣传文字等反映载体制作者自身利益、具有明显目的性的书面材料，用语更为自由，更具模糊性，因为表达者常常故意通过违反"质"的准则来制造夸张讽刺等效果，达到吸引人们注意力的目的。

由于表达的目的和针对的对象不同，不同性质的书面用语在规范程度上应该有明显区别。一般来说，教育教学用语、法律法规、政府公文和工作用语、各类正式的文书文件，具有示范天下、培育后继的社会作用，应该是规范的重点。其他的公共领域用语，比如从事公共宣传的各类媒体，则视其本身的社会定位，各自定夺：定位为严肃的、体现主流导向的媒体，规范应该力度大些，而通俗性的娱乐消遣类媒体，规范则可从宽。专业性的群体中的专业用语，主要遵循专业内部的语用习惯，其中，学术性或科学性强的群体，用语应该严密，规范力度大；非学术性的群体用语，尤其是娱乐性的群体专业用语，规范从宽。

社会关系非常复杂，有时不能简单地用交际范围来确定用语的规范性。比如处于同一媒体中的不同栏目，用语的规范程度也会有差异：报纸中政论性的内容和严肃的时政报道，用语倾向高规范，而生活娱乐新闻往往追求用语的生动活泼、引人注意，规范程度就要低些，至于那些八卦性的内容，以及方俗性的内容，用语的规范程度就会更低。规范的程度跟用语的严肃程度密切关联。

不同的载体具有不同的社会身份、不同的目的和不同的交际策略，它们的典范性呈现差别。通常，形成文书的语言材料典范性较强，而在书本之外的其他语言载体上的文字材料，往往游离于规范之外。因此，受表达目的的影响，一些书面性的表达未必会比口头表达更严肃或更规范。

---

① 参贺兴安《文学语言在本质上是反规范的》，《语文建设》1992 年第 5 期；毛时安《文学语言的特殊性》，《语文建设》1992 年第 11 期；王耀辉、吴雪《并非作家们写不出文雅词语》，《语文建设》1995 年第 1 期；赵炎秋《感性的再度高扬与小说语言的粗俗化》，《语文建设》1995 年第 5 期；高雪春《广告语言的规范化与反规范化》，《语文建设》1998 年第 7 期。

7.5 语言规范中的取舍

汉语内部存在众多的群体差异，尤其是复杂的方言差异。推行规范工作需要提出标准，这个标准，具体来说，就是在众多的语言变体中作出取舍，采取某一变体作为标准，向全民推广。因此，制定全社会统一的语言标准，就意味着某些群体的语言习惯会成为全民规范，而另一部分的人就要放弃自己的习惯，迁就其他人的习惯。这就带来三个方面的问题：

（1）群体的情感。让一部分人放弃自己的习惯而迁就他人，就造成对原有的群体认同的冲击，它会触及人们的群体自尊，可能激发群体的自我保护意识，引起某些形式的抵触甚至反抗。需要从大群体的互通互解的角度，克服小群体之间的沟壑。

（2）学习成本。克服群体原有习惯中不符合规范的语言行为或语言习惯需要学习，而学习需要付出，需要投入必要的精力和体力，耗费一定数量的人力、物力。在规范的确定过程中，一定会有人付出学习成本，而过高的学习成本会阻碍对规范的学习。应该考虑降低学习的难度，以及适当分散学习的压力，避免让某一些群体承担过高的学习成本。

（3）语用地位的反差。语言规范的推行中，属于迁就方的群体不仅要有精神和物质上的特别付出，同时还要面对一些尴尬。放弃原来习惯的表达，在某种意义上形成了自我否定，而学习过程中的笨拙表现，又使自己处在一个低评价的状态中。

汉语复杂的方言关系是规范面临的一个大问题。汉语各方言之间存在大量异中有同的现象，一些语言成分分布在多种方言中，递相交错，应该对这些成分作方言普遍度的分析，普遍度高、覆盖面广的成分，更适宜作为规范形式。

对于一种语言来说，规范要考虑各社团的利益，平衡各社团的关系。但是，中心社团处在社会交际的中心，他们的用语对于全社会来说具有更高的通行度，因而更具典范性。在这种背景下，规范对中心社团给予更多的关注或倾斜，是自然的。不过，这种倾斜应该是适度的，并且，在可能的情况下，要尽量少地改变其他社团的语言习惯，尽量降低他们的学习成本，使他们通过学习而获得的便利，高于他们的学习付出，保持和提高他们的学习积极性。

现代汉语规范以北京话为标准音，以北方方言为基础方言，这不仅表现在语音上北京音成为规范，也表现在词汇和语法中大量北京话因素进入了普通话，在现代汉语语料的取样中，北京背景的语料通常被认为是优质或理想的语料。然而，北京话内部也有分歧。在从大的方面来说，北京话中有比较"正宗"、通行于旧街老巷的所谓"京片子"或老北京话，也有通行于新形成的居民区的新北京话。具体而论，同一个字或词，不同的北京人发音也可能不同，在这种情况下，规范就面临选择。即首先，从全民规范的角度来看，作为普通话标准的取样，到底是追求更为正宗、更为传统或更为纯正的北京话，还是选择受五湖四海人们的影响而形成的比较大众化的北京话？在北京土话中，有一批成分跟其他各地方言差异比较大，普通话到底在多大程度上接纳北京土话中的这类成分，或者说，普通话到底如何接纳北京话成分，需要考虑其中的适宜度。①

其次，对于北京话中分歧的取舍，是根据北京话中的情况（如使用者的比率），还是根据考虑它们与全民语言一致或对应的关系？对于北京话中比较通行的成分，在考虑纳入普通话规范的时候，是否也要综合考虑它在北京的普通话群体中的普遍程度，以及它在整个北方方言区以及汉语其他方言中的普遍程度？

再次，如果考虑一个成分在其他方言区中的普遍程度，就会涉及历史关系，也就是在遇到共时分歧的时候，是否参考历时的背景，又如何在共时和历时事实中作出取舍？语言成分的共同历史背景，能够让有差异的方言成分找到共同的基础，更能照顾各方言间语言成分的系统对应关系，也更具全民性。②

最后，几百年来，北京作为中国的首都是国家的中心，各地都在强化与北京地区的交流，一些方言词语由此通过拟音的方式进入了北京话，成为京味很浓的北京话成分。然而这些成分以北京土话身份进入普通话、再面对原来方言的时候，有时出现紊乱，如"绿""弄"等字，它们在本方言只读一个音，进入北京话后分化为两个读音，这样的读音再回到原方言，就让人很迷惑。比如"绿荫下出现了两个绿林中人"一句中，两个"绿"在普通话中读不同的音，但在很多方言中都只读一个音，这些方言区的人们在用普通话读这句子的时

---

① 参姚佑椿《应该展开对"地方普通话"的研究》，《语文建设》1989年第3期；贾采珠《规范型汉语词典应适当增收北京话词语》，《语文建设》1994年第7期；李宇明《权威方言在语言规范中的地位》，《清华大学学报》2004年第5期；李宇明《〈权威方言在语言规范中的地位〉补》，《语言文字应用》2005年第3期。

② 参周元琳《历史性原则，描写性方法——关于现代汉语词汇规范》，《语文建设》1993年第8期。

候，特别容易出错。

普通话适度吸收各地方言成分是无可非议的，但是，普通话吸收方言成分的标准是什么，什么样的度是适度，又怎么做到适度，需要有一个客观的、操作性强的标准供参考。由于普通话的威望，各地人都乐于看到本方言成分（包括方言读音）进入普通话，甚至积极推动本方言成分进入普通话。但是，进入普通话系统的这些方言成分，真有必要纳入普通话吗？普通话应在多大程度上接纳各类有明显方言色彩的成分？或许应该深入考虑。

名从主人，指的是对方言中存在差异的少数语言成分，取舍时以使用者的习惯为标准。名从主人原则可能引起共同语中更多的分歧和学习障碍，应该慎重使用，尤其是在"主人"本身在应用中有两可的情况下，不宜根据这一原则来强化分歧。试图以名从主人的原则在规范中增入分歧或变异，明显违反了规范的初衷，不利于提高大众用语的通行度。①

语用中始终同时存在离和合的两种倾向，经常会有人提出一些特殊的要求，以达到"离"的目的，因为越特殊的也就越有个性、越有"味"；但也有人会主张更多的混同，因为混同就不必区分，可以降低学习难度，比如有人主张前后鼻音不分、平舌翘舌不分，以减轻自己的学习压力、给自己更多的方便，并减少犯错的机会。二者之间存在矛盾，普通话在规范工作中，需要恰当地处理这种矛盾。

在面临这类语言内部的分歧的时候，规范应该更多地顾及历史传承和大众的普遍用语习惯，顾及多数方言与规范形式的对应关系，尽量减少因规范的确定而导致语用中违反规范的情况发生，减少方言母语者掌握规范的难度，从而有利于规范的推广。

总之，规范在方便全社会公共交际、使公众获益的同时，也需要有人作出付出或牺牲。因此，规范要兼顾和平衡各方面的利益，综合考虑规范所需的社会成本，尽可能使社会各方面共同分担责任，减少群体付出，使各方面在规范实施中利益大于责任、获得高于付出，把可能引起的矛盾、冲突和混乱控制在最低限度，争取规范的标准在最大程度上获得社会的认同，同时激发人们支持规范的热情，主动服从规范，使规范工作平稳顺利地进行。

---

① 胡明扬《"名从主人"可以再议》，《语文建设》1997 年第 5 期；杨琳《词汇规范应以从众和需要为根本原则》，《语文建设》1997 年第 5 期。

8　语言规范的推行

8.1　社会管理和汉语规范

　　规范是社会管理的一个方面，几十年来，从社会管理的角度来看，汉语规范工作在各个层面取得了重大进展。包括制定有关国家语言文字方面的法律、颁布有关语言文字的技术标准、监督和规范新闻出版物用语用字、推行有关语言文字的测试工作、组织对各地语言文字使用情况的调查、发表语言文字使用年鉴，等等。其中，既有国家立法层面的工作，也有与国家有关职能部门，比如文化教育部门、国家新闻出版总署、国家技术监督局、国家工商管理总局等机构的合作。这些工作结合了相关职能部门的工作实际，既有利于相关职能的履行，更积极地有力地推进了全社会的汉语规范工作，也是进一步开展汉语规范工作的重要支撑。应该从政府管理的角度，在各职能部门涉及语言文字方面内容的时候，加强规范意识，把语言文字的规范标准通过从行业管理和社会文化建设等方面，具体落实下去。

8.2　对规范标准的认识

　　对于语言规范的认识，有两种针锋相对的意见：规定主义和描写主义。规定主义强调语言成分的理据性、历史性、权威性和惯用性，而描写主义则注重语用的现实，对新兴的语言现象和语言成分给予充分的接纳和肯定。[①]

---

　　① 参王宗炎《要规定主义呢，还是要描写主义？——米廷斯〈对英语习惯的不同态度〉读后感》，《外国语》1979 年第 3 期；金定元《如何看待语言的正确性》，《山东外语教学》1985 年第 2 期；何家宁《教学词典：规定还是描写》，《辞书研究》1998 年第 4 期；沈家煊《词典编纂"规范观"的更新》，《语言教学与研究》2005 年第 3 期。

在近些年来有关汉语规范问题的讨论中，描写主义的思路符合"与时俱进"的发展观，占据了绝对的优势地位，规定主义的意见大多以二十世纪五十年代《人民日报》关于维护汉语"纯洁健康"的社论为依据，虽然时有发声，但反响平平。在两种意见中，规定性强调逻辑，描写性偏重实际应用，各持一端。在实际的观察分析中，受规定性支持的旧有语言成分具有更多的逻辑性或理据性，它们跟规范的要求往往有比较高度的一致性；受描写性支持的新说法往往被认为是不合逻辑、不尽合理、有违规则、不符合规范的要求，却在语用中通行无碍。这就造成了语言的规则或理论认识与语用实践的不协调，给语言的分析研究者造成了深深的困扰。①

针对这些困扰，人们从理论和实践上展开了探讨。长期以来语文工作者的分析与语用实践之间有一些不协调的现象，一些专业工作者从规范角度批评和否定的语言现象，在语用实践中不仅没有消失，反而得到了大量的应用。这种批评失效现象，有学者认为是"规范过度"所致。② 所谓"规范过度"，就是用过于严格、守旧的标准来规范纷繁变化的语言事实，对大众广泛使用的语言事实采取否定态度，不予承认，甚至批评指责、一笔抹杀。

对此，学者们认为，面对复杂的语用事实，语言的规范应该是多元的，对于语言应用中出现的新现象，应该采用"柔性原则"，要有"宽容精神"，③ 不要局限于原有的语言认识作出即刻的评价，尤其是否定性的评价，而应该允许这类现象在语言生活中存在，由大众的语言实践来决定它们的命运。从容易产生错误的"过度"到更为包容的"宽容"，通过放宽尺度来舒解规范工作中可能引发的纷争。④

---

① 参刘福长《规定性和描写性：孰为语言规范的根据?》，《语文建设》1993 年第 8 期。

② 参王红旗《汉语"规范过度"现象产生的认识根源》，《语文建设》1998 年第 11 期。

③ 参张先亮《汉语规范化的柔性原则》，《语文建设》1993 年第 9 期；彭泽润《标准不能有"柔性"》，《语文建设》1996 年第 5 期；叶军《应该允许变通》，《语文建设》1998 年第 4 期；钱乃荣《语言规范和社会发展》，《语文建设》1998 年第 12 期；沈怀兴《语言规范化工作与宽容精神》，《语文建设》1999 年第 6 期；黎新第《再说语音规范需要适度柔性》，《语文建设》2001 年第 12 期。

④ 其他可参吕叔湘《大家来关心新词新义》，《辞书研究》1984 年第 1 期；顾设《语言规范琐议》，《语文建设》1987 年第 2 期；洪舒《从"推出"看词语规范》，《语文建设》1987 年第 4 期；王希杰《汉语规范化问题和语言的自我调节功能》，《语言文字应用》1995 年第 3 期；陈章太《普通话词汇规范问题》，《中国语文》1996 年第 2 期；张志毅、张庆云《新时期新词语的趋势与选择》，《语文建设》1997 年第 3 期；王铁昆《新词语的规范与社会、心理》，《语文建设》1998 年第 1 期；陈建民《汉语新词语与社会生活》，《辽宁师范大学学报》1998 年第 2 期；郭熙《当前我国语文生活的几个问题》，《中国语文》1998 年第 3 期。

　　同时，对于规范过度产生的原因，有学者提出语言的"习性原则",① 认为规范过度产生的根源之一是对语言的习惯性认识不足。从社会学或文化学的角度看，语言就是社会习惯，不同的社会环境造成不同的社会习惯，导致不同语言间的差异。一种语言有的语音、词汇、语法现象在另一种语言中找不到，反之亦然，例如因纽特人有多达五十余词来表示不同的"雪"，这在汉语中是找不到的；有时，同样的现象在两种语言中都存在，但各有各的规律，例如温图语中"kupa-be"表示"我亲眼看见他在伐木"，其中"-be"表示"亲眼"，这是以词尾方式来表达"传信范畴"（evidentiality），汉语中也有同样的传信范畴，只不过采用的是词汇形式而已，如"亲眼""听说"等。由此看来，这些不同的表现只能解释为约定俗成的习惯使然。在一种语言中，有些语言现象不符合已经归纳出来的语言规则，不能用既有理论作出说明，这也是语言习惯的表现。既然语言是社会习惯，就不能把某个语言事实看作正确的而加以肯定，而把另外的语言事实看作错误的而加以排斥。此外，对语言使用者的关注不够、对人们对于语言的多元要求关注不够，都被认为是规范过度产生的原因。

　　应对语用变化的复杂性，有学者提出"动态规范"的概念，如姚汉铭认为，语法学是研究用词造句规律的科学，这用词造句的规律是语言规范的标准，这些标准是语法学家从大量语言实践中概括出来的，并不是凭空编造出来的。人们的语言实践是在发展变化的，因此语法规则即规范标准也应该是动态，而不应该是静态的，不应该是永恒地静止的，任何一位卓有成就的语言学家，都会顺乎语言的发展而不断修正、完善自己的语言规则。②

　　各家的意见都很有启发性，归纳起来，大致可以得出以下几点：（1）语言规范在执行或实施过程中过于严格，会超过它的适宜度；（2）语言基于约定俗成，由此形成语言的规则，但人们的用语习惯会发生变化，因此，会有违背规则的用语习惯出现；（3）语言是变化的，规则随着语言的变化而变化，因而语言的规范也应该是变化的。这些意见深化了对语言现象的认识，从理论上为更

---

① 参邹韶华《论语言规范的理性原则和习性原则》，《语言文字应用》2004 年第 1 期。

② 参姚汉铭《试论新词语与规范化》，《语言教学与研究》1995 年第 1 期；李晋霞《论语法规范的领域性、动态性、谨慎性与着力点》，《修辞学习》2004 年第 2 期；徐莉莉《关于汉字规范工作如何与时俱进的探究》，《修辞学习》2006 年第 5 期；李开《规范化维度下的与时俱进》，《语言研究》2013 年第 2 期。

加科学地展开规范工作作出了积极的探索。

在规范工作中，规定与描写这两个方面，其实无法偏执一端，必须两面兼顾。一方面，规范必须要提出一定的标准，同时标准应该得到坚持；另一方面，语言现实是规范的基础，现实中的语言肯定会不断地变化，规范不能无视这些变化。规范中程序性规范和典范性规范两个层面的区分，可以应对这种情况。程序性规范重在描写，即对语言事实的认定；典范性规范则对语言的应用提出导向性的意见。

此外，对于语用中出现的一些变异现象，需要用客观科学的态度来处理。汉语语法没有严格的形式要求，但这并不影响汉语成分组合规则的存在，只是这些组合的规则缺少形式表象，组合规则隐含在语法语义关系之中。语用中的不同需要导致不同规则的产生，丰富多样的语用实践引发了纷繁复杂的语言规则，这些规则又指导语言的使用者推衍出多种多样、纵横交错的语言现象。

不同的规则有不同的出发点，并向不同的方向衍生，在语言的不同层面发生作用，再加上历史叠加的因素，致使语言表象异常复杂。在这种情况下，如果没有充分地了解某一语言现象的历史和现实背景，不能恰当地使用规则来分析现象，就很容易造成分析中的偏差。比如人有身高、体重等不同指数，虽然在多数情况下身高与体重相关，但如果简单地依据身高来确定人的体重，偏差自然不可避免。所以，很多时候，某些被指不符合语法的现象，仅仅是不符合某一项语法规则，却是其他语法规则推衍的结果。当我们对这另外的规则未加注意或了解不够时，分析就会出现偏差。

人的思维能力之一，就是把类似的现象归纳为某些规则，形成一个认知系统。这种认知有两种情况，一种是以事物的客观特点为基础，反映为科学研究中的种种分类；另一种则以主观比附为依据形成分类，语言中大量的隐喻现象就是这种主观性的反映。以汉语为例，虽然我们通常把"马"定义为奇蹄类的食草动物，除了根据马的性别、品性、种类、功用等分成不同的小类外，还有野马、斑马等同类动物。此外，"河马""海马"等非奇蹄动物也被称作"马"。其实，从形体上看，河马跟水牛或猪更相近，而海马的形体与一般的马相去更远。尽管如此，这些生物的得名仍然都有认知上的理据可循的，比如"海马"，它的头就像一个微型的马头，得名不无根据。事物的相似关系，引发了人们的联想，借用马的某些使用功能，一些器物也以"马"命名，比如"竹马""秧马""流马""马子（马桶）"等，导致从名称上看，某些事物类别界限交错，杂乱无章。对这种在相似形式下内涵的不同认知规则，需要从不同的角度，比如外形、功能等方面来认知和解读，而不能死守"奇蹄"和"食草"这两个要点。

我们对于语言规则的感知或实际应用能力，远远高于对这些规则的分析或解释能力。很多时候，我们可以自如地运用某些语言成分进行无障碍的沟通，却不能对这些现象作出恰当的分析或解释。这种现象，不是汉语没有规则或规则不严格的证据，而是我们没有弄清这些现象背后的规则，未能给这些现象作出正确的分析，理论落后于实践。应该强调这样的观念：语言生活中出现的各种变异，只要能够在大众的交际中使用，就是有规则的，因为人们只有在对语言符号及其规则具有共同认识的前提下，才能够顺畅地进行交流。语言中出现不符合规则的现象，是因为我们还没有弄清这种现象后的真正规则，并不是没有规则，也不是规则失效。

深入了解语言变化中的规则，恰当运用我们掌握的规则对描写所得的语言成分作出合理的分析，避免在分析中套用不恰当的规则对语言事实作出不符实际、缺乏科学性的分析，是当前规范工作中需要十分注意的一个方面，也是需要努力的方面。

8.3 语文评论

规范的维护，跟社会的语文评论有密切关系。通过对语文现象的批评，提出语言生活中存在的各类问题，是促进汉语规范工作的重要方面。

不过，在语文评论中也存在一些问题。语文评论者所依据的标准往往不够明确，带有较多的个人主观色彩；一些评论的结论，有时跟语言的发展事实不符，出现偏颇，这些偏颇涉及以下方面：

（1）机械地照搬某些定义或习惯的意见，分析方法不当。没有充分考察语用中的实际情况，在说明或解释某些变异现象的时候，往往执其一端，不及其余，比如，从肯定的角度完全忽略否定性的因素，或从否定的角度完全忽略肯定性的因素，其中偏颇在所难免。

（2）对语言的认识缺乏科学性，立足于个人的语言习惯或语言经验，对事实作出评价。评论流于对现象的标签化处理，只有对事实的简单罗列，缺乏理性的深入分析。而判定某一语言现象是否适符合规范或是否适宜作为规范，应该努力排除分析中的个人主观因素，从共时的规则和历时的规则两个方面展开深入探讨。

（3）共时调查。面对个别或部分的变例，需要从系统的角度，把变例跟其他相关成分放在一起，作周密的观察和分析，理清这些变例与其他成分的关系及其在系统中的地位。语言变异成分的共时关系，体现同类语言现象的普遍程度。一个成分的变异不但涉及它本身在语言系统中的类属关系，也涉及它跟其他语言成分的联系，变例的出现肯定有共时系统中不同因素的影响和支持。因此，对于共时关系中涉及变异的群体因素和群体基础、变异成分的使用频率和使用范围等，都应该有比较深入的观察和分析。

（4）历时观念。只从共时角度讨论变异现象，存在局限。语言具有传承性，人们总是在已有经验的基础上创新，因此，一种变异的出现，一定涉及不同的历时因素。变异属于历时现象，考察语言变异成分的历史背景、变化轨迹、涉及变化的各种语言因素和规则，理清这一变化现象的历史根据，不仅有益于规范形式的选择和确定，也能帮助我们正确理解所面临的各种语言新现象，对它们作出客观恰当的分析和判断。

（5）加深对变化规则的研究。个别的语言成分变化，或多或少地会跟其他的语言现象有联系，同类的变化方式归纳为变化的规则，其中什么样的规则导致了这种变化，这些引发变化的规则在汉语中的表现和地位，都需要有足够的考察和分析。

（6）语用需求是语言应用和变异的动力。常常有人谈论语言成分之间的竞争与淘汰，但事实上，语言仅仅是工具，它没有自主意识，只是被人应用而不是行为的主体，不同的语言成分之间，不可能存在像社会成员或自然界物种之间的竞争行为。发生语言行为的主体是语言的使用者，语言使用者的语用选择，决定了语言成分的"生存"状况，也是语言应用和变异的动力。

语用中影响表达者态度的大致有三种情况：日常表达、严肃的表达、放松或无节制的表达。其中，日常表达的需求是最主要的，但这类表达比较平淡；严肃的表达使人紧张，产生距离感和庄重感；放松或无节制的表达造成一个宽松、没有限制的交流气氛，容易让表达者积郁的情绪释放出来。各类表达中，采用符合规范的表达方式，适宜于日常或严肃场合，而富有随意色彩的表达方式，可以充分反映表达者的情绪，增加表达的吸引力，在没有敌意的场合中，还能够拉近人与人之间的距离，产生亲切感。从表达效果来看，随意性的表达大多比较宽松，具有更好的表达效果，尽管它们对语言的约定关系造成冲击——然而，正是这种冲击性，使得表达更富于创意，也更富有吸引力和感染力。

遵守规范和重视表达效果这两个方面，既存在矛盾，也有一致性。语言的规范工作，目的是在保证交际顺畅的前提下，提高交际的效率，而基于随意性的各类表达手段，则是在改变既定约定的前提下，增强表达的感染力。因此，它们的共同点都在于提高交际的效果，但采用的方式相反：前者通过维持现状来实现，后者通过改变现状来实现，矛盾因而产生。在这种目标相同却手段完全相反的情况下，需要适度放松既有的约定，同时制约过度的变异，达到二者的平衡。但是，不能因此模糊了约定作用和任意作用的界限，或过度夸大其中某一方面的作用，影响这种平衡关系。

需要培养大众的语言规范意识，让全社会对语言使用的各个方面都有一个正确的认识，纠正偏激不当的语用取舍。

8.4　词典和规范

词典描写记录词汇成分，并以"典"得名，因此，通常认为进入词典的词都是符合规范的成分，但这是不确切的。① 从适用范围来看，词汇中既有全民通行的成分，也有部分群体使用的成分，反映在辞书的编纂上，就有一般语词词典和百科（专科）词典的区别。

一般语词词典以全民常用的词语为收集和描写的对象，因此，词语的常用度越高，就越应该收录；同时，词典顾及读者查检的需要，会收录一些公共生活中偶或使用的词语。字典是一种特殊形式的辞书，它以记录语素的"字"为单位，收集汉语的词汇成分，它的收录原则与一般词典没有区别。

百科（专科）词典以某些专门领域使用的词语为主要收集对象，其中收录的主要是某些特定行业、特定群体的特殊用词，这些用词在全民日常生活中很少涉及。方言词典专门收录各方言中与通语有差异的词汇成分，性质跟百科

---

① 参胡明扬《编纂现代汉语规范词典的几点意见》，《语言建设》1993 年第 4 期；吕叔湘《早日把规范词典编出来》，《语文建设》1995 年第 9 期；苏培成《规范型辞书与规范标准》，《中国语文》2000 年第 3 期；严学军《规范化进程呼唤通用型语文工具书》，《语文研究》2002 年第 1 期。

（专科）词典相同，是一种以地域为界限的群体用语词典。百科词典描写局部性的群体特殊用语，它可能在目标群体中起到规范作用，但不属于全民用语的规范。

从词汇系统来看，一般语词词典重在罗列词汇中最基本、最通行、最具公共性的成分，而百科（专科）词典收集特定范围内的特殊用词，以适应某些特定语境中的交际需求，是对一般语词词典的补充。一般语词词典和百科（专科）词典之间是互相补充的关系。

在应用中，一般语词词典的编纂存在一个矛盾。立足于规范，越是大众常用、熟悉的词汇成分，越有规范的必要，辞书更应收录；那些通行度低、人们不大使用的词汇成分，不一定符合全民用语规范的需求，辞书就不一定要收。但这与辞书的工具性发生矛盾，人们往往是在识字看书遇到困难时才去查检辞书，但语词词典中收录的大量内容，都是人们在学说话时就了解和掌握的，与人们已有的语言经验重复，一般没有查检的需要；人们通过查检辞书想要了解的，是自身语言经验中缺失的部分，即自己不清楚或不了解的词语。在这一点上，词典对于词汇基本或常用成分的描写，与使用者查阅的需求不一致。

辞书要体现它在语言规范中的作用，就需要把那些公众熟悉度高、约定性高的基本成分都收录进来，而公众对于辞书的主要需求，则是释疑解惑，即通过辞书了解那些自己不熟悉的、缺乏公众约定、规范性差的成分。因此，辞书的规范性和它的适用性目标很不相同。从适用的角度来看，辞书收录一些比较特殊，甚至不符规范的词语，可以为查检者提供更多的信息，提高它的适用性，但同时却会降低辞书的规范度，甚至导致收词过滥。

目前，很多词典的收词大多兼顾二者，即在偏向规范的同时，也酌情收录一些规范范围之外的词语，以方便读者查阅。这样，提高了词典的适用性，却没有严格遵守规范的一面。因此，这里存在着一个内在的矛盾，需要从认识上加以解决。

这就涉及规范中程序规范和典范规范这两个层面。程序规范面对出现在语言中的所有成分，它的目的在于解决公众在语言应用中对所遇到的一般语言问题，避免更多分歧的发生。词典在收录词语的时候，对用字、读音和含义作了明确的说明，完成了程序规范。进入程序规范的词语，并不意味着就是汉语语用中的规范成分，语用中的汉语规范成分应该有更高的标准，要具有提高全民用语文明水准的导向作用，因此，在语言的程序规范之上，还有一个更高标准的规范：典范规范。

确定一个词语是否符合典范规范，要考虑词语在色彩和语体风格等方面的特点。词语有不同的色彩和风格，比如文雅礼貌用语、书面用语、古语、通行的常用语、口头用语、方言、粗俗用语，等等。其中，典范规范的用语以通行的常用语为基础并倾向典雅，接纳各类礼貌用语、书面用语和古语，排斥通行度不高的口头用语、方言和粗俗用语，将那些一时流行、但适用人群和适用语境有限的成分作为观察对象，一方面对它们作出程序规范，另一方面不急于把它们归入典范规范，通过一段冷静的观察期后再作出明确的抉择。

词语的典范性还与使用场合有关。不同的交际场合有不同的正式程度或严肃程度，在正式程度或严肃程度高的场合中，典范程度也应该适当提高；在正式程度低或严肃程度低的场合中，典范程度也可以适当降低，在这种情况下，一些口头用语、方言等成分也有了语境的适宜性。一些语言成分只适用于不加节制的语境之中，不带有典范性，因而不是汉语中的规范成分——尽管它们在语用中确实存在。

总之，对于词典所收的词语要有客观的认识，即收入词典的词不一定就是值得推广的典范性用词。

可以考虑编写专门的汉语规范词典，这样的词典规模应该偏小，首先以学生（尤其是小学生）常用词语为主，从规范的角度出发，区分各词的语体特点，以及适宜使用的语境，作出分析或加以标识。

8.5　语言文明

语言是社会人文生态中的一个基本构成要素，就像自然生态中的空气和水一样，在很多时候，它只是材料性的，可以被各种文化形态利用，而不是最终的表现目的。但语言本身的质量，又会直接影响这些文化形态的质量，是构成文化的重要的基础性因素。因此，保持语言自身的良好状态，是维护社会人文生态的一个重要方面，从这个角度来看，语言的规范工作具有很重要的意义。[①]

语言用于人际交流，同时也是建立人际关系的直接手段。表达中采用什么样的措辞来指称对方和跟对方有关的事物，可以直接显示对话方在表达者心目中的地位，拉近或推开与对方的距离。对话中，客观的信息交流与人际关系的建立同时存在，交流双方关系的建立富有情感因素，这种情感因素可以通过用语的礼貌或尊重的程度来展现，也是用语文明程度的重要体现。

人际关系大体可以分为尊重、亲密、平常、疏远、敌对等几种情况，对应这几种情况，形成了不同的人际距离。在表达中，如果严格按照关系的远近进行表达，会显得平淡，甚至不够礼貌或带有冷漠的色彩。因此，人们会适当抬高对方或强调对方的优点，以自己为背景突显对方的长处，通过扩大双方距离的方式，表达对对方的尊重，提高表达的礼貌程度；人们也会设法拉近与对话方的距离，比如对陌生或一般关系的人使用含有更为亲近意味的用语，传达一种亲近感。[②]

交际用语的尊重程度跟人际关系的亲密程度，都有它的适宜性。过度的礼貌或过度的尊重，有时会使表达显得过于拘谨，增加人与人之间的陌生感，让人感到疏远。而非常亲密的人之间，气氛相对轻松，表达常常比较随便，礼貌程度自然降低，甚至，有时故意采用不礼貌的表达来显示彼此之间的亲密无间，出现"打是亲骂是爱"的现象，在这种情况下，交际的正式程度也降到最低点。因此，表达中对人际距离的调整，既非越高越好，也非越近越好。如果太高，与事实严重不符，反而带有讽刺性；如果太近，失之轻佻，形成对人的冒犯或自我的不庄重。

使用带有评价性的词语也是表达人际关系的一种手段，带有对人敬重、美

---

① 参于根元《语言文明研究回顾》，《语文建设》1996 年第 6 期；陈汝东《浅论语言文明建设》，《语文建设》1996 年第 9 期；陈汝东《论语言文明》，《语文建设》1996 年第 11 期；陈汝东《言语行为的社会道德评价》，《语文建设》1997 年第 2 期；陈汝东《言语道德及其特点》，《语文建设》1997 年第 9 期；陈汝东《论言语行为的道德准则》，《语文建设》1998 年第 5 期；戴昭铭《语言文明和道德建设》，《语文建设》1996 年第 12 期；沈锡伦《语言文明建设与法制观念》，《语文建设》1996 年第 12 期；眸子《语言生活与精神文明》，《语文建设》1997 年第 1 期；朱新均《语言文字工作与社会主义文化建设》，《语文建设》1998 年第 4 期。

② 参王建华《话语礼貌与语用距离》，《外国语》2001 年第 2 期；王建华《礼貌的语用距离原则》，《东华大学学报》2002 年第 2 期；毛延生《汉语礼貌话语的语用研究》，《语言教学与研究》2014 年第 1 期；梁超群《美国文化中的禁忌词》，《修辞学习》2007 年第 2 期。

好、友善、肯定、抬高意味的用语，有助于表达对人的礼貌；带有对人轻蔑、丑化、敌对、否定、贬低意味的用语，表达不礼貌的态度。通常，人们只会在敌对关系中采用不礼貌的表达方式，在其他的各类表达中，都会采用一定的礼貌手段进行交际。

恰当地使用评价性词语、控制人际距离，都是通过一定的语用策略影响用语文明。此外，表达者的情绪也影响用语的文明程度。语言除了表达客观信息之外，还常表达主观意识，主观意识的表达常常包含表达者的态度和情绪。语言中因此出现了不少表达不同情绪的手段，包括消极情绪的表达。

在日常生活中，有一些无可回避又不宜公开宣扬的事物行为（比如涉及排泄、性、死亡、灾祸等隐私或有不洁不祥意味的事物行为），人们采用委婉的表达手段来避亵避忌，保持表达的体面和礼貌色彩，使其适用于积极情绪的表达。用直陈的方式表达这类事物行为，会因缺乏修饰而带不礼貌意味，显得没有教养。而在一些消极情绪的表达中，表达者扩大不雅事物行为用词的使用范围，甚至虚构不雅事物行为，用污秽的表达手段，满足内心发泄的需要。

从用语文明的角度来看，表达中的淡漠、轻佻、不礼貌、不雅和污秽，都是带有消极色彩的。由于教育和环境的差异，人的教养有差异；社会生活中，生活压力带来的消极情绪以及由此发生的表达需求，也是客观的。由于现实的基础，我们不可能把各种消极的表达方式都从语言中清除掉，但把消极的表达限制在适宜的范围之内，控制或压缩它的使用空间，不但是可能的，也是必要的。

此外，表达的严肃程度也与用语文明有关。在严肃程度高的表达中，说话人在人际距离、评价和情绪的把握控制方面，都会比较严格。在日常的语境中，这种把控则会相对弱一点，但语用的基本界限仍然得到很好的遵守。在戏谑的语境中，说话人故意会越界使用许多词语，以获取轻松幽默或引人注目的效果，形成较强的感染力，但这种效果是在牺牲用语规范的前提下获得的，具有某种破坏性，因此应该慎重对待词语的越界使用，并且适可而止，不宜盲目或过度地肯定。

汉语的规范涉及众多方面，深入思考影响汉语规范工作诸多方面的因素，综合考虑这些因素对于汉语规范的作用，将有助于这方面工作的顺利开展。

主要参考文献

奥斯汀. 如何以言行事［M］. 杨玉成，赵京超，译. 北京：商务印书馆，2016.

陈章太. 语言规划研究［M］. 北京：商务印书馆，2005.

陈章太. 论语言资源［J］. 语言文字应用，2008(1).

戴庆厦. 社会语言学概论［M］. 北京：商务印书馆，2004.

戴昭铭. 规范语言学探索［M］. 上海：上海三联书店，1998.

哈特曼·斯托克. 语言与语言学词典［M］. 黄长著，林书武，卫志强，周绍珩，译. 上海：上海辞书出版社，1981.

何自然，冉永平. 新编语用学概论［M］. 北京：北京大学出版社，2010.

贺群. 社会语言学纲要［M］. 北京：民族出版社，2012.

李建国. 汉语规范史略［M］. 北京：语文出版社，2000.

李宇明. 国家通用文字政策论［J］. 世界汉语教学，2013(1).

李宇明. 语言功能规划刍议［J］. 语言文字应用，2008(1).

刘丹青. 论语言库藏的物尽其用原则［J］. 中国语文，2014(5).

刘兴策. 语言规范精要［M］. 上海：华东师范大学出版社，1999.

吕冀平. 当前我国语言文字的规范化问题［M］. 上海：上海教育出版社，2000.

帕默尔. 语言学概论［M］. 李荣，王菊泉，周焕常，陈平，译. 北京：商务印书馆，1983.

桑哲. 新中国的语言规划及工作展望［J］. 语文研究，2011(3).

邢福义. 关于语言规划［J］. 语言教学与研究，2005(3).

徐大明，等. 当代社会语言学［M］. 北京：中国社会科学出版社，1997.

徐梦秋. 规范通论［M］. 北京：商务印书馆，2011.

姚亚平. 中国语言规划研究［M］. 北京：商务印书馆，2006.

张伯江. 什么是句法学 ［M］. 上海：上海外语教育出版社，2013.

张育泉. 语文现代化概论 ［M］. 北京：首都师范大学出版社，1995.

祝畹瑾. 社会语言学概论 ［M］. 长沙：湖南教育出版社，1992.

Grice，H. P. Logic and Conversation. In P. Cole & J. Morgan（eds.），*Syntax and Semantics 3：Speech Acts*. New York：Academic Press，1975.

Haugen，E. *The Ecology of Language*. California：Stanford University Press，1972.

下　编

缩略及其规范

1 缩略的性质

　　缩略是语言应用中的变异现象，具体表现为词语形式的缩短，即一个语言单位，在表达时只采用其中的部分构成成分，略去另外成分，从而形成一个与原词语意义相同、形式简短的词汇成分，参与构成句子，成为单句或复句的一个部分。

　　语言有形式与意义两个方面，语言的形式作为工具，承载意义，并按一定的结构规则与其他语言成分组合，表达更为复杂、相对完备的意义。缩略过程中，词语整体的语法属性和意义没有变化或损耗，发生变化或损耗的是语言的形式；从句子的角度来看，缩略使句中某一部分的形式缩短了，但句子的结构和意义（包括整体意义和各构成部分的意义）都没有变化。

　　适应记录的需要，语言有了文字形式。由人为的文字形成的语言书面形式，是对语言的自然形式（语音形式）的记录，二者之间有高度的一致性，但并不完全等同。因为文字在记录语言的时候，可以作再加工处理，而不一定与实际的语言保持严格的一致，比如汉语的书面形式通常一字一音，但也存在一个字表示两个音节和两个语素的现象，比如把"浬"读作 hǎilǐ［海里］，把"哩"读作 yīnglǐ［英里］，把"瓩"读作 qiānwǎ［千瓦］，以及近年来把"土豪"写作"壕"之类。一些现场记录中用速写符号代替文字等方法，也是语言的实际形式与书面记录不一致的表现。从本质上看，书写的简短不等同于语流的简短，缩略是语言自然形式的缩简，即语音形式的缩简，而不是文字形式（书写记录符号）的缩简。

　　因此，尽管我们常常以为自己是"一个字一个字"地在说话，并进而认为缩略就是从构成某个词语的一连串的"字"中截取部分"字"来代替词语整体，但实际上，我们说话的时候，说出的是一连串的语音，这些语音构成荷载具体意义的音节，组合为词或短语并构成的句子。缩略是在意义固定的前提下，从构成某个词语的一连串语音中截取部分语音片段，来代替这个词语整

117

体，这个被截取的部分可以是音素，也可以是音节或大于音节的语音片段。因此，缩略在本质上与语流中语音的脱落有关，只是这种本来是在无意中出现的语言变化，经过使用者有意识的处理，由语流中的自然脱落变为刻意的筛选和淘汰，并且大多以"字"（音节）为单位展开。

缩略是一种语用性的手段，陈望道把它列为辞格。[①] 缩略把一个相对复杂的多音节词或短语缩短为简短的词，或者把一个复音词或短语缩短为一个构词成分，在表达上具有便捷、通俗、非正式的语用色彩。作为一种修辞手段，缩略直接造成了新的词汇形式，因此它也是一种造词的方法。缩略导致词汇个体数量的增加，改变词汇系统中词语之间的关系；同时，有相同来源的缩略代表形式，经类推分析形成新的语素，最终改变词汇的面貌。

发生缩略的语言成分，可以是词、短语，也可以是一些单独使用时结构大于单句、带有语篇性质的成分。不过，无论原形有多么复杂，由缩略造成的语言单位，总是作为句中单位被使用，占据一个句中位置，属于发生在句子内部的词语变化，不影响句子结构。

词语间的语法关系构成了话语的结构关系，这是一种反映意义的形式关系；同时，由于人的发音器官运动的限制，语流中适当的长度单位（音步）构成了语音节律，这也是一种形式关系，但它反映的是语音形式，体现为语流中的节律关系。语法语义结构关系与语音节律都表现为停顿，并且有很高的一致性。但是，复杂的语法结构所呈现的层次关系，有时会跟语音节律发生分歧。原因在于，语法结构的层次性，由构成成分的语法属性和语义关系决定，构成成分的繁简差异不影响结构层次；语音结构受发音器官动作幅度的制约，表现为长度限制，即每隔一定长度需有一个停顿。这就导致语法语义上的不同层次关系，在语音节律上表现为一般的停顿关系，比如"非典型性肺炎"的语法结构是"非//典型性/肺炎"，而语音节律则由"非/典型性/肺炎"转向"非典/型性/肺炎"。总之，当被缩略词的语法语义结构跟它的韵律结构不一致的时候，属于单纯语言形式的韵律结构将优于语法语义结构。

缩略代表形式的选取，并不完全按照语法（构词法）操作，比如"老师"一词，缩略形式"～老"中被选用的"老"是不表意的前缀，而表意的词根语素"师"被略去了。偏正结构关系中，取偏或取正，在语法上都是顾此失彼

---

① 参陈望道《修辞学发凡》，上海人民出版社 1976 年（初版 1932 年）。

的，至于跨层选取构成成分中语素或非语素的现象，更有悖于语法构成了。不过，语法是人们认识和使用语言的基本规则，尽管缩略是一种只取形式不顾内涵的变化，并不遵循语法规则，但在人们认识缩略形式的时候，又会回到常规的构词习惯上。这样，本来并非按构词规则造成的缩略词，在使用和理解中被规则化了，这就导致缩略词形成之后，往往会经历一次重新分析和归类：参照一般汉语词汇的构成以及代表形式与原词语的关系，类同的缩略的代表形式被理解为构词语素、代表形式之间的关系被理解为结构关系，这些代表成分尽管跟它们在原词语中的身份或地位相去甚远，但并不妨碍人们对它们的重新定位。

虽然缩略有造词功能，但它首先是一种语用现象。从意义表达的角度来看，由缩略造成的词汇形式是原形式的节略，换言之，语言中如果没有缩略现象，客观理性意义的表达是不会有障碍的，缩略使原词语有了一个同义的简捷形式，为表达提供了新的选择，适应表达的多样化需求。据此，缩略的主要功能在于提高表达的有效性，但经缩略而产生的形式是语言中的冗余成分，而不是语言必不可少的表达符号。

汉语有丰富的历史语料，可以由此窥见汉语的历史面貌。从历史文献保存的材料来看，缩略是一种古已有之的语言现象，在今存最早的汉语文献中已经出现[①]，其后的历代文献中都有它的身影，因此，作为一种造词方式，缩略是一种历久不衰、分布广泛的基本词汇现象，而不是一时一地偶发的词汇现象。当然，作为一种词汇手段，缩略本身也在经历变化。这种变化包括三个方面：(1) 从说话人在表达时无意中脱落某些语言形式，到说话人有意识地少说某些语言形式、只用部分形式表达原词语的完整意义；(2) 本来在常用固定词语基础上发生的缩略，也以不常用词语为基础，甚至以生僻或拼凑的词语为基础发生，语用中因而存在不少"一次性"的缩略形式；(3) 在类推作用下，出现了利用缩略因素成批造词的现象，包括同类事物采用同类的缩略形式，以及出现一批能产的缩略语素——缩略从一种偶发的词汇变异为词汇系统中的能产手段。缩略词不仅是一种形式的缩简，还受已有的词汇单位（包括缩略语素以及同形的非缩略语素）、习见的造词模式、词汇构成成分的形式和意义特点等多

---

① 参陈伟武《商代甲骨文中的缩略语》，《中国语言学报》第十一期，商务印书馆 2003 年；《两周金文中的缩略语》，《中国语言学报》第十三期，商务印书馆 2008 年。

方面因素的影响，跟其他新词产生中可能受到的影响日趋相似。

　　缩略把一个较长的词语形式缩简为较短的词语，符合语言的经济原则。但是，这只是问题的一个方面，反映的是微观角度个别词语的语用效果。从汉语词汇系统的整体来看，缩略造成了新的词汇成分，它在丰富词汇的同时，宏观上也造成了词汇冗余。冗余的缩略形式为表达提供了更多的选择，是语言活力的体现，但它降低了语言成分的可解度，增加了人们的词汇学习量，也加重了使用者的记忆负担。

2 缩略的界限

有一些词汇现象，与缩略有相似之处，需要进行辨别。

2.1 常规构词与缩略

在构词中，单音词、单音语素、文言因素、词义隐含、类推造词与缩略之间，存在一些容易相混的现象。一些词语，从共时的角度，用解读缩略词的方式很容易作出解释，但从历史的角度看，却并没有缩略因素。

（1）单音词、单音语素。汉语词汇的复音化，导致一些古代的单音词有了同义的复音形式，其中不少就是在原单音形式基础上形成的。旧有的单音形式受新兴复音形式的影响，减少了使用量和使用范围，但它们并没有因此退出汉语的词汇系统，在一些语境中仍然相当活跃，形成新兴的复音形式与旧有的单音形式并行的局面，比如"鸭"有复音形式"鸭子"，我们常说"一群鸭子"这样的话，但我们在"鸡鸭"并提的时候，就不用"鸭子"，而只用"鸭"。

有些单音词含义较广，与后代的某个词形成了上下位的同义关系。比如首都称"京"，早在先秦时期就有了这样的用法，如《诗·大雅·文王》："殷士肤敏，祼将于京。"朱熹《诗集传》解释说："京，周之京师也。""京"的这个意义在历代延用不衰，历史上，不同王朝的京城因所在的地点和方位不同，而有东京、西京、南京、北京以及燕京、汴京等名称，这些名称都是这些地方曾作首都的历史痕迹。到了现代汉语中，北京作为中国的首都，也常常被称为"京"，这样，如果不注意"京"的历史背景，很容易把"京"当作是"北京"的缩略形式。其实，"京"指首都的历史远在表示首都的"北京"之前，从造词的角度来看，"北京"是"京"的后起复合形式，是在"京"的基础上加上标记成分"北"而构成的，"京"与"北京"之间并不存在由繁而简的缩略过程，而是经历了由简而繁的变化过程。

在语用中，归纳某些事物在某些方面的特点，用单音的词或语素把它们并列举出，构成一个固定的词语形式，比如"多快好省""高大上""稳准狠""短平快""白富美""高富帅"等，也不是复杂词语缩略形成的。不过，在理解这类词语的时候，常常需要利用语境的支持作出补充，比如"多快好省"应该是"数量多、速度快、质量好、耗费少（节省）"的意思，这种语义上的补充，跟缩略的解读有很高的相似度，因此常常被归入缩略讨论，成为介于缩略与非缩略之间的成分。

有些词语在成形后发生了转指性的变化[①]，也不在缩略之列。转指是一种常态的语法语义变化，普遍地出现在各类词义－词性的变化中，比如"圣""贤""智""愚"等由性状转指具有这种性状的人物。像表示性状的"白富美"被用来指具有这种性状的人，由形容词转为名词，是造词性的转指变化，即并列构词和转指两种词汇手段的叠加。又如动宾短语"管家"成词后成为名词性的指人用词，短语转化为词的同时，意义和结构发生同步变化。

（2）文言因素。现代汉语已经很少使用文言了，但文言的影响仍然随处可见。现代汉语中的许多词，包括一些新词，仍然可能是采用文言成分或依照文言规则构成，比如，"自恋""自审""自驾"都是利用"自"对动词的依附性构成的复合词，跟"自"的古代用法完全一致；"虐囚"表示"虐待囚犯"，像是一个缩略词，但"虐"有残害、虐待的意思，可以构成动宾关系的"虐人"等，"囚"指犯人，也常作动宾组合中的宾语，如"拘囚""推囚""拷囚""论囚"等，都是从古代沿用至今没有中断的用法，以此构成的新词，应该尊重历史，归入应用文言成分构词的行列。当代汉语的新词新语中，有不少四字形式，如"西气东输""外引内联""停薪留职""减员增效""体健貌端""崇俭尚廉""大进大出""一户一表""未婚先孕"等，都是利用其中的构成成分在文言系统中的语法语义特点组合成的新词。虽然这些词从现代汉语的解读来看，好像带有缩略的因素，比如"大进大出"可以理解为"大规模地引进，大规模地输出"，但"大"作为状语修饰动词表示动作力度大，是它在文言中的常用意义，同类的还有"大笑""大哭""大鸣大放"等词；而"一户一表"则运用了数词直接修饰名词的文言语法，其中"一"的"每一"意义也是文言常用的。

---

① 参朱德熙《自指与转指》，《方言》1983 年第 2 期；姚振武《关于自指和转指》，《古汉语研究》1994 年第 3 期。

　　许多单音词在复音化之后，原来的单音形式蜕变为不能独立使用的构词语素，与其他语素构成复合词，其中一些语素在文言系统的支持下，在书面上还很有活力。这些构成复合词的单音语素，与它们的复音形式保持同义关系，因此，一些由这类单音语素构成的词或短语，可以用这类单音语素的复音形式来表示。比如"保安"可以理解为"保卫治安"，但无论从构词方式还是产生的时间来看，"保安"比"保卫治安"、"保"比"保卫"、"安"比"治安"都要早得多，因此，不能把"保安"看作是"保卫治安"的缩略。沿袭历史上的用语，采用文言语素造词，在书面用语中十分常见，从历史的角度来看，这类词不宜归入缩略。

　　（3）词义隐含。语言形式的字面意义和这个语言单位所含的意义常常并不一致，有时出现"隐含"现象。比如"红木家具"表示的是"红木制作的家具"，其中谓词"制作"处于隐含状态①。在一般复合词的构成过程中，这种构成语素所显示的意义跟词的完整意义不一致的现象，与人类的思维－表达有关，不属于缩略造成的词汇变化。但是，在解释词义的时候，需要把这些隐含的意义表达出来，比如："公众人物"指受公众关注的人物，其中"关注"一义的被动关系在词的形式上就没有任何表现；"旅游污染"指旅游开发造成的环境污染，其中"造成""环境"等意义也没有任何形式上的表现。这类现象，在复合词中比比皆是。

　　不同在于，缩略词有一个相对固定的原形词语作为基础，在缩略发生之前，原形词语有较高或很高的使用率，群体熟悉度高，并与缩略形式之间有密切的对应关系；一般复合词与其解释之间没有这种密切而固定的联系，人们通常只使用这些词语，而不使用这些词语的解释形式来进行表达。比如，把"肺病"解释为"肺部的疾病"，但通常我们说"某人患有肺病"而不说"某人患有肺部的疾病"。因此，是否可以作为语用中的表达单位，是辨别缩略原形与一般复合词的基本标准。

　　（4）类推造词。利用相同的结构方式、基础语素以及类同的意义关系，在已有的复合词的基础上造成一个新词，是词汇历史发展中的一种常见手段，被

---

　　①　参袁毓林《谓词隐含及其句法后果——"的"字结构的称代规则和"的"的语法语义功能》，《中国语文》1995 年第 3 期。

称为词语模。① 比如，在古代常常有"托孤"一说，指临死前把未成年的孩子委托他人照料；后来就把托人照料小孩的机构叫作"托儿所"，近些年来，又有了"托老所"，以及由此而来的"托老"，指委托照料老人。把"野外洗浴"说成"野浴"，"爽朗地笑"说成"朗笑"，等等，这样的词语，从释义的角度来看，与缩略非常接近，但从它的形成过程来看，其中并没有缩减的过程，且语素间的构词关系具有合理性，因而是一种造词的类推，其中"野浴"与"野餐""野炊""野营""野战"以及"淋浴""洗浴"类同，"朗笑"与"暗笑""微笑""苦笑"以及"朗言""朗诵""朗读"类同，这样的类推造词都不是真正的缩略。

2.2　同义关系、繁简关系与缩略

别称是对同一事物的不同表达，这些指称同一对象的不同表达形式，形成了同义异形的关系，供表达时选择。简称是同义表达形式中相对简略的形式，即别称中相对简略的表达形式。

别称和简称都是指称名物时具有同义关系的不同形式，与此相应，在行为和性状的表达中，也存在大量具有同义异形关系和繁简关系的不同形式，成为表达中可供选择的对象。

缩略造成了新的同义关系和繁简关系，但同义关系的产生有多种途径，缩略仅仅是其中的一种。缩略要求简略形式与繁冗形式之间有直接的形式联系，而许多同义关系是通过采用其他造词语素和造词方法另行造词所致，因此，在词汇的同义关系和繁简关系中，有大量现象与缩略无关。

我们把缩略表述为"从语流中截取部分形式代替整个词语"，即缩略应该是从原词语中选取部分形式构成的简略形式，凡与原词语形式无关、没有从原形式中截取构成成分的简略形式，都与缩略无关。

2.3　数量短语与缩略

数词的基本作用是计量事物或行为，它与事物、行为密切相关，因此，数

---

① 　参李宇明《词语模》，见邢福义主编《汉语语法特点面面观》，北京语言文化大学出版社 1999 年。

词依附于事物、行为而存在，抽象的数学计算也必须与表示实际事物、行为的数量单位结合才有意义。比如算式"2＋3＝5"应该落实到这几个数字具体代表的是苹果（个），还是行为（次），或是其他的事物、行为，才能成立；把两只耳朵和三根手指放在一起，不能使这个算式成立。

数所计量的事物可区分为有定和无定。无定条件下的数，带有泛指的性质，不明确表示具体对象；有定条件下的数，带有指称性，表示确定的具体对象，比如"三个人都不说话""他去了三次"，这"三个人"或"三次"都是有具体内涵和细节的，可以一一列举陈述，比如"张三、李四、王五三个人"，或"早上、中午、下午各一次，共三次"，等等。有定条件下的数量，可以表示内涵非常复杂的事物或行为，具有抽象概括和简略的特点。

一般情况下，数量短语的有定指称对象随语境而定，可以任意变化，比如"三个人"在不同的语境中，可以指不同的三个人。但有一些数量短语固定地表示某些特定的意义，有词化的倾向，比如"三大纪律八项注意""和平共处五项原则""四项基本原则"等，在多数语境之下，含义是确定不变的，但它们作为数量短语的基本性质没有变化，只是由任指转为定指了。由于数量短语上述两个方面的特点，人们也可能对某些数项的内容作不同的定义或解释，比如一度非常流行的"三包"，就出现过好几种不同的理解，这是由数量短语可以兼有有定和无定的特点所致："三包"作为无定的数量短语，可以使用于不同的语境，表达不同的意义；但它在进入某个特定语境之后，转为有定，意义固化，具有了特定的含义。各语境中的不同语境意义在一定的条件下共现，导致了多种理解的并存。

现代汉语的数词通常跟量词构成数量短语，用以概括地表示各种事物、行为。在古代汉语中，数词可以直接与名词、动词等结合使用而无需加量词，这种现象有一部分遗存在现代汉语中。因此，现代汉语中，数词直接修饰名词或动词的现象时或可见。

数量短语的指称功能与缩略有相同处[①]，它们都采用一个简单的形式表达了复杂的内涵。但数量短语是严格按语法规则构成的，并非突破语法常规而从一个已有的语言形式中抽取出来的，其中数量的确定来自人的计数能力，是人对事物的概括认识、抽象表达的结果，基本不显示所表达内容的细节。

---

① 参殷志平《数字式缩略语的特点》，《汉语学习》2002年第2期。

多数情况下，数量短语与缩略无关。但是，有一些数量组合在构成过程中，采用了以缩略方式获取的中心成分，即以缩略造成的语素充当中心成分，有时还加上泛化的量词，形成数量组合，构成一个带有缩略语素的复合词或短语，这就与缩略直接相关了。

因此，在同一形式基础上造成的数量短语，可能与缩略有关，也可能与缩略无关。以"坚持社会主义道路，坚持人民民主专政，坚持中国共产党的领导，坚持马列主义、毛泽东思想"为例，如果把它说成"四个坚持"，其中的"坚持"就是从原形式中提取的代表形式，含有缩略因素，但我们通常称其为"四项基本原则"，这就与原形式只有意义关联而没有形式联系，与缩略无关，而是一个常规的数量表达。

2.4　字母词与缩略

汉语的字母词在外语影响下出现①，有两个来源：一是直接从外语（主要是英语）引入，一是来自汉语拼音字母。

借自外语的字母词，在外语中形成，不是汉语词汇变化的结果，本来可以不论，不过，既然它们出现在汉语应用中，而且在当今汉语应用中颇有影响，就不能不作讨论。

其实，即使在英语这类使用拼音文字的语言中，抽选短语中各词首字母构成的字母词，也大多与缩略无关。因为，采用首字母构成的字母词虽然也造成了形式简短的词汇单位，但它来自书写过程，是缩写的结果，而不是说话时语流中语音减少的结果——从生成过程来看，由"写得简短"造成的缩写跟"说得简短"造成的缩略是完全不同的。同时，由于生成过程不同，一些字母词的读音与它们在原词中的拼读音也有很大的差异，比如足球运动员"C 罗"的"C"就来自缩写，它在原名中的发音，应该是 [k]，而不是 [siː]，这也显示了书写与叙说之间的不同。

由于国际化的影响，中外交流日益密切，汉语中也出现了一些由汉语使用者创制的外语字母词，比如仿美国的 NBA（National Basketball Association，美

---

① 参茆婷婷《近十年来汉语字母词研究综述》，《苏州教育学院学报》2011 年第 5 期；钟志平《关于来自汉语词语的字母词的规范问题》，《修辞学习》2016 年第 1 期。

国职业篮球联赛），有了中国的 CBA（China Basketball Association，中国职业篮球联赛），尽管产生于中国，并指称中国的事物，但"CBA"仍然是采用英语规则产生的新成分，不是在汉语自身基础上产生的新成分，仍应视为英语外来词，准确地说，是"土产"的英语外来词。

不考虑各类利用外语规则产生的字母词，在汉语中还另有一批受外来影响而产生的字母词，情况比较复杂，大体说来有三种类型：利用汉语拼音构成的字母词，利用英语构成但只在汉语群体中流通的英语字母词，利用英语和汉语成分混合构成的字母词。近年来，各方创造字母词的热情持续不减，成为一种新的时尚，字母词的发展势头迅猛，数量急剧增长，需要给予充分关注。

一方面，需要考虑汉语字母词的合理性或必要性。汉语引入字母词是受外语的影响，由于客观原因，在不少领域中，我们要吸收先进的技术和文化，需要向外国学习。在这种情况下，一些专业领域直接引入国际通行的字母词，可以方便专业领域内的国际交流和沟通。在国内的一些专业领域，利用通行的外语概念创制的字母词，在本专业内也具有国际性，可以与上述情况视为同类。但是，近年来，一些汉语使用者（准确地说，是母语为汉语的英语学习者）综合他们的英语和其他知识，创造了一些英语字母词，这些词一般的汉语使用者不用，外国人（包括英语母语者）也完全不懂，虽然其中不乏聪明智慧，但只能视为文字游戏，没有实际的语用空间，不存在语用的合理性和必要性。

另一方面，应该关注字母词对汉语书面语的冲击。每一种语言都在吸纳外来成分，汉语吸纳外来词，没有什么不合理的地方。然而，不同的语言，自我定位不同，在处理外来成分时，就会有不同的方式，但外来成分会在不同程度上出现向本语的"归化"。有些语言吸纳外来词，归化程度较高，比如英语吸纳汉语词"功夫"，只采纳了它的拼音形式，而不是汉字形式，吸纳的结果没有改变英语的书写系统和拼读系统，而是把"功夫"的汉语拼音融入英语之中了。另有一些语言，在吸纳外来词的时候，会把它的书面形式一并吸纳进来，形成多种语言文字形式的混合使用，比如日语在古代对汉语的吸收和在近代对英语的吸收。

汉语历史上吸纳了大量的外来词，但是在二一世纪之前，都是只取其音义而不用字形，即引入外来词时并不引入外语文字，因此，外来词在进入汉语之后出现了很大的变化，包括：分音节、加声调、用汉字。对外来词采用汉语的分音节形式，改变了语言形式的节律，再加上汉语的声调、汉字的书写，口头和书面形式都发生了变化。因此，以往外来词引入的形式标准，不是接近外语原形，而是符合汉语习惯。但是，近些年来，外语词引入的情况大变，不仅大量外语词原形出现在汉语中，汉语使用者还创造了一些不用汉字记录的外语字母词，这就背离了汉语吸收外来成分的传统。我们面临重大的选择：汉语中是否应该使用字母词？或者，字母词在汉语中到底应该占有什么样的位置，汉语应该如何对待字母化的影响？对这些问题，需从汉语汉字发展的历史角度，作深入的思考。

此外，在汉语字母词的读法方面，分歧也不少。目前社会上对汉语字母词的读法，大致有以下几种情况，所依据的规则各不相同：

多数情况下，大众对汉语字母词，都不假思索地采用英语字母（拉丁字母）的读音，即使是来自汉语拼音的字母词，比如由"汉语水平考试"缩写的"HSK"，也是如此，并不以汉语拼音的读音来读，这是汉语欧化的结果。

汉语拼音采用了拉丁字母，因此，从书写上看，汉语拼音字母与英语字母基本一致，但读法上两者并不相同。根据《汉语拼音方案》所定的原则，汉语中的字母应该读汉语拼音字母音，即《汉语拼音方案》第一部分"字母表"中所标示的字母读音。可是，由于推广不力，大众对汉语拼音的字母音了解很少，多数人不知道汉语拼音字母还有这样的读音，甚至把这样的读音当作错误，因此，语用中基本不使用汉语拼音字母音。

如果要采用汉语拼音的读法，人们大多采用汉语拼音的拼读音，即《汉语拼音方案》第二部分"声母表"和第三部分"韵母表"中标示的读音（这是汉语拼音字母拼读时采用的实际读音，也是汉语拼音教学的基本内容）再加上声调，比如"KGB"读作"克格勃"，一种坦克型号"T-34"读作"特三四"。

不过，现在铁路系统中情况又有所不同。在铁路客运系统中，普通列车直接用数序表示，采用零标记的方式，不带字母，其他的列车则以字母开头，后面再加上表示序列的阿拉伯数字，字母读汉字音。比如表示"临时旅客列车"的"L"读"临"，表示"快速旅客列车"的"K"读"快"，表示"特快"的"T"读"特"，表示"直达特快"的"Z"读"直"，表示"（普通）动车"的"D"读"动"，表示"高速铁路动车"的"G"读"高"，表示"城际动车"的"C"读"城"，表示"旅游列车"的"Y"读"游"。把一个多音节的汉语词组说成一个音节，这是符合缩略原则的，但把"快速旅客列车"的缩略形式"快"写成"K"、"动车"的缩略形式"动"写成"D"等，仍然只是书写形式的问题，不是口头语音形式的直接反映。如果按照一般人的阅读经验，用英语字母音来读其中的"D""K"等字母，这就是缩写后的读法，与缩略没有关系了。

总之，出现在汉语中的字母词读音，实际上有三种处理方式：读英语字母音、读汉语拼音的拼读音、读字母所表示的汉字音节。其中，第一种读法最为普遍，第三种读法最具汉语色彩。

抽取汉语拼音音节的首字母来代替一个汉字或词，是一种缩写的手段。如果所抽取的字母严格对应原词语的每一个音节，那么，这仅仅是一种缩写，跟缩略没有关系。比如，把"人民币"写成"RMB"，仍然读汉字音 rénmínbì，那么，从口头形式上看，并没有发生变化，变化的只是书写形式；而如果按缩写后的英语字母音来读，那么口头形式不仅没有缩短，反而延长了——效果正与缩略相反。

如果抽取的字母来自原词语中的复音词，比如用"D"表示"动车"，那么其中就有缩略的因素，它的变化可分为两个方面：一方面"D"来自这个词的拼音首字母，另一方面它只跟这个词的首字（首音节）有直接联系。由于代表字母在形式上只跟首音节有直接联系，所以其中就有了缩略的因素。简单地说，"D"与"动"之间是缩写关系，而"动"是"动车"的缩略，"D"和"动车"的关系是间接的。从复音词中抽取首字母，可以使词语的形式更为简略，但降低了表意性，有时为了补偿语义的缺损，反而形成一个在口头上更复杂的形式，比如"汉语水平考试"字母形式"HSK"表意不够清晰，补充作"HSK 考试"，表意性提高了，形式却复杂了——"HSK 考试"比起原形"汉语水平考试"，写起来虽然简短一些，说起来却更复杂。

总之，关于字母词与缩略的关系，有三点要注意。（1）字母词是缩写（少写）的结果，不是缩略（少说）的结果。（2）字母词缩写所依据的，可以是词的全形，比如"人民币"缩写作各音节的首字母"RMB"，其中并不存在缩略的问题；字母词缩写也可以依据缩略后的形式，比如把"国家标准"缩略为"国标"，再用字母"GB"表示，字母词代表了一个缩略形式，但它本身不是由缩略造成的。（3）一些借入的字母词有自己的汉语缩略形式。比如"NBA"的汉语缩略形式"美职篮"，但"美职篮"与"NBA"只是语义相同，二者的来源是不同的："NBA"是英语"National Basketball Association"首字母缩写，是据英语材料和英语规则产生的；"美职篮"是"National Basketball

Association"的汉译形式"美国职业篮球联赛"的缩略，是据汉语材料和汉语规则产生的。

　　字母词书写简便，但读来未必省便。那些国际通用的字母词，有利于国际交流，也方便外国人理解和阅读。但大量并无国际通用背景、外国人无法理解的"土产"字母词，即使有外语因素（比如用"3Q"表示感谢），外国人也看不懂，因为它们没有外语的语用基础；大多数中国人也看不懂，因为中国人习惯于根据汉字的字形、字义理解词语。这类表达往往很有趣，但不实用，它们的存在跟文字的游戏有关。

　　此外，语言文字的使用与一个民族的综合实力有关，处在发展期的中国，需要继续向世界各国学习，促进与各国的交流，尤其是掌握先进科技最多的英语国家，在可以预见的一段时间内，语言文字中的外来影响还会持续增加。而从另一个角度来看，字母词的使用考验国人对汉字和汉语的信心，也折射出民族自信和民族语言文化自我保全的程度，应该从这个角度对此给予关注并作出努力。

2.5　借形与缩略

　　在 2000 年前后，青少年中曾流行一种词汇现象，有人对一些人们熟习的词语从字面上作了重新解释，赋予其完全不同甚至褒贬色彩相反的意义，构成了"反悖词"。比如："白骨精（白领、骨干、精英）""蛋白质（笨蛋、白痴、神经质）""神童（神经病儿童）""天才（天生蠢材［才］）"。还有兼用谐音的："贤惠（闲闲［贤］的什么都不会［惠］）"，等等。这种现象也扩散到其他人群中，比如"无知少女（无党派、知识分子、少数民族、女性）"；在二十世纪八九十年代，香港把让妻子先移民美国，自己留居香港的人称为"内在美（内人在美国）"或"太空人（太太空了的人）"；上海则把新疆、西藏、甘肃（兰州）称为"新西兰"，天津、南京、上海、北京称为"天南海北"。这些现象的特点是：

　　（1）给予旧词形式新的解释，新赋的意义与旧词的本来意义完全不相干，在语素层面没有意义关联，但有同形关系。

　　（2）新旧义之间褒贬色彩上完全相反，一些原先带有贬义的词被赋予了褒义的解释，而一些原本褒义的词却被解读出贬义的内涵。

（3）组成新义的相关概念之间，在组合关系上都具有合理性，但在语用的实际中，这些概念原本并没有密切的关系，并不经常关联，不是习用的组合，是拼凑而成的。

（4）创造这些形式，主要不是为了缩短表达形式，而是为了增加表达的趣味，游戏色彩浓重。

这些词在解读方式上跟缩略词十分接近，都是利用字面的提示联系到某一个词，然后把不同字面联系到的词组合起来，完成理解。因而有人称这类现象为"借形缩略"或"托形格缩略"[①]。但是，这类现象又与同形缩略有很大的不同：首先，这类现象不是由复杂词语简化产生的，而是相反，只有从简到繁的解说过程；其次，这类现象语用性差，不是表达中为了省便而产生的，而是出于消遣游戏，带有字谜的性质；最后，新义的拼凑意味浓厚，融洽度低（比如用"天南海北"指天津、南京、上海、北京，不符合通常表达中"京津沪"的顺序，且南京一般不与其余三市并称），而缩略词语内部的语义融洽度高。

因此，我们认为，这是一种在解读方面与缩略有局部类同的语言现象，严格地说，应该叫作"借形反悖赋义"，即借助一个现有的大众熟习的词语形式，通过字面的相关性，赋予它一个跟原词的构成语素没有关系、褒贬色彩相反的新义，带有明显的游戏性质。还须注意的是，这类"造词"方式，近几年未有新成分出现，似已"过时"，但是，"借形反悖赋义"作为一种带有偶发性质的修辞手段，过去有过，将来或许还会有。

2.6　缩形词

近几年来，网络上又流行一种新的词汇现象，即从对某一事件的叙述中抽取几个字，一般是四字或三字，构成一个生硬的词汇新形式，也被认为是一种缩略，比如"喜大普奔""十动然拒""人艰不拆""累觉不爱""不明觉厉""不动然泼"，以及"城会玩""乡话多""理都懂""且先睡"，等等。这些形式的特点是：

（1）有一个叙述性的复杂原形，包括复杂的并列结构或复句形式，但原形在形式上并不常用，它的内容也不为人熟悉，是个陌生的、不具流行性的

---

① 参邵斌、邵有学《汉语借形缩略语探析》，《牡丹江教育学院学报》2008 年第 6 期。

成分。

（2）原形的含义具有较高的完整性，表达一个相对完整的含义或事件。

（3）代表形式大致按叙述形式的结构顺序，逐段抽选。

（4）代表形式是一个新的、前所未有的组合形式。

从解读过程来看，缩形词与缩略词也有很大的相似性。从成形的角度来看，缩形词的构成过程也是打破语法的约束，从原形式中抽取有代表性的成分，凑成一个新的词语形式；从解读的过程看，都要通过现有的词形中每一成分的提示，复原原词语的构成成分，完成理解。

不同在于，首先，缩略所依据的原词语，通常是大家熟习、经常使用的，或部分群体成员熟习、经常使用，因此，在复原过程中，缩略词可以通过调动受话人的语言经验得到理解。但缩形词缺乏这方面的公共语用基础，如果没有专门的说明，仅凭一般人的语言经验，难于完成复原和理解。其次，缩略词的产生，主要为避免原词语的累赘，以省简为目的，在风格上趋俗；缩形词的出现，却在于说话人语用创造的冲动，意在造出一个带有经典色彩的语言成分，通常是一个像成语或惯用语的成分，具有某种趋雅的动机。再次，缩略词的长度以现代汉语词汇一般长度为准，通常采用二、三、四音节形式；缩形词模仿成语或惯用语的长度，以四音节或三音节为常。最后，缩略词是在人们熟习的词语基础上形成，因此，它给人似曾相识的印象；缩形词没有这样的背景，带有生硬、不自然的特点，因而在趋雅的同时又带有很浓的俚俗气息。

3 缩略所选的代表形式

很多时候，人们把缩略的代表形式称为"代表字"，这是一种通俗的说法，虽然易懂，但不够准确、严密。我们已经申明，"字"是记录语言的书写符号，而缩略作为一种现象，是语言的变化，不是语言记录符号的变化。就"字"和"语言"的关系而论，"语言"是本体，"字"作为记录符号，是语言的映像，相当于出现在镜子中的事物。对映像（镜中事物）的观察当然有助于我们对事物的了解，但这种了解具有片面性和局限性，比如我们可以从视觉的角度看清镜中事物的形状、色彩，但无法了解它的触感（如温度、湿度、软硬、粗细）。我们触摸映像，所感知的仅仅是映像的荷载物，而不是造成映像的事物本身（比如触摸镜子中的人物形象，感知到的是镜子，而不是映在镜中的人物）。因此，分析时不应该用映像来代替本体。

语言的本体是荷载意义的语音形式，因此，对缩略的观察应该从语音形式的角度展开。语言是一个结构体，从内部构成来看，根据缩略时所择取的语音形式在原结构中的地位，可以将缩略分为五类；不同的缩略形式有典型度上的差异。

3.1 择取无单独表意能力的音素

在缩略中采用不成音节的音素，与来自其他音节的音素组合或单独构成新音节，这种缩略是把两个音节合为一个音节，被称为"合音"。这类缩略的词汇基础既有双音词，也有惯用的双音邻接成分。所谓双音邻接成分，指前后成分在语法上不属于同一层次，但可自由替换，因而这两个稳定不动的相邻成分成为替换后剩余的跨层固定组合，比如："叔母——婶""三十——卅""只要——甭""之于——诸"。三音词中的两个音节也有这样的变化，比如："多早晚——多咱""女朋友——女票"为三音节中后两个音节合音，"做啥子——

咋子"（四川方言）、"这样子——酱紫"为三音节中前两个音节合音。三音在合音为双音后，成为一个形式固定的新词，可以独立自由使用；双音在合音为单音后，往往带有很明显的依附性，常常跟其他成分组合或重叠使用。

由于汉语音素没有独立的书面记录形式，因此，音素缩略后，面临文字表达的问题。音素缩略后的文字形式大致有以下几种情况：（1）改造原字，包括改变字形、合体造字等，如"不可"缩略为"叵"就是用反向的"可"表示它的否定义，"卅"是三个"十"的合写，"嫑""甭"是把"只要""不用"合写；（2）另造新字，如"叔母——婶""舅母——妗"，都采用形声的办法，根据新的音节和意义造出新字；（3）采用假借，即用一个在表意方面不相关的同音字记录，这是最常见的，如把"多早晚"中的"早晚"的合音形式写作"咱"，而"酱紫"中，除了把"这样"的合音写作"酱"，没有发生音素缩略的"子"也改写成了"紫"；（4）还有一种情况，就是采用原两个音节用字中的一个来表示，比如"这一"合音为 zhèi 之后，仍用"这"来表示，"这"因此多了一个读音和意义。

合音选择小于音节的音素作为代表形式，缩略后形成的新音节大多改用其他字记录，因此，如果坚持缩略是选择代表字，那么合音就不当在缩略之内。但实际上，选取音素与选取音节相同，都是用语流中的片段来代表完整的词语形式，所以应该都归入缩略范畴。

3.2 择取无单独表意能力的音节

在缩略中，对一些常用词语，选择其中不成词的音节（即复音单纯词中的一个音节），与表示其他语素的音节组成复音的新词，致使被择取的不成词音节升格为构词语素，我们称其为"音节的语素化"[①]。比如"玻璃"缩略为"玻"，可以用在"玻板""玻壳""白玻""蓝玻"等组合中，其中的"玻"仍然表示玻璃的意思。语素化的音节往往具有很强的依附性，本身并不成词，如不能单独用"玻"来表示"玻璃"。可见，这种缩略不是单独发生在原词之中，而是发生在原词与其他词组合之后，是一个词语内的单纯词的形式变化。

---

① 参杨锡彭《汉语语素论》，南京大学出版社 2004 年。

3.3　择取有表意能力的音节（语素形式）

在缩略中，采用词语结构中居下位非中心地位的、可表意的语流片段，代替原词。具体包括两种情况，一类是在从一个复音词中抽取一个语素，跟其他语素组合使用。比如："编辑"缩略为"编"，与"小"组合为"小编"一词；"老师"缩略为"老"，与老师的姓组合为"～老"一语；带"长"的职务，往往略去"长"再跟人的姓组合，比如"～局""～处"甚至"～大队"；等等。从几个带有共同成分的并列短语中选取共同成分，加上数词或数量词，比如"四有""三个代表"等；以及从不带共有成分的并列短语中各选代表形式，再加上通用的中心成分，如"司售人员"等。这类缩略只产生构词新成分，从成形后的词语整体来看，它们都符合构词规则，因此，在整体上是带有缩略成分的复合词，并不是缩略词。

另一类是从一个多音词语中选择结构上不相连的两个或多个语素，构成缩略词，比如"高级中学——高中""大学一年级——大一""保送研究生——保研"。

有些形式，似乎介于上述两类之间，比如"考研"，既可以认为是把"研究生"缩略为"研"后与"考"组合，"考"没有参与缩略，也可以看作"考研究生"一语直接缩略的结果。但"研究生"缩略成"研"，要依托"考研究生"这一语境，因此，以后一方式来理解，或许更恰当。在这种情况下，缩略选取的代表形式看似相连，但在结构上是相离的，"考研究生"与"考大学""考中学"等相类，其缩略选取了组合中前一部分"考"和后一部分"研究生"中的"研"。

3.4　择取有表意能力的音节组合（词的形式）

在缩略中，从被缩略的原词语的两个或多个直接构词成分中提取一个成分作为表达形式。其中，从偏正短语构成的复合词中直接提取中心成分或修饰成分的情况最为多见。

提取中心成分的缩略，与一般语用中表通名的词语无标记专指（特指）类同，比如某地只有一所中学，那么，通常这个地方的人在提到这个中学的时候，就只用"中学"，而不说"某某中学"，只有在需要与其他地方中学区别的时候才用全称。利用语境的支持，很多通用性成分都可以特指同类事物行为中的一个。无标记专指需要很强的语境支持，失去语境支持，表达的内容就会变得模糊，不像缩略词与原形式那样联系密切，含义清晰。

　　一般的通用性成分在专指的时候不属于缩略，然而，一些表达权威性事物的词语，尽管它们的中心成分也有通用性，但借助于所表概念非比寻常的高度社会影响，在无标记的状态下，它们无须借助语境，仍然与原词语保持高度的联想关系，比如"中国共产党中央委员会——党中央——中央""中国共产主义青年团——共青团——团"。通常认为这种情况是缩略。

　　有些中心成分只限于用在少数或个别的词语中，通用性较差，对这类词语，用中心成分表示全形的时候，中心成分自然与原形式关系密切，如"人民公社——公社""少数民族——民族""中央军委——军委"。

　　提取一个词语的修饰成分作为这个词语的表达形式，也非常普遍，在修辞学中往往被称为"借代"，比如"茅台酒——茅台"，其中，修饰成分成词性高且词性与整词的词性一致。但是，像"小型四轮拖拉机——小四轮""高速公路——高速"，其中修饰成分的成词性差，或与整词的词性不一致，通常就不将其视为借代，而归入缩略，但从截取语流中的限定成分这一特点来看，借代与非借代之间没有本质的区别。

　　一些内部带有相同构词成分的并列短语，可以同时从相同和相异部分提取代表形式，去除重复，合并成词，比如"贫农下农中农——贫下中农""堂兄堂弟——堂兄弟""上班下班——上下班""篮球排球——篮排球"等。合并后，原来的主体并列关系降为局部并列，原来局部的限定或支配关系上升为主体关系。对一些结构复杂的词语，可以从结构的底层抽取某些语素构成并列的限定部分，比如"指挥员战斗员——指战员"。从变化后的形式来看，其中有的没有造成新的词汇成分，比如"堂/兄弟""上下/班"，可以看作既有词汇成分的并提式组合，是一种词汇改造关系，不归入缩略；有的造成了新的词汇形式，如"贫下中/农""篮排/球""指战/员"，其中的限定成分在既有词汇成分中是没有的，是缩略造成的。

　　此外，还有其他一些词语结构方式，也可以择取其中的部分复合成分来代表整体，比如"越俎代庖"说成"越俎"或"代庖"，"东施效颦"说成"效颦"，等等。

选取直接构词成分作为这个词语的代表形式，大多没有造成新的语言形式，它们中多数用例可以归入通名专指（特指）、借代等，从词汇分析的角度来看，这些词通过变化获得的意义，也是它们本身意义的引申，不是典型的缩略，因而常常被排除在缩略之外。但是，由这种手段造成的词汇新形式或新构词成分，比如"小四轮""手扶""篮排""司乘"等，或者改变了词性的成分，只能用缩略来解释。

3.5　择取跨结构关系的连用成分

在缩略中，有时，被选作缩略代表形式的语流片段，是打破结构关系的跨层成分。如"上水道下水道——上下水道"中，原结构是"上水/道""下水/道"，组合后成为"上下/水道"，原来在结构上不属同一层次的"水"和"道"，缩略后成为一个紧密相关的组合。这时，选择的同异关系显然只重形式，不顾及结构和意义，颇能反映缩略的特点。

3.6　缩略的典型度

缩略通过多种方式形成，不同缩略方式对于词汇的影响和它们本身的典型程度有差异。缩略所造成的新形式与原有形式差别越大，越难以一般的构词法来解释的，它的典型度就越高；可以兼用缩略、词义变化或其他修辞手段来解释的现象，在缩略中的典型度就低。

缩略导致词汇变化，这种变化对词汇的影响表现在词和构词语素两个层面：一是缩略造词，即通过缩略直接造成了一个新的词汇形式，或使一个旧形式具有新义；一是缩略后构词，即缩略仅仅造成了一个不能独立使用的构词成分（不自由的不成词语素），充当数量短语的中心语（如"五个一"中的"一"）、附加或重叠式词的词根（如"老表"中的"表"、"姥姥"中的"姥［老］"）、个体称谓词中表示身份的中心部分（如"～总"中的"总"），等等，然后按构词规则构成新词语。由缩略语素构成的词是一种局部缩略，即从词的整体结构来看，它不是缩略造成的，缩略只是为这个词提供了一个构词语素。

总之，代表成分成词性差，词语的原形式结构关系受破坏，缩略后各代表成分的意义或词性有重大变化并且形成词汇新形式，这样的缩略手段典型度高，比如合音、采用不成词音节或语素构成新词等；采用原词语中直接构词成分（即既有的词汇形式）作为代表，或采用既有构词方式进行重组，没有造成新的词汇形式或破坏组合关系，这样的缩略可以视为意义或组合关系的变化，它们的典型度低，有些学者以从严的标准，不赞成把这类现象归入缩略①。

---

① 参郑阳寿《对汉语缩略语问题的一点思考》，《山东教育学院学报》2006 年第 5 期。

4 缩略代表形式的选择条件

4.1 长度限制

　　长度缩短是缩略的最基本特征。缩略词的长度受现代汉语词汇一般长度的影响。现代汉语词汇以双音词为主，同时还有大量的三音词和四音词，因此，缩略的形式通常以二到四个音节为宜，其中尤以二音节居多。一些早先采用多音节形式的缩略词，在语用中往往会再次缩略，成为二音节的缩略词（居民委员会——居委会——居委）。此外，一些有再组需求的缩略形式，通常采用单音节形式，在完成缩略之后，再通过附加（乡亲——乡——老乡），或在缩略后与其他成分重组（指导员——导——～导），或通过重叠（老娘——老——老老/姥姥）等手段，形成双音形式。

4.2 顺序优先

　　我们把缩略视为与语流脱落有密切关系的语言现象，语流中发生脱落的语音成分，跟它们在语流中的地位有关：表达中偏弱的语音成分，可能由发音不完整而导致脱落。汉语复杂词语的语音结构，在节律内部和节律之间，都是开头重，然后逐步递减，到最末时又回升。因此，从顺序上看，在词语中占据以下特定位置的成分，在缩略中有更多的机会被采纳：

　　（1）词语中占据首位的成分。即选用一个词语的第一个构成词或第一个语素。

　　（2）词语各部分中占据首位的成分。即选用一个词语中，各个构成词或部分构成词的第一个语素或音节。

　　（3）词语的末尾部分。即选用一个词语的最后一个构词成分或语素。

（4）词语各部分中的首位和末尾。即在词语的各个部分中，有的采用了居首的语素或音节，有的采用了居末的语素或音节。

以上的选择方式之间存在矛盾，有的甚至截然相反，比如取首与取尾，原因在于，不同的词语有不同的词汇背景，在发生缩略的时候，这些词汇背景影响了缩略的方式。此外，还有一些规则在影响缩略时的选择。

4.3　个性原则

个性也就是区别性，这里指一个词语形式与其他词语形式之间的差异，尤其是与其他同类词语之间的差异。一些词语中的修饰成分或中心成分，如果有足够的区别性，就可能被直接选择为缩略的代表形式。比较"清华大学"和"北京大学"，其中"清华"是专名性的成分，适宜作缩略的代表形式，而"北京"用在许多机构名称之前作限定，不宜作为"北京大学"的代表形式。

同类的被缩略词语中，缺乏区别作用的成分会被直接略去。比如"中国人民解放军第一野战军""中国人民解放军第二野战军""中国人民解放军第三野战军""中国人民解放军第四野战军"，各词在发生缩略的时候，作为表达共同背景的通用成分"中国人民解放军"没有区别作用，被忽略，直接在"第一野战军""第二野战军""第三野战军""第四野战军"的基础上，形成了"一野""二野""三野""四野"的缩略形式，其中，数序的标记"第"尽管居首，但因为没有区别作用，所以也没有被采纳。当缺乏个性的第一顺序成分被排除之后，居于其他顺序的成分，就会进入选择的视野中。

同样出于个性原则，在一组同类并列成分构成的词语中，区别度最高的形式也会成为缩略时优先选择的成分，比如"德育智育体育"被缩略为"德智体"。

不同的词语有不同的适用环境，缩略的个性原则以一定的语用环境为基础，因此，在语境能够提供足够的区别性的时候，个性原则就不再起决定作用，甚至，人们还有意识地利用修辞上的双关手段，故意采用其他语境中更为通行、更形象或影响力更大的同形词汇形式，作为新造缩略词的代表形式，比如"乡镇企业"缩略成的"老乡"，与"公有制企业"缩略成的"老公"，形成相对关系，包含复杂的意蕴。这种借形缩略，借助于跨语境的高认同度和词义的类同性，追求更强的刺激性，实现更好的表达效果。

4.4 残缺与顾全

　　缩略采用词语中的部分来代表整个词语，因此，形式上的残缺是不可避免的，残缺性是缩略的又一个重要特点。很多情况下，原形式中的一些成分没有在缩略形式上有所体现，导致缩略后表意形式的不完备，这是缩略本身的特点所致，比如"毛泽东选集"被说成了"毛选"，"古代汉语"被说成了"古汉"，等等。人们在理解的时候，需要补出缺略的成分，而不能简单地以同类词语作类推，比如不能把"古汉"与"好汉""硬汉""大汉""老汉""懒汉"或"江汉""河汉""天汉""星汉"等各类"～汉"并举作类推理解。

　　但是，受一般构词习惯（词汇系统）以及类同缩略的影响，在缩略形式的理解中，人们会把被选取的缩略形式与原形式作对应比较，认为被选形式是原形式构词成分的代表，并把原形式的结构关系移入缩略形式。比如"邮政编码"缩略为"邮编"，"邮"是"邮政"的代表，"编"是"编码"的代表，"邮""编"之间仍与"邮政""编码"一样，为偏正关系。有时，这种对应关系是很不平衡的，比如"严打"与"严厉打击各种刑事犯罪活动"，其中"打"就对应了"打击各种刑事犯罪活动"这么一个带有复杂宾语修饰语的动宾组合。对应比较改变了一些常用的缩略构词成分的含义和词性，形成了缩略语素。比如形容词"大"本来作为定语修饰"学"，但是在学校校名的缩略形式中，"大"蜕变成一个名词性的语素，可以作中心成分组成"科大""交大""师大""南大""武大"等许多大学的简称；还可以作为定语，构成"大一""大二"等缩略形式；甚至可以直接用来造成新词，比如"大专"就不是一个缩略形式，而是直接用表示大学的"大"构成的词。

　　除了在缩略形式与原形式之间建立对应关系之外，在缩略并列结构的词语时，从各构成成分中逐一选取代表形式，也是顾全缩略形式与原形式之间关系的常见方式，像中学课程"语数外（语文、数学、外语）""数理化（数学、物理、化学）""史地政生（历史、地理、政治、生物）"等，都是这种缩略方式的结果。

　　一些带有共同修饰语或中心语的并列词语，缩略时采用数学中"合并同类项"的方式，不仅从各并列项中选取各项的代表形式，还常常兼用各项的共同形式，构成一个照应完备的缩略词，如"大中小学（大学中学小学）"，这也是一种十分周到的顾全性缩略。

随着人们越来越有意识地使用缩略手段对词语进行改造，在缩略的过程中，语义因素越来越多地受到关注，缩略代表成分的表意作用在现代缩略中占有越来越高的地位，代表形式的选用明显地表现出对意义的照顾。这种趋势虽然不能完全改变缩略的形式变化的本质，但确实影响着对缩略代表成分的选用。

4.5 语言系统的限制和支持

缩略是一种特殊的、语言形式的损缺性变化，在变化过程中，要考虑的主要是被选成分在形式上的特殊性，因此，缩略跟语音形式关系密切。但是，缩略作为一种词汇现象，在影响语言系统的同时，也自然受到语言系统中语义和语法因素的影响。

缩略形式的选择，以个性原则为准，但有时被选成分的原有意义以及选择后可以发生的意义关联，也会产生影响。一些带有积极意义的表意成分会被选中，比如"名优特新产品"，选取原形式"土特产"中色彩更积极的"特"，而不用顺序在先但语义色彩偏差的"土"。与此相反，一些缩略形式的同形可能有消极的表达效果，成为笑料（比如某相声中提到，把"上海测绘研究所"说成"上测所"，与"上厕所"谐音），则是需要避免的。

语法因素也会影响缩略，一些缩略代表形式的选择，像"老少边穷地区"中，来自"革命老区"的"老"就不是语序在先的成分，但形容词性的"老"与"少""穷"一样都是常作定语的单音成分，因此比"革命老区"中其他成分更好。

一些词在缩略之后会发生顺序的变化，这种变化往往受到构词习惯的影响。比如"上海第一钢铁厂"缩略为"上钢一厂"而不是"上一钢厂"，是受了汉语数量词组的构成习惯的影响。

句法位置的差异保证了一些词性不同的同形缩略词的使用，比如缩略造成的谓词"人流"跟按一般构词造成的名词"人流"同形，但二者的句法位置不同，避免了发生语义混淆的可能，因而可以各行其道。

4.6　环境的限制和支持

　　缩略的环境包括语言环境和语用环境两个方面。所谓语言环境，指的是语言本体的环境，即缩略词与语句中其他成分的关系，是语言系统内部的关系。而语用环境则是语言的使用环境，指缩略词所处的社会环境，属语言系统之外的关系。

　　缩略形式的产生和使用，最初都以某个特定的群体为基础，然后向其他群体扩散，因此，不少缩略形式的使用对环境有很强的依赖性。时间、地域、行业、语体等不同的语言外部环境，影响缩略形式的存在和使用。在同一语言环境中，两个不同来源和含义的词语不能采用相同的缩略形式。但是，如果有使用环境的支持，一些同形的缩略形式就可以在不同范围内使用。比如，"联大"在抗日战争时期指"西南联合大学"，第二次世界大战以后在国际政治领域指"联合国大会"；"山大"在山东指"山东大学"，在山西指"山西大学"；"人大"在国家政治生活中指"人民代表大会"，在高等院校中指"中国人民大学"；"人流"在文学性的描写中是名词，指很多行进中的人，而在卫生保健领域是动词，是"人工流产"的缩略。

　　甚至，为了达到更好的表达效果，人们还会有意识地采用同形手段造成缩略形式（借形缩略）。比如曾有人把"公有制企业"说成"老公"，"乡镇企业"说成"老乡"，"大型国有企业"说成"老大"，"三资企业"说成"老三"，等等，借用大众熟悉的人物称谓词的形式来表达生产领域的各类单位，并借助这些称谓词在人际关系中所表示的地位，实现特殊的双关效果。

4.7　缩略的理解

　　原发的缩略具有无理性，即它不是根据构词规则选择表义语素构成新词，而是从一个词语的形式中选择具有特点的成分代表原形式。因此，在原发的缩略中，缩略形式往往带有"不像话"的特点——正是这个特点，使得受话人无法按常规的词汇知识（对语素和结构关系的原有知识）解读缩略形式，而是转向词汇联想，从形式上有关联的语言成分中去寻找答案，所以原词语形式的常用性是达成理解的重要前提。

随着缩略手段的反复使用，同类事物采用相似缩略方式的现象增多。原词语中相同或相近的构词成分，在类推作用影响下，采用了相同的代表形式，这导致部分常用缩略形式的语素化。常用缩略形式的语素化反映在两个方面：一是单纯词中的表音成分可单独代表这个单纯词出现在缩略词中（比如"驼"可代表"骆驼"构成"驼绒""驼毛"），一是一些缩略语素的词性和词义发生了非引申性变化（比如"选"通过缩略有了文选或选集的含义）。语素化重新确定了缩略代表形式的含义和属性，将缩略词内各部分的关系规则化，人们可以依据常规的构词规则，直接通过语素化的成分来理解缩略词，比如"南大"不再是方位词"南"与形容词"大"的组合，而是"南京"的"南"和"大学"的"大"两个名语素构成的定中组合。语素化使缩略的无理性逐渐消退，有理色彩不断增加。

规则化的缩略解读方式，跟人们用现代词语解读古代词语的方式一致，都是把复合形式中的每个音节看作一个词或语素，并用一个表意清晰的复杂形式解读这些语素或词的意义。在这种情况下，发生缩略的词语原形式就不必是常用或熟悉的了。

这样，我们对缩略的观察就有了两个相反的视角：从来源观察，或从现实观察。由于历史需要记忆，而现实可以直接从生活中感受，所以现实成为一般的观察视角，也容易为大众所理解，虽然它不反映这种语言现象的来历，但明白易晓，更容易被接受。

5 当今汉语缩略现象考察

缩略现象普遍地存在于不同时期、不同群体的语用实践中，它们的数量相对于整个词汇而言，是有限的。因此，对于这一现象的考察，通常都采取随机搜集的方法展开。通过这样的方法，后人在前人考察的基础上不断拾遗补阙，使得我们能够比较全面地发现和了解缩略的不同表现方式。

但是，进入二十世纪以来，文言退出一般交际领域，新兴的书面语受口语影响很深，其中，口语中经常出现的、带有浓重非正式色彩的缩略词的使用迅速增长。缩略现象的大量出现，跟语流中句子构成成分的长度不断增长有关。受汉语词汇复音化的影响，汉语句子的构成成分在双音的基础上向三音、四音迅速扩展，同时还出现了大量以此为基础的复合概念。过长的语言单位，不仅增加了使用者的记忆负担，也在表达中造成了累赘，缩略因此成为现代汉语中日益普遍的词汇手段，是对过长的句子构成单位的一种回调性的补偿。

对于缩略研究来说，仅仅了解这种现象是不够的，观察这种现象在词汇中的表现，观察它在词汇系统中的地位以及影响，是深入研究所需考虑的问题。为此，我们考虑采用一些相对封闭的语料，对当今汉语社会中特定范围内的缩略现象作描写，以深入了解当今汉语缩略现象的特点，把握它的走向。

首先，我们尝试对出现在当今汉语新词新义中的缩略现象作一观察。对当代汉语新词新义的搜集和研究，在国家语委以及它的前身——中国文字改革委员会的大力倡导和推动下，始于二十世纪七十年代后期，有一批学者长期投身其中，多年来积累了大量新词新语的描写材料，成果可观。其中《100 年汉语新词新语大辞典》（下卷）就是在这样的基础上汇集补充而成。《100 年汉语新词新语大辞典》搜集了五四运动以来不同时期的汉语新词新语，全书按历史阶段分为三卷，下卷搜集改革开放以来，即 1978 年至 2011 年间出现的新词新语4521 个，其中不乏缩略词。

但是，词汇的使用情况非常复杂，它涉及不同的群体背景，包括不同地域、不同行业乃至不同年龄、性别等因素，相对于这样复杂的群体背景，每个人的接触都是非常有限的。因此，生活在当代的人对当代词汇的了解，既有相当丰富的直接感受，又难于有一个全面的把控，即使搜罗再全的辞典，也很难把已经出现在语用中的词汇成分都搜集齐全。对于新词新语的搜集，也存在这样挂一漏万的情况，只能把它看作当代汉语新词新语的一个抽样，或一个侧面，而不是一个全面的描写。

此外，被辞典收录的词语，其解释受辞书体例的影响，并不以追溯缩略的原形为目的，因此，一些词是否缩略、它的原形是什么，存在某种不确定性，需要专门处理，尤其在两可的情况下更要作出取舍。在这种情况下，处理者的主观意见会造成一些偏向，影响分析的客观性。

因此，我们考虑，在新词新语之外，再行寻找某个封闭性更好的语料来作分析。当代汉语缩略词的使用，往往有很强的群体或行业背景，我们可以在一些行业性很强的公共领域，比如医院、车站、码头、机场，甚至商店里，接触到大量使用于特定范围内的缩略，因此，可以选定一个相对封闭的环境，在某个特定的范围内对相关的语料作穷尽性的调查，从中观察缩略现象的使用情况，以深入了解缩略在当今汉语词汇系统中的表现。我们就近选择了四川大学的机构名称和课程名称这两个方面的缩略现象作了描写性调查，与《100 年汉语新词新语大辞典》（下卷）所反映的综合条件下的缩略现象互为补充，以得到更深入的了解。

5.1 《100 年汉语新词新语大辞典》（下卷）中的缩略现象

我们从《100 年汉语新词新语大辞典》（下卷）中搜得 558 条缩略词，占全书 4521 条新词新语的 12.34%，以此作为基本研究对象，展开分析（完整语料和分析见"附录 A"）。

在具体分析之前，对所获的缩略词目作了整理，情况如下：

（1）辞书的解释重在对词义的阐释，并不完全反映缩略关系，需要立足于缩略形式，对原形式作一确认。比如"保级"一条，辞书解释是"在实行升降级制度的体育比赛中保住原有的级别"，但对于缩略而言，"保持原有等级"才是"保级"一词的来源。

（2）从形式来源分析，有些词目有不同的来源，需要拆分，如"车模"既指"汽车模型",又指"汽车模特",二者的原形基础不同,彼此没有引申关系,应该分立,这样,558 条当代新词新语缩略词中,有 6 条分立为 2 个词目,1 条分立为 3 个词目,共增加了 8 条。

(3) 有些词目涉及的缩略词在辞典中没有立目,比如辞典有"空调病"却没有"空调"(原形是"空气调节器"),应该补出。这样,根据语料的相关性,酌情补充了 38 条,共计为 604 条。

需要说明的是,语料的补充只考虑原语料中存在明显疏漏的部分,以尊重样本的整体性,跟原语料没有关联的缩略词一律不计,以避免破坏这一基本语料原有的随机特点。在 604 条语料中,59 条为缩略语素构成的数量词组,25 条采用缩略方法成词但没有原形,需另行讨论,其余 520 条缩略词作为下文首先分析的对象。

(4) 有些词是以缩略词为基础再组而成的,由于这些词的缩略过程在参与再组之前已经完成,这些词本身在构造过程中并没有缩略的变化,因此被排除在缩略词之外。比如:

超标车(超过标准的汽车[超标])
超标房(超出标准的住房[超标])
成人高考(成人高等教育入学考试[高考])
待业生(等待就业的毕业生[待业])
房改房(经过公房改制的住房[房改])
国际高中(国际通用并承认学历的高级中学[高中])
国际驾照(国际通用的驾驶执照[驾照])
考博热(报考博士研究生的热潮[考博])
考研热(报考研究生的热潮[考研])
空调病(长时间使用空调导致的疾病[空调])
维和部队(特指联合国组织派遣的以维持和平为目的的武装部队[维和])
炒房团(炒卖房屋的团体[炒房])
炒基团(炒卖基金的团体[炒基])
三乱防护线(保护企业正常经营,禁止乱收费、乱罚款、乱摊派的政策[三乱])
双选会(为招聘方和应聘方进行双向选择而组织的见面会[双选])

147

以下，就以《100 年汉语新词新语大辞典》（下卷）所收改革开放以来（1979—2011）三十多年间出现的 520 条缩略词作为对象，作一讨论。

5.1.1 520 条缩略词的长度分析

缩略导致词语的形式发生缩短变化（详细分析见"附录 A"第一部分"一般缩略"）。520 条缩略词的长度变化如下（表 1）：

三音原形式 17 条，都缩略为双音节；

四音原形式 249 条，248 条缩略为双音节，1 条缩略为三音节；

五音原形式 62 条，54 条缩略为双音节，6 条缩略为三音节，2 条缩略为四音节；

六音原形式 89 条，68 条缩略为双音节，11 条缩略为三音节，10 条缩略为四音节；

七音原形式 39 条，23 条缩略为双音节，10 条缩略为三音节，6 条缩略为四音节；

八音原形式 24 条，12 条缩略为双音节，7 条缩略为三音节，5 条缩略为四音节；

九音原形式 10 条，7 条缩略为双音节，2 条缩略为三音节，1 条缩略为四音节；

十音原形式 12 条，3 条缩略为双音节，6 条缩略为三音节，2 条缩略为四音节，1 条缩略为六音节；

十一音原形式 5 条，2 条缩略为三音节，3 条缩略为四音节；

十二音原形式 5 条，2 条缩略为双音节，1 条缩略为三音节，2 条缩略为四音节；

十三音原形式 3 条，都缩略为三音节；

十四音原形式 1 条，缩略为五音节；

十五音原形式 2 条，1 条缩略为三音节，1 条缩略为四音节；

十八音原形式 1 条，缩略为四音节；

二十音原形式 1 条，缩略为五音节。

表 1　520 条缩略词的长度

原形式	缩略形式						比　率
	二 868	三 150	四 132	五 10	六 6	共计 1166	
三　51	17					17	3.27
四　996	248	1				249	47.88
五　310	54	6	2			62	11.92
六　534	68	11	10			89	17.12
七　273	23	10	6			39	7.50
八　192	12	7	5			24	4.62
九　90	7	2	1			10	1.92
十　120	3	6	2	1		12	2.31
十一　55		2	3			5	0.96
十二　60	2	1	2			5	0.96
十三　39		3				3	0.58
十四　14				1		1	0.19
十五　30		1	1			2	0.38
十八　18			1			1	0.19
二十　20				1		1	0.19
共计　2802	434	50	33	2	1	520	99.99
比　率	83.46	9.62	6.35	0.38	0.19	100.00	—

上表中，纵横两个方向的表头中的数字表示该长度形式的字数总和。比如纵表头中"三 51"即 17 个三音节原形式共 51 字，横表头中"三 150"指 50 个三音节缩略形式共 150 字。把各项音节数相加，520 个原形式总长 2802 个音节，平均每条 5.39 个音节；520 个缩略形式总长 1166 个音节，平均每条 2.24 字，整体来看，较原形式缩短了 58.44%。"比率"表示某一类型的缩略占全部缩略中的百分比。

5.1.2　520 条缩略词代表形式来源

缩略的原形式以复合性的词组为主，偶尔有一些复合词。根据缩略中的情况，本书把每个发生缩略变化的原形式都视为复合词组，参考缩略后的形式，对它们进行切分，每个原形式至少切分为两段。根据原形式中不同的关系单位，切分的单位以词为主，也有以语素或词组为单位的（原形式偏短的，比如三音节词，可能以语素作为切分单位，原形式偏长、语义复合关系复杂的，可能以词组为切分单位）；切分后的片段，都视为构成词，相连的构成词为词段。通过这样的分析，观察发生缩略的原形词语所含的成分在缩略中被选用的情况。

缩略词的代表形式选择存在三种情况。（1）选择原词语中一个词或几个词构成缩略形式。用"首"或"首段"表示原词语中居首位的词或词段，"尾"或"尾段"表示原词语中居末尾的词或词段，"中"或"中段"表示原词语中居中间的词或词段，如果原词语中间不止一个词，则用"二""三"等表示。（2）未选择原形式中的成词成分，而选择构成词中的某一部分，即不成词成分。据不成词成分在原词语中的次序，用 A、B、C 等表示它们处在构成词中第一、二、三等位置。（3）兼采成词成分与不成词成分组合构成缩略形式。混用以上两种标识。另外，没有代表形式被选用的词段，成为空弃词段。空弃词段如果处在有代表形式的词段之前，用"－"表示；如果处在有代表形式的词段之后，不作标示。

520 条缩略词中：

（1）只采用成词成分的缩略仅 4 例，构成了 3 个双音形式，1 个三音形式：

单独采用首词的有 2 例："闪存盘——闪存""中产阶级——中产"。

单独采用中词的 1 例："美国微软公司——微软"。

兼采首词和尾词的 1 例："碳排放权交易——碳交易"。

（2）多数情况下，缩略采用了不成词成分。其中有从原形式中选择两个不成词成分构成双音缩略形式的，比如"军事演习——军演""保持平衡——持衡"。

采用不成词成分缩略为双音形式的原形式，从四音节到十二音节都有。其中四、五、六、七音原形式在缩略为双音形式时，除了采用不成词成分外，还有采用成词成分的；八、九、十、十二音原形式缩略为双音形式时，全部采用了不成词成分。

从每一构成词中各成分的选用情况来看，A 被选中 641 次，B 被选用 160 次，C 被选用 6 次，D 被选用 3 次。同一词段中，居首的成分更受关注，优先率明显；尾段受选用成分长度的影响，经常空弃，可以不论。但也出现首段空

弃 5 次，中段空弃 32 次。（表 2）

表 2　520 条缩略词中采用不成词成分缩略后构成双音形式的情况

缩略形式来源	原形式音节								
	四	五	六	七	八	九	十	十二	共计
AA	165	28	24	7	7	2	3		236
A—A			14	4	2	2			22
A—A								1	1
—AA				3		1			4
AB	36	6	4		1				47
A—B			5	1					6
—AB				1					1
AC		3							3
AD			2						2
BA	25	10	6	3	1			1	46
B—A			4	1		2			7
BB	18	4	3						25
B—B			1						1
CA		1		1					2
CB			1						1
DA			1						1
共计	244	52	64	21	12	7	3	2	405

说明：AA 表示从两个构成词中，分别选择了第一个音节，如"安全检查——安检"；A—B 表示选择第一构成词第一音节和第三构成词第二音节，中间有一个构成词没有代表成分入选，如"韩国时尚潮流——韩流"；BA 表示选取前一构成词的第二音节和后一构成词的前一音节，如"当地接待人员——地接"；CB 表示选取前一构成词的第三音节和后一构成词的第二音节，如"郭德纲的粉丝——钢（纲）丝"。其他以此类推。

采用不成词成分缩略为三音形式的原形式，从六音节到十三音节不等。其中原形式九、十、十一、十二音节的，都通过选择不成词语素缩略为三音节；十三音原形式有 2 例采用不成词语素构成三音节。通过选择不成词语素构成三音缩略形式的共有 33 例，其中 A 使用了 70 次，B 使用了 17 次，C 使用了 12

次（其中 4 次是附在 B 后面，即与 B 为同一构成词中的成分共同出现）。此外，还有首段空弃 3 次，中段空弃 7 次。（表 3）

表 3　520 条缩略词中采用不成词成分缩略后构成三音形式的情况

缩略形式来源	原形式音节								
	六	七	八	九	十	十一	十二	十三	共计
AAA	3	2	1		2	1	1	1	11
AA－A			1						1
A－A－A					1				1
AAB		1							1
A－AB			1		1				2
AAC			1	1	1	1			4
－AAC					1				1
－AA－C								1	1
ABA		1							1
ABB	1	1							2
ABc	1	1							2
BAA	1	1							2
BAB	1								1
BBc		1							1
－Bc－A				1					1
CAC			1						1
共计	7	8	5	2	6	2	1	2	33

说明：本表标示方法除同表 2 之外，还用了小写字母，表示该成分与前面的大写字母代表的成分出于同一构成词。如 ABc 表示缩略形式来自两个构成词，即第一构成词的第一个音节和第二构成词的第二、三个音节，如"富豪的第二代——富二代"。

采用不成词成分缩略为四音形式的原形式，有八、九、十、十二、十五、十八音节等，其中九、十二、十五、十八全部选择不成词成分缩略为四音节。采用不成词成分缩略为五音节的仅 1 例，原形式为二十音节。在采用不成词成分构成四、五音节的 9 条缩略词中，A 使用了 32 次，B 使用了 1 次，C 使用 3 次，D 使用 1 次。没有空弃现象。（表 4）

表4　520条缩略词中采用不成词成分缩略后构成四音、五音形式的情况

缩略形式来源	原形式音节							
	八	九	十	十二	十三	十八	二十	共计
AAAA	1		1	2				4
AAAC		1						1
AAAD					1			1
AABA	1							1
CAAA						1		1
CAAAA							1	1
共　计	2	1	1	2	1	1	1	9

兼采成词与不成词成分构成双音缩略的有 27 例，其中三音节原形式的缩略基本都在此列（17 例中占 16 例），也有四、五、六、七音节原形的。参与其中的成词成分都是单音节，其中首段 20 例，尾段 7 例。不成词成分中，A 被选用 24 次，B 被选用 3 次。首段空弃 1 次，中段空弃 1 次。

兼采成词与不成词成分构成三音缩略形式的 16 例，原形式分别有四、五、六、七、八、十三、十五音节。参与其中的成词成分，既有单音节，也有双音节。其中首段 4 例，1 例单音；尾段 7 例，5 例单音节；中段 5 例，1 例单音节。不成词成分中，A 被选用 22 次，B 被选用 2 次。首段空弃 2 次，中段空弃 3 次。

兼采成词成分与不成词成分构成四音缩略形式的 24 例，原形式有五、六、七、八、十、十一、十三音节；另有五音缩略形式 1 例，六音缩略形式 1 例，原形式分别为十四音节和十音节。其中采用成词成分的，首段 3 例，2 例单音节；中段 1 例，单音，与尾段共同被选；尾段 24 例，23 例双音节，1 例三音节，参与构成了六音缩略形式。不成词成分中，A 被选用 44 次，B 被选用 9 次（其中 1 次附在 A 后）。中段空弃 3 次。（表 5）

表5　520条缩略词中兼用成词成分和不成词成分缩略的情况

缩略形式来源	原形式音节											
	三	四	五	六	七	八	十	十一	十三	十四	十五	共计
首₁A	10	3	1	1	3							18
首₁B	1											1
首₁—B				1								1
A尾₁	4			1								5

续表5

缩略形式来源	原形式音节											
	三	四	五	六	七	八	十	十一	十三	十四	十五	共计
一A尾₁			1									1
B尾₁	1											1
首₁AB				1								1
首₂A		1										1
首₂一A					1	1						2
AA尾₁			2	1								3
一AA尾₁					1							1
一一AA尾₁									1			1
A尾₂			1	1								2
A中₂			2			1						3
A中₁A			1									1
二₂一A										1		1
首₁AAB						1						1
首₁B尾₂			1									1
首₂BA						1						1
AA尾₂					8	4	1	1				14
A一A尾₂								1				1
AB尾₂				1	1							2
A中₁尾₂			1									1
BA一尾₂							1					1
B一A尾₂								1				1
BB尾₂				1								1
AAA尾₂										1		1
AAA尾₃							1					1
共　计	16	4	10	16	10	5	2	3	1	1	1	69

说明：表中"首""中""尾"后的下标数字，表示这个构成词的音节数。"首₁A"，即首段构成词只有一个音节，与该词第二构成词的第一音节组合，如"非典型性肺炎——非典"。"首₂"表示采用首个构成词的两个音节，如"内存盘——内存"。"A中₁尾₂"表示从第一个构成词中选用了第一音节，中段构成词（一个音节）和尾段构成词（两个音节）都被采纳，如"恋爱前体检——恋前体检"。

5.1.3　数代中的缩略

与一般缩略不同，数代中的缩略都发生在一个词组的构成部分中，而从整体上看，这个词组是通过常规的构词方式构成的，各构成部分有较好的完整性（详细分析见"附录A"第二部分"数代中的缩略"）。数代中的缩略包括两类。

第一类，含有缩略语素的数量词组，本项调查中发现59例，它们的原形都是比较复杂的多项并列的词组。其中，数量成分是使用者添加的，表示原词语形式中的项目数，修饰从并列词组中抽取的共有成分。从并列词组中抽出的共有成分都具有缩略的特点，由此形成的"数＋共项语素"组合含有缩略的因素。

从构成成分来看，可以对这类组合作如下分类：

（1）直接由"数＋共项语素"构成，共32例。单项"数＋共项语素"有21例。其中20例采用了单音的共项语素，构成双音形式（包括"三陪"的同形形式"新三陪"，用"新"作为区别性标识，形成三音形式）；1例采用了双音的共项语素，构成三音形式。重复的"数＋共项语素＋数＋共项语素"有10例，都形成了四音形式，是"数＋共项语素"的重叠。三项重叠的"数＋共项语素＋数＋共项语素＋数＋共项语素"有1例，为七音形式。重复项可以具有对称性，有的分别从原词各词段中分别抽取两个相对的共项语素，如"八荣八耻""双增双节""一保一控"；也可以是并列关系中的不同共项，如"三来一补""五讲四美三热爱"。

（2）"数＋共项语素＋N"，即在共项语素后再加一个中心成分，共22例。其中三音形式5例，四音形式16例，五音形式1例。

（3）"数＋量＋共项语素"共5例。其中量词都采用了"个"，所提取的共项成分都是双音形式，与数量成分构成四字形式。

带有缩略因素的数量词组中，"数＋共项语素"的构成方式，与古代汉语数词直接限定名词或动词的现象高度一致，而"数＋量＋共项语素"的构成，反映的则是现代汉语数量组合的基本状态。两相比较（32∶5），含有缩略语素的数量词组，带有很重的文言色彩，有别于现代汉语中一般的数量组合。

"数＋共项语素＋N"中的N，从来源上看，也是原词语各项所共有的（尽管有的在原词语中已经实现了归并），可以看作共项成分，但是在结构上，它们具有较高的完整性，是从原形式中提取的成词戈分，与所提取的不成词共项语素明显不同，因此，在结构上，成词的共项成分 N 与不成词共项语素处在不同的层面，需要把它们与共项语素区别开来，单独处理。从整体上看，本无量词作用的不成词的共项语素占据了一般数量词组的量词位置，成词的共项成分 N 占据了一般数量词组的中心语（名词）位置，成为不同于另外两类含有缩略因素的数量词组的类型。

共项语素一般采用各并列项中相同的成分，选择标准是形式相同，不计语法语义关系。有一些并列项中没有共有的成分，但是在并列的各项间存在相应相对的成分，这种相应相对，涉及语法、语义和语序，具有较高的理据性。

第二类，有一些词语在成形过程中，把某些词语缩略成构词语素，参与新词的构造，但我们没能找到与这些词语相应的原词形式，只能列出一个包含这个被缩略语素的原形式在内的、相对松散的词组：

博文（博客上的文章）

博友（通过博客交的朋友）

部优（国家部委评定的优质产品）

北漂（在北京漂泊工作）

京漂（在北京漂泊工作）

铁漂（在铁路沿线漂泊工作）

朝九晚五（早上九点上班、晚上五点下班的工作作息制度）

盗稿（盗用别人的稿件）

地戏（平地上演出的戏剧）

冻龄（冻结皮肤的年龄，指延缓肌肤衰老）

巨贪（涉案金额巨大的贪污犯）

乐活（健康快乐可持续的生活方式）

路怒（因道路状况不良引发的愤怒情绪）

穷劳（贫穷并且不停地劳动）

网运分离（国家铁路路网管理与客货运经营相分离的体制）

网赚（通过网络赚钱的人或者方式）

厕饭（躲避到厕所悄悄吃饭）

就学生（就读的学生，多指以就学身份去日本语言学校学习的学生［留学生］）

星途（做明星的前途或者潜在前途［仕途］）
吧主（贴吧负责人［版主、群主］）

人们为了表达一个复合意义，选择一些能表示这个复合意义的语素构成新词，而在一般的表达中，这些意义通常用复合词而不是其中的语素单独表达。这其中有时含有缩略的因素，比如把"博客"说成"博"，但也有一些语素在汉语中本来是成词的，只是到了现代汉语中就不成词了，比如"文""友"，它们就不属于缩略。另外，有些语素的意义在构词时发生变化，比如"北漂""铁漂"中的"漂"，有"漂泊"的意思，指离开家、流动工作。

还有从不常说的句子或词组中抽取几个语素或词段表示整句话的意思。由于原形式的松散性，它们跟缩略存在相当的不同，但它们的构成成分具有缩略的因素。比如：

牛奋男（像牛一样忠诚并奋斗不已的男性）
普相女（普通相貌的女性）
轻熟女（指年轻而心理成熟的女性）
说太细（这事不能说太细）

还有一些看似带有缩略因素的成分，是类推造词的结果。比如"吧"本来是英语"bar"的音译，因表意不明，所以通过意译在前面附上了一个"酒"，成为"酒吧"，指西洋的酒馆。后来把"酒吧"中的"吧"提取出来，指提供其他饮品（主要是非酒类饮品）的营业性休床场所，组合成如"啤吧""水吧""果吧""茶吧""咖啡吧"等；又指在饮品之外提供其他服务的营业性休闲场所，如"迪吧""书吧""话吧""网吧"；还有"贴吧"，指供众人自由发表意见（帖子）的网络平台，这就不是具体的场所，也不提供饮品了。其中的场所"吧"从提供酒变为其他饮料，甚至不提供饮料。喝的具体行为逐渐淡化，而休闲、放松义得到强化了，实体性不断弱化的"吧"已远远离开"bar"的原义，只表示一种休闲放松的公共场合，由这类"吧"构成的词，本身也没有经过缩略的过程，而是直接采用了这个意义已经变化的"吧"来构词。

5.1.4　当代汉语缩略词的选取形式

根据我们的认识，缩略中被选择作为代表形式的语言单位，从小到大，可以是音素、非语素音节、不成词语素、词直至词组。通过缩略构成的形式，可以是单音成分，也可以是复音成分。在本次抽样材料中，没有出现采用音素作为基本单位的缩略词，这类词一般出现在口语或不太正式的表达中，比如一度在网络上十分流行的"酱紫"（"这样子"中，"这样"合音写作"酱"，又把"子"讹写作"紫"）、"男票"（"男朋友"中，"朋友"合音写作"票"），也都与方言口语有关。

此外，在口头表达中，还常常出现把一个双音成分缩略为单音形式，再与其他成分组合使用的情况。比如凡职务带"总"字的，都缩略为"老总"，或者前面加上姓称"～总"；公安系统职务称说中，常把"长"字略去，如"队长"称为"队"，"大队长"称为"大队"，"局长"称为"局"，"处长"称为"处"，或者前面加上姓作"～队"等。现在"～局""～处"早已在各行业中流行开了，依此类推，"校长"称"校"，"老师"称"老"，前面附上姓组成复合形式使用。

一些具有外来背景的术语性成分，在长期的使用中，也有缩略成单音形式的，比如"伏特"缩略为"伏"，"卡路里"缩略为"卡"，等等。

本次抽样材料中没有出现这类成分，原因主要还在于取材范围。利用缩略构成单音节的现象，主要见于口头表达，而来自报刊等书面语的材料，语用环境相对正式，不易出现这类现象。因此，缩略后的形式以双音、三音、四音为主，有个别五音、六音等形式，这也是比较正式的语体中常见的缩略形式。

在缩略中，发生缩略的形式，也都发生了分裂，以便缩略时有所取舍。因此，这些原形式，不论长短，都呈现可分割的状态，即内部被分为若干个片段，缩略从这些片段中择取部分成形。在现代汉语中，结果为单音形式的缩略，可以以音素或不成词语素为单位，缩略后与其他成分（或原形式中未发生缩略的成分）组合成一个语用单位；结果为复音形式的缩略，原形式都为三音节或更多音节，它们的分段从原形式的整体入手，从上到下，按层次展开。在多数情况下，从被缩略形式的结构和韵律所切分出的片段是一致的。

缩略的发生与词语的熟习度有关，因此，新词新语中的缩略以通名通称为主，有很强的行业或群体背景，反映了当今汉语缩略的一个重要方面。一些经常使用的词语的缩略中，专名的缩略尤为典型。

专名形成于对特定事物的指称，它与这一事物形成稳定的联系，以区别于其他事物，特别是其他的同类事物。人名、地名、职务职称名、组织机构名、企业单位名、商品商标名等都属于专名。不同的专名，在使用中具有不同程度的公共性，其中有的涉及面广、影响大、知名度高，有的相反。同时，专名的专一性也可能是相对的，即同一专名可能用于不同的事物，比如"东风汽车""东风机车""东风商场"都冠以专名"东风"。这些专名的区别性表现在与同类事物的关系中，如"东风"可区别于不同品牌的汽车或商场。有专名表示的对象在某个局部范围内有专一性，但在更大的范围内却带有通名的性质，比如"院长"作为职务，在一个单位内具有专一性，但社会上存在多种多样的以"院"命名的单位，作为"院"的领导者，"院长"具有通名的属性。为将讨论限制在有限范围内，本书以四川大学为例，在这个范围内选择合适的语料，分析专名的缩略情况。

在学校中，最有代表性的专名，包括各教学单位和机构的名称，以及各门课程的名称。但这两者的正式程度是不同的。教学单位和机构的名称具有很高的稳定性和通行度，也是比较正式或规范的名称。而课程名称的通行度就很不相同了，很多课程名称的使用都受专业限制，跨专业的全校性课程则又大多只针对某个年级的，有时间限制，因此多数课程适用范围是有限制的。除了范围的限制，大学里还经常出现新的课程，特别是与某个特定话题有关的课程，以顺应社会变化，这些课程名称的得来和使用都比较自由，动态的语用特点比较明显，因此，它们在缩略中会有不同的表现。此外，学校既是高文化素养人群聚集的地方，又是年轻人聚集的地方，高文化素养人群的语言使用，对全社会有引导性，而年轻人群思维活跃，是促成语言变化的主要群体。出现在校园内的缩略现象，对于观察缩略的社会影响具有典型意义，有助于更好地了解当今汉语缩略的现状和趋势。

5.2 四川大学各部门名称的缩略

5.2.1 部门名称缩略概况

学校内的部门大致分为行政和教学两类，前者为管理和服务性的，后者为教学或业务性的，其中，教学部门作为学校的主要业务部门，相当于企业的生产部门。校内部门的名称，与社会上党政部门和企事业单位名称类同，可以作为一个样本来呈现社会上普遍存在的专名缩略现象。为此，我们采用穷尽描写的方法，以 2017 年为限，在学校直属范围内搜集了四川大学内部各类部门名称 96 个，观察它们的缩略表现。完整语料和分析见"附录 B"。

5.2.1.1　通用标示成分的略去和添加

在一个多层级的专名系统中，上级单位的名称通常是下级单位名称全称的领属部分，形成了汉语"大名冠小名"的层层套叠关系，比如"某省某市某区某街道"这样的全称。不过，在实际应用中，过细的层级关系让人感到累赘，因此，在这个层级系统内部，表示上一层级的领属部分，常常作为话语背景忽略不说，比如四川大学某某部门，在学校之内通常只称某某部门，不加上学校的名称，如：

财务处　教务处　人事处　审计处　图书馆　档案馆

与此相应，隶属学校党委的各部门，如果名称是三音形式，一般只称具体部门名称，前面也不用附加领属标示成分，如：

组织部　统战部　宣传部　武装部　保卫部（保卫处）　监察处

在强调的表达中，也可用"党委组织部""党委宣传部"，或"校党委组织部""校党委宣传部"，全称则是"中国共产党四川大学委员会组织部""中国共产党四川大学委员会宣传部"，等等。但是，"中国共产党～委员会"作"～党委"、"中国共产主义青年团～委员会"作"～团委"，情况比较特殊，形成了一种广泛通行的特殊调序形式，具有通名的特点，超出了语用缩略的一般范围。

采用处在中心地位的成分作为这些机构的常用形式，属通名专指。在不同的同类单位中，都会有类同的机构存在，但在具体的单位中，它有内部的唯一性，略去区别性的标示不会导致混淆。

在需要标示的时候，多添加"校"来表示，比如"校党委""校团委""校纪委""校督导委""校工会""校医院"等①，也可用"学校"代替"校"，如"学校党委""学校财务处"等。其中的"校""学交"都是"四川大学"的替换成分，不是"四川大学"缩略的结果。

5.2.1.2 部门名称的缀后成分

在机构名称中，以"委员会"缀后的机构，通常缩略为"～委"，如：

关心下一代工作委员会——关工委

机关党委——关委

与此相应，以"办公室"缀后的机构，缩略为"～办"，有些名称缩略之后还会再次缩略：

校长办公室——校办

党委办公室——党委办——党办

纪委办公室——纪委办

校史办公室——校史办

港澳台办公室——港澳台办——港澳办

对外联络办公室——外联办

校董事会办公室——校董办（"校董会"是'四川大学董事会'的替换—缩略形式）

社区建设办公室——社区办

以"部"命名的机构大多采用简短的三字形式，无须缩略，但有少数较长的，需要缩略：

学生工作部——学工部

出国留学人员培训部——出国培训部

---

① 在四川大学校内，"校工会"一般不作"工会"，因为基层各学院都有工会；"校医院"不作"医院"，因为四川大学名下还有面向社会的华西系列医院，需要跟面向本校师生员工的校内医院作区别。

几个成立时间不长、以"研究院"命名的机构，缩略的形式也比较长：

科学技术发展研究院——科技研究院//发展研究院①
社会发展与西部开发研究院——西部研究院
新能源与低碳技术研究院——新能源研究院

相比之下，以"处"命名的机构采用三音节以上的比较多，它们都缩略为三音形式：

医学管理处——医管处
招生就业处——招就处
规划建设处——规建处
后勤管理处——后管处
离退休工作处——离退处
社会科学研究处——社科处
国有资产管理处——国资处
国际合作与交流处——国际处
实验室及设备管理处——设备处

其他缩略为三音形式的还有：

校友总会——校友会
校史展览馆——校史馆

以"中心""基地""集团""学院"缀后的机构名称，长于四音节的，一般缩略为四音形式，并仍以"中心"或"基地""集团""学院"缀后：

发展研究中心——发展中心

---

① "//"表示并存的两种不同的缩略形式。

分析测试中心——分测中心

信息管理中心——信管中心

实验动物中心——动物中心

现代教育技术中心——现教中心

心理健康教育中心——心理中心

文化科技协同创新研发中心——科创中心

中国西部边疆安全与发展协同创新中心——边疆中心

全国干部教育培训基地——干培基地

科技产业集团——科产集团

外国语学院——外语学院——外语//外院

成人教育学院——成教学院——成教

电气信息学院——电气学院——电气

电子信息学院——电子学院——电子

公共管理学院——公管学院——公管

国际关系学院——国关学院——国关

海外教育学院——海外学院——海外

化学工程学院——化工学院——化工

生命科学学院——生科学院——生科

网络教育学院——网络学院

历史文化学院——历史学院——历史

水利水电学院——水利学院//水电学院——水利//水电

建筑与环境学院——建环学院——建环

轻纺与食品学院——轻纺学院——轻纺

文学与新闻学院——文新学院——文新

华西口腔医学院——口腔学院——口腔

华西临床医学院——临床学院——临床

华西公共卫生学院——公卫学院——公卫

网络空间安全学院——网安学院//空安学院

物理科学与技术学院——物理学院——物理

灾后重建与管理学院——灾后学院——灾后

制造科学与工程学院——制造学院——制造

空天科学与工程学院——空天学院——空天
材料科学与工程学院——材料学院——材料
华西基础医学与法医学院——基法学院——基法

也有个别的采用了以"学院"缀后的三音形式：

华西药学院——药学院——药学

同类前附"华西"名称的学院，都略去了共名"华西"①。
另有其他以"院"命名的单位，也有采用四音缩略形式的：

华西第二医院——华西二院

学院名称原形式为四音节的，有些缩略成双音节的"～院"，或略去中心成分"学院"，如：

化学学院——化院//化学
经济学院——经院//经济
数学学院——数院//数学
体育学院——体院//体育
旅游学院——旅院//旅游
研究生院——研院
马克思主义学院——马院//马克思

上述部门名称缩略中，不少名称既可以利用缀后成分构成缩略形式，也可以采用限定成分作为缩略形式。

5.2.1.3　采用限定成分的部门名称

有的名称缩略，略去的是缀后的中心成分，采用前附的修饰词（通常为双

---

① 原华西医科大学与四川大学合校以后，所属各单位都以"华西"标示，其中教学部门的名称在缩略中都略去了"华西"，附属的医疗部门仍保持"华西"，以示区别。

音节或三音节）作为代表形式。如：

法学院——法学

商学院——商学

艺术学院——艺术

软件学院——软件

后勤集团——后勤

计算机学院——计算机

匹兹堡学院——匹兹堡

高分子科学与工程学院——高分子

一些四音节的学院名称，包括原形为四音节的和缩略后为四音节的学院名称，都可以作这样的缩略，即选择原形式中的名词性成分直接作为复合形式的缩略代表成分。被选取的名词性成分，由于跟原形式的局部构成成分相同，非常容易引起歧解，但这种缩略十分流行。同类的还有上节已经提及的：

化学　经济　数学　体育　旅游　药学　电子　电气　海外　历史　水利
水电　口腔　物理　材料

一些已经流行的缩略词，也可以归入这一类：

外语（外国语）　化工（化学工业）　轻纺（轻工业纺织工业）
空天（航空航天）

这类容易引起歧解的缩略形式，通常以各学院并提为使用背景，因为在这样的场合中，原词语的中心成分"学院"虽然在表达中没有出现，但它是交际双方共同默认的背景，所以，交流时可以采用原形式中有区别作用的修饰成分，人们可以靠思维的完形功能实现理解。因此，在缺乏背景支持的场合，这种以偏概全的成词缩略是不适宜使用的。有些限定成分的词性与原词语不同，受语法环境的支持，歧解的可能性大大降低，如：

灾后　　临床　　制造

"灾后"本是时间词，"制造"本是动词，它们出现的语法环境，跟专名性的"灾后学院""制造学院"很不相同，因此它们作为缩略形式具有较大的可行性。一些缩略后不成词的非理性成分，不易导致歧解，更具可行性，如：

成教　公管　国关　生科　建环　文新　基法　公卫

需要注意的是，由不成词成分占据限定位置的缩略词，都是二次缩略的结果，即由"成人教育学院"缩略为"成教学院"后，再缩略为"成教"。而由成词成分占据限定位置的，可能出现歧解，比如"电子信息学院"缩略为"电子学院"，但"电子"到底是"电子学院"的缩略，还是"电子信息学院"的缩略，在认识上是两可的。

5.2.1.4　小结

以上 96 个专名中，12 个直接略去限定性的"四川大学"，采用通名专指，4 个在通名基础上加"校"以区别，不计入缩略的范围之内。其余 80 个专名都有缩略形式存在，其中 32 组有两种不同的缩略形式，具有三种和四种不同的缩略形式的各 1 组，共得出 117 个缩略形式。它们大致可以分为两类：一类是以某一中心成分为基础，与其他缩略成分组合；一类是选用限定成分，略去中心成分。（表 6）

表 6　四川大学部门名称缩略模式及数量

～单音							～双音				～三音	略中心取限定			共计
委	办	部	处	会	馆	院	中心	集团	基地	学院	研究院	体词	谓词	不成词	
4	10	2	9	2	1	9	8	1	1	28	4	26	4	8	117
37							38				4	38			

整体看来，单音缀后形式有 7 种，数量比较多，分布也比较广，它们主要构成三音缩略形式，但也有个别可以或专门构成双音缩略形式，如"办""院"；双音缀后形式仅 4 种，种类不太多，其中由于学校环境的原因，"学院"使用率偏高。

5.2.2 部门名称缩略的长度分析

117 个缩略形式，从长度上看，变化如下（表 7）：

三音原形式 2 例，皆缩略为双音节；

四音原形式 15 例，有 14 例缩略为双音节，1 例缩略为三音节；

五音原形式 18 例，有 5 例缩略为双音节，11 例缩略为三音节，2 例缩略为四音节；

六音原形式 32 例，有 11 例缩略为双音节，2 例缩略为三音节，19 例缩略为四音节；

七音原形式 18 例，有 6 例缩略为双音节，7 例缩略为三音节，5 例缩略为四音节；

八音原形式 7 例，有 1 例缩略为双音节，1 例缩略为三音节，5 例缩略为四音节；

九音原形式 15 例，有 5 例缩略为双音节，1 例缩略为三音节，6 例缩略为四音节，3 例缩略为五音节；

十音原形式 3 例，有 2 例缩略为三音节，1 例缩略为四音节；

十一音原形式 3 例，有 1 例缩略为双音节，1 例缩略为四音节，1 例缩略为六音节；

十二音原形式 3 例，有 1 例缩略为三音节，1 例缩略为四音节，1 例缩略为五音节；

十七音原形式 1 例，缩略为四音节。

表 7 四川大学部门名称缩略的长度

原形式	缩略形式						
	二 90	三 78	四 164	五 20	六 6	共计 358	比率
三　6	2	—	—	—	—	2	1.71
四　60	14	1	—	—	—	15	12.82
五　90	5	11	2	—	—	18	15.38
六　192	11	2	19	0	—	32	27.35
七　126	6	7	5	0	0	18	15.38
八　56	1	1	5	0	0	7	5.98

续表7

原形式	缩略形式						
	二 90	三 78	四 164	五 20	六 6	共计 358	比 率
九　136	5	1	6	3	0	15	12.82
十　30	0	2	1	0	0	3	2.56
十一　33	1	0	1	0	1	3	2.56
十二　36	0	1	1	1	0	3	2.56
十七　17	0	0	1	0	0	1	0.85
合计　782	45	26	41	4	1	117	99.97
比 率	38.46	22.22	35.04	3.42	0.85	99.99	—

　　双音节和四音节是部门名称缩略的最常见形式，其次是三音节，缩略后的最长形式为六音节（1例）。名称内涵意义复杂而偏长的形式，在缩略时，所取的形式也会偏长，如九音节、十一音节、十二音节的共21个原形式中，出现了5个五、六音节的缩略形式。但是原形式太长的，缩略的结果反而偏短，如十四音节以上的3个原形式，都缩略为三音节或四音节。部分词语在缩略中仅仅减短了一两个音节，如有5个原形式仅缩减了一个音节，44个原形式缩减了两个音节。从缩减的程度来看，原形式缩减率未超过三分之一的有27个，达到或超过二分之一的有75个。

　　缩略中，使用者对原形式结构和意义的关注，会影响缩略形式的长度，但如果原形式过长，难于照顾周到，则使用者会放弃面面俱到的照应，大幅从简。

5.2.3　部门名称缩略的特点

　　（1）缩略的多样性。34组多形式缩略中，有10组因缩略代表成分的不同取舍形成，比如："水利水电学院"既可称"水利学院"或"水利"，也可称"水电学院"或"水电"；"网络空间安全学院"既可称"网安学院"，也可称"空安学院"；"科学技术发展研究院"既可称"科技研究院"，也可称"发展研究院"；"化学学院""经济学院""数学学院""体育学院""旅游学院""外语学院""马克思主义学院"等，既可以采用限定部分缩略为"化学""经济""数学""体育""旅游""外语""马克思"，也可以采用首末两字作"化院"

"经院""数院""体院""旅院""外院""马院"。

（2）类推形成的缩略形式系统性。从形式上看，缩略词具有某种系统性，有的系统性与构词语素有关，如以"办"缀后的名称，以三音节为常，以"学院""中心""集团"缀后的名称，以四音节为常，它们的限定成分都以双音节为常，而以"院"缀后的名称则多用双音节。缩略词语的系统性也与社会分工有关，比如学校部处名称多用三音节，学校教学单位的名称多用四音节或双音节。同一层级的同类名称之间也会互相影响，比如"校长办公室"缩略为"校办"，与之相应的"党委办公室"在缩略为"党委办"之后，再缩略为"党办"。

（3）重复缩略。一些单位的缩略名称，经历了再次缩略的变化。有 12 组多形式缩略都是在第一次缩略的基础上再次缩略，造成形式的差异。比如："成人教育学院"第一次缩略成"成教学院"，再缩略成"成教"；"公共管理学院"缩略为"公管学院"，再缩略为"公管"。这种再次缩略可看作变相的取用首词，但"成教""公管"由不成词语素构成，不是一个正常的合成词。可见，缩略不仅有形式的多样性，还有发生的连续性；缩略形式虽有多种长度，但最终以双音节为止。

（4）缩略现象分布的不平衡。不同单位名称的缩略形式存在不平衡的现象。一些建立时间比较早的学院和文科性质的学院，它们的名称在有了四音形式之后，先后出现了采用四音节中的前两个音节和采用四音节中的首尾两个音节的缩略形式。但一些工科学院或成立时间比较晚的学院，往往只取四音形式中的前两个音节，没有出现采用首尾音节的缩略形式，如"公共管理学院"缩略为"公管学院"后，有"公管"而没有"公院"，"建筑与环境学院"缩略为"建环学院"后，再缩略为"建环"而没有"建院"。甚至连取前两个音节的情况也没有出现，如"网络空间安全学院"缩略为"网安学院"，但未有"网安"的形式。这些情况说明，时间是促成缩略不断出现的因素，文科学院的名称更容易发生变化。

5.2.4 部门名称缩略形式来源分析

从缩略选取的形式来看，四川大学部门名称中 117 个缩略形式，采用成词成分的，情况如表 8 所示：

表 8 采用成词成分构成的缩略形式

原形式	词段					
	首	中	尾	首尾	中尾	共计
三	2_2					2
四	7_2					7
五	2_3	1_2	1_3			4
六	5_2	1_2		7_{2-2}	2_{2+2}	15
七	$1_2 1_3$	2_2		1_{2-2}		5
八				$1_{2-1} 1_{2-2}$		2
九	5_2			$5_{2-2} 1_{2-2}$	$1_{2-1} 1_{2+3}$	13
十	1_3					1
十一				1_{3-3}		1
十二					1_{2-3}	1
十七					1_{2-2}	1
数量	$24(20_2 4_3)$	4_2	1_3	$17(1_{2-1} 14_{2-2} 1_{2-3} 1_{3-3})$	$6(2_{2+2} 1_{2+3} 1_{2-1} 1_{2-2} 1_{2-3})$	52
比率	20.51	3.42	0.85	14.53	5.13	44.44

说明：表中数字表示用例数量，下标小字表示每个缩略形式的音节数；其中使用两个数字的，表示来自两个不同词段的音节数，"－"表示空弃，"＋"表示连续。比如"首"列下的"四"行的"7_2"表示原形式四音节的词语，有7例取首词缩略为双音节，如"体育学院——体育"。"七"行的"$1_2 1_3$"表示原形式七音节的词语，有1例取首词缩略为双音节，如"轻纺与食品学院——轻纺"；1例取首词缩略为三音节，如"马克思主义学院——马克思"。"中尾"列"九"行的"$1_{2-1} 1_{2+3}$"表示，原形式九音节的词语，在缩略时有1例取中词双音节和不相连的尾词一音节（共三个音节）构成缩略形式，如"实验室及设备管理处——设备处"；还有1例取中词双音节和相连的尾词三音节（共五个音节）构成缩略形式，如"科学技术发展研究院——发展研究院"。

117个缩略形式中，近半数采用了原形式中的一个或两个音节。其中采用首词的24例，数量最多；兼取首尾的17例，居次，这两种方式是选择成词成分的主要方式。采用中词的4例，尾词的1例，兼取中尾的6例，这几种都不是选择成词成分的主要方式。

通过选用成词成分，缩略后为双音节的有24例，三音节的有7例，四音节的有17例，五音节的有3例，六音节的有1例。选取成词成分的缩略以双音、四音形式为主，三音形式、五音形式、六音形式间或有之。首段空弃11例，中段空弃20例。

117 个缩略形式中，完全采用不成词成分的·情况如表 9 所示：

表 9 采用不成词成分构成的缩略形式

原形式音节	缩略形式来源											
	AA	一AA	AB	A—B	A_c	BB	AAA	A—AA	AAC	A_BA	BAA	共计
四			6			1						7
五	2				1							3
六	5											5
七	3			1			1		1	1	1	8
八		1										1
十								1				1
十一		1										1
共计	10	2	6	1	1	1	1	1	1	1	1	26
比率	8.55	1.71	5.13	0.85	0.85	0.35	0.85	0.85	0.85	0.85	0.85	22.19

117 个缩略形式中，完全采用不成词成分构成的有 26 个，占五分之一强。其中，取前两段首字的 AA 组合 9 例；不用首段，用其次两段首字的 AA 组合 2 例；首段用 A，次段用 B 的 6 例。首段空弃 2 例，中段空弃 2 例。值得注意的是，在以不成词成分构成的缩略形式中，原形式为七音节的数量多，构成方式复杂。

117 个缩略形式中，完全采用不成词语素构成的，双音形式 20 例，三音形式 5 例，形式最为简略。

117 个缩略形式中，兼用成词与不成词成分的，情况如表 10 所示：

表 10 兼用成词成分和不成词成分构成的缩略形式

缩略形式来源	原形式音节										共计	比率
	三	四	五	六	七	八	九	一	十一	十二		
$A尾_1$	1	1									2	1.71
$AA尾_1$			5		1						6	5.13
$A_B一尾_1$				1							1	0.85
$首_2C$			1								1	0.85
$首_2—A$					1						1	0.85
$首_2A$			3		1						4	3.42
$首_2B$		1									1	0.85

续表10

缩略形式来源	原形式音节										共计	比率
	三	四	五	六	七	八	九	十	十一	十二		
AA尾$_2$				8	2	1					11	9.40
A$_c$尾$_2$		1									1	0.85
A－A尾$_2$						1					1	0.85
－AA尾$_2$						2			1		3	2.56
－A－A尾$_2$								1		1	2	1.71
首$_2$BB				1							1	0.85
首$_3$A				1							1	0.85
中$_2$B$_c$					2						2	1.71
AA尾$_3$							1				1	0.85
共计	1	2	10	11	7	4	1	1	1	1	39	33.29

117个缩略形式中，兼用成词和不成词成分的占三分之一。其中兼用首词的9例，兼用尾词的28例，兼用中词的2例，可见尾词在这一类缩略中影响很大。从选用的不成词成分来看，多数情况下采用了两两组合的方式，其中AA组合也是兼用成词与不成词成分构成缩略的主要选取方式，占了一半多。

缩略后的词长，兼用首词构成三音缩略形式7例、四音缩略形式2例，兼用中词构成四音缩略形式2例，兼用尾词构成双音缩略形式2例、三音缩略形式7例、四音缩略形式18例、五音缩略形式1例。首段和中段空弃各5例。

整体来看，在上述117个部门名称的缩略形式中，成词成分的入选情况如表11所示：

表11　117个部门名称缩略中成词成分的入选情况

选取位置	单用	与不成词组合	共计	比率
首	24	9	33	28.21
中	4	2	6	5.13
尾	1	28	29	24.79
首尾	17		17	14.53
中尾	6		6	5.13
共计	52	39	91	77.79
比率	44.44	33.33	77.78	—

不成词成分入选情况如表 12 所示：

表 12 采用不成词成分的缩略形式

选取位置	单用	与词组合	共计	比率
A		8	8	6.84
AA	12	21	33	28.21
A—A		3	3	2.56
AB	6		6	5.13
A—B	1		1	0.85
A$_B$		1	1	0.85
A$_C$	1	1	2	1.71
B		1	1	0.85
BB	1	1	2	1.71
B$_C$		2	2	1.71
AAA	1		1	0.85
A—AA	1		1	0.85
AAC	1		1	0.85
A$_B$A	1		1	0.85
BAA	1		1	0.85
C		1	1	0.85
共计	26	39	65	55.56
比率	22.22	33.33	55.56	—

综合考察 117 个缩略形式，首词共入选 50 次，占 42.74(28.21+14.53)％；尾词入选 52 次，占 44.44(24.79+14.53+5.13=44.45)％；中词入选 12 次，占 10.26(5.13+5.13)％。成词成分的选用，以首尾两段为主。其中首词单独选用机会最多，尾词则以与其他成分配合为主，仅 1 例单独选用；中段的词被选用机会很少。由于首词和尾词是缩略中成词选用的主要成分，我们重点观察它们的选用与原形式长度的关系。

（1）首词的选用情况如下：

三音原形式 3 例，单用首词 2 例，首段采用率 67％；

四音原形式 15 例，单用首词 7 例，首词加不成词语素 1 例，首词采用率 53.33％；

五音原形式 18 例，单用首词 2 例，首词加不成词语素 4 例，首词采用率 33.33%；

六音原形式 32 例，单用首词 5 例，兼用首尾 7 例，首词加不成词语素 2 例，首词采用率 43.75%；

七音原形式 18 例，单用首词 2 例，兼用首尾 1 例，首词加不成词语素 2 例，首词采用率 27.78%；

八音原形式 7 例，没有单独采用首词，兼用首尾 1 例，首词采用率 14.29%；

九音原形式 15 例，单用首词 5 例，兼用首尾 6 例，首词采用率 73.33%；

十音原形式 3 例，单用首词 1 例，首词采用率 33.33%

十一音原形式 3 例，兼用首尾 1 例，首词采用率 33.33%。

基于上述数据，117 个缩略形式中，首词采用率高的，依次为原形式九音节、三音节、四音节、六音节，其他各类形式的缩略中，首词采用率都不超过三分之一。

（2）尾词的选用情况如下：

三音原形式 3 例，不成词语素加尾词 1 例，占 33.33%；

六音原形式 32 例中，单用尾词 1 例，兼用首尾 7 例，兼用中尾 2 例，不成词语素加尾词 9 例，占 59.38%；

七音原形式 18 例中，兼用首尾 1 例，不成词语素加尾词 3 例，占 22.22%；

八音原形式 7 例中，兼用首尾 2 例，不成词语素加尾词 4 例，占 85.71%；

九音原形式 15 例中，兼用首尾 6 例，兼用中尾 2 例，不成词语素加尾词 1 例，占 60%；

十音原形式 3 例中，不成词成分加尾词 1 例，占 33.33%；

十一音原形式 3 例中，兼用首尾 1 例，不成词语素加尾词 1 例，占 66.67%；

十二音原形式 3 例中，兼用中尾 1 例，不成词成分加尾词 1 例，占 66.67%；

十七音原形式 1 例，兼用中尾，占 33.33%。

117 个缩略形式中，尾词选用率高的，依次为原形式八音节、十一和十二音节、九音节、六音节，超过一半，其他在三分之一以下。

　　综合以上两项，三、四音节的缩略形式偏向选择首词；八音节的缩略形式，偏向选择尾词；十一、十二音节的缩略形式，偏向选择尾词；六音节和九音节的缩略形式，首尾两词的选用率最高。

　　需要注意的是，在全部 117 个缩略形式中，从原形式中截取一个词的 29 个缩略形式，容易引起歧解，因而对语境的依赖度高。兼用首尾、中尾两词的 23 个缩略形式，与通名专指有关，它们对语境有要求，在适当的范围内使用，不会引起理解障碍。带有不成词语素或单用不成词语素的 65 个缩略形式，由于形式残损，不易跟其他词汇成分混淆。

5.3　四川大学本科课程名称的缩略

5.3.1　本科课程名称缩略概况

　　我们在四川大学校内随机搜集了正在开设的近两千门本科课程的名称，对它们在缩略方面的表现展开观察（完整语料及分析见"附录 C"）。其中，多数课程采用全汉语命名，但有 55 门课采用汉语与英语混合命名，其缩略情况如下（表 13，语料及分析见"附录 C"第一部分'含外语成分的课程名称')：

　　20 例直接采用其中的英语部分作为课程名的缩略，如"计算机辅助设计 CAD"作"CAD"，"实证研究与 STATA 应用"作"STATA"；

　　18 例在采用英语部分的同时保留了部分汉语成分，如"3D 显示技术"作"3D 技术"，"游戏 UI 设计"作"UI 设计"，"X 射线衍射分析技术"作"X 射线"；

　　3 例没有采用英语成分，"IT 企业实训"作"实训"，"IT 企业考察/实习"作"考察/实习"，"有限元及 ANSYS 软件基础"作"有限元"。

　　7 例没有缩略，如"IT 发展历史和创新创意思维""电路仿真与 PCD 设计""纺织 CAD"等。

　　7 例采用英语作补充说明的课程名称也没有缩略，如"物流实验（PROMODEL）""审计与认证（ACCA）"等，都使用汉语形式来表达，括号内的英文补充通常不用。

表 13　有英语的课程名称缩略情况

采用情况	只用英语	兼用英语和部分汉语	只用部分汉语	未缩略	共计
数量	20	18	3	14	55
比率	36.36	32.73	5.45	25.45	99.99

在汉语表达中，英语形式由于它的外来特征，有很高的区别度，因此，缩略时会优先考虑采用英语形式。但所用的英语形式本身都为缩写，表意性差，并且有些英语概念使用广泛，容易导致同名，所以也有只用汉语或者不作缩略的情况。

1209 个全汉语的课程名称没有缩略形式（详见"附录 C"第三部分"未发生缩略的全汉语课程名称"），包括双音节 29 例、三音节 29 例、四音节 183 例、五音节 129 例、六音节 245 例、七音节 126 例、八音节 149 例、九音节 125 例、十音节 64 例、十一音节 54 例、十二音节 31 例、十三音节 24 例、十四音节 7 例、十五音节 7 例、十六音节 2 例、十七音节 2 例、十八音节 2 例、二十三音节 1 例，占本次调查中 1893 门全汉语课程名的 63.87%，不缩略比例远高于汉英混用课程名称（25.45%）。

此外的 684 门全汉语课程名称出现了缩略现象，占全汉语课程名 36.13%。其中有 15 例出现了两种缩略形式（五音节 3 例，六音节 5 例，七音节 2 例，八音节 4 例，九音节 1 例）；有 2 例出现了三种缩略形式〔五音节 1 例，十一音节 1 例，其中，四音节形式"大学英语（口语）"采用"口语"作缩略形式时，原形式以六音节计，作为六音节形式的附条〕。这样一共获得 703 个缩略形式。另外，首次调查获得的"音韵学"作"音韵"、"比较文学"作"比文"、"工程训练"作"工训"、"化工设计"作"化设"、"科研训练"作"科训"、"亲属继承法"作"继承法"、"爱情婚姻经济学"作"婚姻学"、"西方语言学理论基础"作"语言学理论"这 8 例，在复核调查时没有得到认可，即有人认为这些名称有缩略形式，有人却认为没有。可见，部分缩略形式在语言应用的实践中还具有不确定性。对这类语料，本书仍然采纳，但附录中在缩略形式后附上"（或无）"以示区别。

比较发生缩略与未发生缩略的课程名称（语料及分析见"附录 C"第二部分"全汉语课名称缩略"、第三部分"未发生缩略的全汉语课程名称"），得出表 14：

表14　全汉语课程名称的缩略

原形式	总例数	未缩例数	缩略例数	同类缩略率
二	29	29	0	0.00
三	47	29	18	38.30
四	371	183	187	50.40
五	236	129	107（3例分为2种，1例分为3种）	45.54
六	399	245	154（5例分为2种）	38.60
七	191	126	65（2例分为2种）	34.03
八	218	149	69（4例分为2种）	31.65
九	165	125	40（1例分为2种）	24.24
十	80	64	16	20.00
十一	68	54	14（1例分为3种）	20.59
十二	39	31	8	20.51
十三	26	24	2	7.69
十四	9	7	2	22.22
十五	7	7	0	0.00
十六	3	2	1	33.33
十七	2	2	0	0.00
十八	2	2	0	0.00
二十	1	0	1	100.00
二十三	1	1	0.00	0.00
共计	1893	1209	684（15例分为2种，2例分为3种，共计703例）	平均缩略率 36.13

　　在课程名称中，双音原形式没有发生缩略的变化，四音原形式缩略率最高，超过一半，五音原形式接近一半，也是缩略的高发形式；三音节、六音节、七音节、八音节的缩略率都在30%以上，接近平均值；九音节到十四音节的缩略率大致在20%，仅十三音节低于10%；十五音节以上的各类原形式数量不多，缩略的分布也不平衡，带有偶发性，没有单独统计的价值，因此合并考察，16个原形式中只2例发生了缩略，占12.50%。可见九音节以上的原形式，是缩略的低发形式。

因此，从总体来看，未发生缩略的课程名称与发生缩略的课程名称整体比例为 1.77：1。其中，缩略比较集中地发生在三音节到六音节形式中，自此以上，字数越多，缩略的比例越低。长课程名称的内涵复杂，凝练度不高，且往往开设不久，公众熟悉度低，制约了缩略的发生。

5.3.2 本科课程名称缩略的长度分析

在 703 例课程名称的缩略形式中，原形式从三音节到二十音节不等，缩略后多数形式为双音节或四音节，也有三、五、六、七、八、九音节不等的缩略形式，统计如表 15 所示：

表 15 全汉语课程名称缩略长度分析

原形式	缩略形式								共计	比率
	二	三	四	五	六	七	八	九		
三	18								18	2.56
四	185	2							187	26.60
五	33	68	11						112	15.93
六	14	4	140	1					159	22.61
七	7	9	28	22	1				67	9.53
八	5	6	31	5	26	0			73	10.38
九	4	2	13	5	9	8	0		41	5.83
十	1	0	5	2	3	3	2	0	16	2.28
十一	4	0	4	2	1	1	0	2	16	2.28
十二	0	0	2	3	2	0	1	0	8	1.14
十三	0	0	0	2	0	0	0	0	2	0.28
十四	1		1						2	0.28
十六							1		1	0.14
二十	1								1	0.14
合计	273	91	235	42	44	12	4	2	703	99.98
比率	38.83	12.94	33.43	5.97	6.26	1.71	0.57	0.28	99.99	—

发生缩略的原形式，以四、五、六音节为主，占发生缩略的原形式的近三分之二（26.60％＋15.93％＋22.61％），七、八、九音原形式的缩略也有一定

数量，占四分之一（9.53%＋10.38%＋5.83%）；三音节和超过十音节的原形式，发生了缩略的不到十分之一。

从整体上看，缩略形式以双音节和四音节最为普遍，各占三分之一强；三音节约占八分之一；五音节和六音节共约八分之一；七、八、九音节共不到百分之三，微不足道。就原形式长度与缩略形式长度的关系来看，不少课程名称在缩略后仅仅减少了一两个音节，其中减少一个音节的缩略有 33 例，减少两个音节的有 452 例。考虑到原形式的长度，从减幅来看，缩略后长度缩短未超过三分之一的有 246 例，缩短达到或超过一半的有 344 例。

缩略形式长度以八、九音节为限，其中的九音节形式其实是八音节的扩展，比如"信安管理与法律法规""压容设计及安全技术"，是在两个四音成分中插入了一个音节的连词。出现长缩略形式的，主要为八到十二音节的原形式。

5.3.3　本科课程名称缩略形式来源分析

703 例课程名称的缩略形式中，采用成词成分的缩略，情况如表 16 所示：

表 16　全汉语课程名称采用成词成分的缩略

缩略形式来源	原形式音节													
	三	四	五	六	七	八	九	十	一一	十二	十三	十四	十六	共计
首₂	18	9	1	2	3									33
中₂			1	3										4
尾₂		49	6	3	1	1	1							61
首₃			14	2	1	3	1							21
中₃					5	1								6
尾₃			41	1	2									44
首₄				2			1							3
中₄						1								1
首₂二₂						2	3	1	1					7
首₂中₂			6	7	3									16
首₂尾₂			4											4
首₂一尾₂				4		1	1							6
首₃一尾₁				1										1
二₂三₂						2	1						1	4

缩略形式来源	原形式音节													
	三	四	五	六	七	八	九	十	十一	十二	十三	十四	十六	共计
二₂－四₂						1								1
二₂－尾₂						3	2	1		1				7
三₂尾₂				7	2									9
四₂尾₂									2					2
中₁尾₃				1										1
中₂尾₂				56	13	1								70
中₂＊尾₂					8									8
二₂＊尾₂						1								1
首₂中₃					1									1
首₃二₂								1			1			2
首₃－尾₂							1		1					2
二₂三₃								1			1			2
二₃三₂						3								3
二₃－尾₂									1					1
中₂尾₃					5									5
中₃尾₂					2									2
三₃尾₃										1				1
中₃尾₃						1								1
首₂二₂三₂							1		1					2
首₂二₂－尾₂							3							3
首₂－三₂尾₂						1	2							3
二₂三₂尾₂						7	1							8
二₂三₂－尾₂									1	1				2
首₃－三₂尾₂									1	1				2
二₂＊三₂尾₂							1							1
二₂三₂＊尾₂							1							1
二₃三₂尾₂							1	1						2
二₂三₃尾₂							2							2
三₃四₂＊尾₂										1				1
五₂六₂七₂尾₂													1	1
共计	18	58	73	82	44	32	28	8	8	3	2	1	1	358

说明：表中＊表示单音连接词。

从缩略形式的长度来看，原形式中成词成分的选择分布如下：

双音缩略形式 98 例，33 例用首词（三音原形式 18 例），4 例用中词，61 例用尾词（四音节原形式 49 例）。

三音缩略形式 71 例，21 例用首词（五字原形式 14 例），6 例用中词（七音原形式 5 例），44 例用尾词（五音原形式 41 例）。

四音缩略形式 132 例，只取一个构成词的有 3 例取首词，1 例取中词。取两个构成词的"首二""首中"都采用了原形式开头的四个音节，但"首中"的原形式比较短，全词只分三段，"首二"的原形式比较长，全词至少有四段或更多，二者的被选择成分一致的，但略去成分多少不一。采用中间连续词段的有"二三"4 例和间隔词段的"二－四"1 例。采用"三尾""四尾""中尾"的有 82 例（六音原形 57 例），都采用原形式尾段连续两个构成词。采用"二－尾"7 例，在四段以上原形式中作间隔选择，有空弃词段。采用"首尾"的 4 例都是五音原形式略去连词。采用"首－尾"7 例，中间有空弃词段。

五音缩略形式 27 例，取两个构成词，包括采用首段的"首中""首二"3 例，连用中段的"二三"5 例，连用尾段的"中尾"7 例（都来自七音原形式）有空弃词段的"首－尾"2 例，"二－尾"2 例。

六音缩略形式 20 例，有兼取后半两段的"三尾"和"中尾"2 例；多数选取了三段，包括连续的"首二三"2 例、"二三尾"8 例（八音原形式 7 例），间隔取首尾的"首二－尾"3 例、"首－三尾"3 例，间隔取中尾的"二三－尾"2 例。

七音缩略形式 8 例，多连续取后部三段，有"二＊三尾""二三＊尾""二三尾""三四尾"，也有首尾间隔的"首－三尾"2 例。

八音缩略形式仅 2 例，连续取后部四段，结构为"五六七尾"和"三₃四₂＊尾₂"。

在选用成词成分的缩略中，一些词段是相连的，归并这些相连的词段，所得情况如下（表 17）：

选择首段的缩略，以三音节取双音节（33 例中占 18 例）、五音节取三音节（21 例中占 14 例）为多；还有取首词四音节的 3 例；另外，也有取前两段的，出现在五至十一音节原形式中，有 23 例取开头四音节（原形式以五音节和六音节居多），3 例取开头五音节，2 例取前三段六音节。截取原形式开头部分的缩略共计 85 例。

选择尾段的缩略，以四音节取双音节（61 例中占 49 例）、五音节取三音节（44 例中占 41 例）为多；也有取末尾两词缩略为四音节 82 例，其中原形式以六音节居多（57 例），七音节次之（13 例），取末尾两词缩略为五音节 16 例（原形式七音节 15 例），缩略为六音节 2 例；取末尾三词缩略为六音节的 8 例（原形式八音节 7 例），缩略为七音节的 6 例（原形式九音节 5 例），缩略为八音节 2 例。截取原形式末尾部分的缩略共计 221 例。

选择中段的缩略，缩略为双音节 4 例，缩略为三音节 6 例（原形式七音节 5 例），1 例原形式八音节缩略为四音节；采用中段连续两词缩略为四音节 4 例，缩略为五音节 5 例，采用第二、四词构成四音节 1 例。截取原形式中间部分的缩略共计 21 例。

选择各种类型首尾两段的有 21 例，其中有 4 例是五音原形式空弃中间的连词，其余中间都有词段略去。选用不相连的中段与尾段组合的有 10 例。以不相连的成词成分构成缩略的共计 30 例。

总共采用首词或首段 115 次；尾词或尾段 251 次；居中词段依附首词 28 次；依附尾词 116 次，相对独立 31 次。在选用成词成分的缩略中，尾词尾段使用率最高。

表 17　全汉语课程名称采用成词成分缩略的综合统计

缩略形式	词　段										共计
	首词	前二	前三	中词	中二	尾词	末二	末三	首一尾	中一尾	
二	33			4		61					98
三	21			6		44					71
四	3	23		1	4+1		82		11	7	132
五		3			5		16		2	1	27
六			2				2	8	5	2	19
七								6	3		8
八									2		2
共计	57	26	2	11	10	105	100	16	21	10	358
合计	85			21		221			31		358

全汉语课程名称中采用不成词成分的缩略情况如表 18 所示：

表 18　全汉语课程名称采用不成词成分的缩略

缩略形式来源	原形式音节										
	四	五	六	七	八	九	十	十一	十四	二十	共计
AA	120	25	3	2		2	1		1		154
A-A			3	1	2			4		1	11
-AA					2						2
AB	2	1									3
BA	5					1					6
AAA			1		1						2
-AAA						1					1
AAAA					5	2					7
AA＊AA						1					1
A_CAA				1							1
共计	127	26	7	4	10	7	1	4	1	1	188

说明：表中每个字母表示一个词段，A 表示采用词段的第一个音节，B 表示采用词段的第二音节，如 BA 就表示采用了前一词段第二个音节和后一词段第一个音节构成缩略形式。表中下标字母表示与前面字母同一词段的其他音节，如 A_CAA 表示共三个词段，第一词段用了第一个音节和第三个音节，后两个词段用了第一个音节。

完全采用不成词成分的缩略形式长度偏短。其中又以双音形式居多，共176 例，三音形式 3 例，四音形式 9 例；各构成词首个成分 A 是最主要的形式，只有一些特殊的情况采用了各构成词的第二个音节。

全汉语课程名称中兼用成词与不成词成分的缩略情况如表 19 所示：

表 19　全汉语课程名兼用成词与不成词成分的缩略

缩略形式来源	原形式音节									
	四	五	六	七	八	九	十	十一	十二	共计
首_2A	1									1
中_2C			1							1
A_C尾_1	1									1
AA尾_1		12								12
-A三_2				1						1
首_2A_B			1							1
首_2AA			15	1						16
首_2AB			1							1

缩略形式来源	原形式音节									
	四	五	六	七	八	九	十	十一	十二	共计
首$_2$A尾$_1$			1							1
二$_2$AA					1					1
A$_B$中$_2$				1	1					2
A$_B$尾$_2$		1								1
A中$_1$尾$_2$			6							6
AA三$_2$					2	1				3
AA尾$_2$			44	8						52
AA－尾$_2$					3		2		1	6
－AA尾$_2$					1					1
AB三$_2$								1		1
AB尾$_2$			2	1	1					4
首$_2$＊AA					1					1
首$_3$AA			2							2
A$_B$中$_3$					1					1
A$_B$尾$_3$			1							1
A$_B$－尾$_3$					1					1
A二$_2$－尾$_2$								1		1
AA尾$_3$				2						2
AA$_C$尾$_2$				1						1
AA－＊尾$_2$								1		1
AA－四$_2$C									1	1
AA＊尾$_2$					1					1
首$_2$AA尾$_2$					1					1
首$_2$二$_2$AA					2					2
A$_C$二$_2$AA							1			1
A$_C$中$_2$尾$_2$				1	2					3
A二$_1$三$_2$尾$_2$					1					1
A二$_1$三$_2$－尾$_2$							1			1
AA三$_2$尾$_2$					11	2				13
A－A四$_2$尾$_2$									1	1
AA－四$_2$尾$_2$									1	1
AAAA尾$_2$							1			1

续表19

缩略形式来源	原形式音节									
	四	五	六	七	八	九	十	十一	十二	共计
$A_BB三_2尾_2$						1				1
$AA三_2*尾_2$						2	1			3
$AA三_2四_2尾_2$							1			1
$AA三_2*四_2尾_2$								2		2
共计	2	13	70	19	31	6	7	4	5	157

兼用成词与不成词成分的缩略，缩略为双音节的有 2 例，缩略为三音节的有 14 例（其中来自五音原形式的"AA 尾"12 例），缩略为四音节的有 96 例（其中来自六音原形式的 67 例，包括"首 AA"15 例、"AA 尾"44 例），缩略为五音节的有 13 例（原形式以六、七、八音为主），缩略为六音节的有 26 例（其中来自八音原形式的 19 例，含"AA 三尾"11 例），缩略为七音节的有 7 例（原形式为九、十、十一音）。

兼用成词与不成词成分的缩略中，仅用首词 22 例（15 例来自六音原形，缩略为"首 AA"），另有采用开头两词 2 例，兼用首尾 2 例，首词选用共 26 例。采用尾词 85 例，其中五音原形式取"AA 尾"构成三音缩略 12 例；六音原形式取"AA 尾"构成四音缩略 44 例；七音原形式取"AA 尾"构成四音缩略 8 例；八音原形式取"AA 尾"构成四音缩略 4 例。采用末尾两个或三个词 32 例，其中八音原形式取"AA 三尾"构成六音缩略 11 例，六音原形式取"A 中尾"构成四音缩略 6 例。兼用中尾 2 例。中词单独采用 12 例，兼与首词或尾词组合 36 例，中词的独立性最差。

整体来看，兼用成词与不成词成分的全汉语课程名称缩略中，成词成分的入选情况如表 20 所示：

表 20　兼用成词与不成词成分的全汉语课程名缩略中成词成分的入选情况

缩略形式来源	原形式音节									
	四	五	六	七	八	九	十	十一	十二	共计
首词	1		16	4	1					22
首二					2					2
首尾			1		1					2
尾词	1	13	47	12	7		3	1	1	85

缩略形式来源	原形式音节									
	四	五	六	七	八	九	十	十一	十二	共计
尾段			6	1	14	5	2	2	2	32
中词				2	6	1	1	1	1	12
中尾							1		1	2
共计	2	13	70	19	31	6	7	4	5	157

兼用成词与不成词成分的缩略中，从原形式中选一个构成词抽取其中一个音节与成词成分组合的不多，有 12 例抽取原形式中一个词的第一音节 A、2 例抽取第三音节 C（其中 1 例与 AA 间有空弃词段），未有单独抽取构成词的第二音节 B 与成词成分组合的用例。也有一些缩略词形式，从一个三音或多音构成词中抽取两个音节与成词成分组合，抽取 A_B（即同一构成词的前两个音节）的有 7 例，另有 1 例的缩略形式结构为"A_BB 三尾"，其中含有 A_B；抽取 A_C（即同一构成词的第一、三两个音节）的有 5 例（1 例与 AA 间有空弃词段），另有 1 例的缩略形式结构为"AA$_C$尾"，其中含有 A_C。

从原形式的两个构成词中选用第一个音节 AA 与成词成分组合的居多，有 124 例，取后一词第二音节构成 AB 再组合的有 6 例。

可见，缩略中抽取不成词成分，一般情况下以构成成分的顺序决定优先性，但如果要照顾到抽取成分在意义上的区别和照应，也会考虑从同一个构成词中抽取两个音节，或选择顺序在后的成分作为代表形式。

5.4 三种语料的综合分析

5.4.1 三种语料的特点

从《100 年汉语新词新语大辞典》中获得的三十多年间的缩略语料，从各个方面反映当代语言生活中的缩略现象，覆盖面广，具有较高的普遍性。但这一语料也有局限，首先它对新词新语的收录是抽样的，没有完全列出这些年中出现的所有新词新语，因此，它对这些年中出现的缩略现象的反映，可能存在偏颇；其次，辞典不是为缩略而编，其中对缩略词并没有明确标注，因此，一个词汇形式是否缩略词以及它的原形式是什么，是根据语言经验来确定的，存在不客观的可能，需要寻找能够弥补这方面不足的材料。

在一个相对封闭的环境中，从某个确定的层面或范围搜集一些确定的原形式，和它的缩略形式作比较，可以避免材料的不确定性，并防止分析的主观性。由于缩略通常以高频使用的词语为基础产生，它很容易出现在各类表示专门概念的词语，包括大量的专名中。我们以四川大学为范围，选择了一批学校的机构名称，对它们的缩略情况作了调查和分析。专名使用相当稳定，它们的缩略情况能够反映一些日常使用频率高、分布广的词语的缩略特点，具有较明显的静止性，可以比较充分地反映社会用语中一部分比较稳定的成分的缩略情况。

但是，缩略的表现往往又具有动态的特点，它们的分布面也大多不均衡，有的比较广泛，有的比较狭窄，因此，我们又以 2017 年上半年四川大学开设的课程为主，搜集了一批课程名称作为分析语料。高等院校的课程情况比较复杂：首先是课程的覆盖面广狭不同，有的课程覆盖全校，有的只课程覆盖某个学院或某个专业，还有的课程只限于少数有兴趣的学生选修；其次，高校的课程稳定性不一，有些基础性课程长期开设，但也有很多课程是临时开设的，还有许多是随学术研究的发展以及社会需要的变化不断新增的，动态性明显；再次，高校课程名称的命名比较多样化，一些应当时需要开设的课程，名称往往缺乏细致的推敲，不够精致，却符合语用中临时应对的特点，能够较好地反映某些语用环境的现实；最后，高校中课程名称的使用者主要是青年学子，他们思维活跃，也是最能接受语言变化的群体，他们对各种课程名称的缩略方式具有较高的代表性。

5.4.2 三种语料中缩略的特点和差异

本书搜集的三种语料，都来自比较正式的语言环境，具有一定的正规色彩。一些口语色彩明显、适用于随意场合的缩略方式，没有进入我们的观察范围之内，它们主要是一些由双音词缩略为单音后又再组为复音形式的缩略，其中包括合音形式和两个音节中截取一个音节的缩略。这类缩略的随意性强，语用规范性差，不易受人注意，但从规范的全面描写的角度来看，仍然有必要给予适当的关注。

就本书搜集的三种语料来看，来自不同范围的缩略语料表现有所不同，具体体现在八个方面。

第一，不同的语用范围发生缩略的比率。在三种语料中，机构名称的缩略所占比例最高，96 个机构名称中，纳入缩略观察的有 80 个，占 83.33％。

在课程名称中，55 个涉及英语的名称，31 个发生缩略，占 56.36％；全汉语课程名称 1893 个，其中发生缩略的有 684 个，占 36.13％。两项综合，总计 1948 门课程中，715 门发生了缩略，占 36.70％。

4521 个新词新语中，有 560 个发生了缩略，占 12.39％。

专门性词语表示特定的概念，稳定性强，又有很高的使用率，使用环境也比较固定，因此特别容易发生缩略变化。不仅机构名称和课程名称中有大量缩略现象，在我们讨论的发生缩略的 560 个新词新语中，大多数也是表达专门概念或特定行为的词语，只是这些专门性的词语的专门程度不及机构名称那么高，但与课程名称的专门程度比较接近。

第二，缩略的类型。新词新语中有不少多项和多层的并列结构，其中有的不仅多项并列，内部还有交叉关系，或具有总分关系，因此，有不少缩略形式通过抽取各项中不成词成分形成。专名则以偏正结构为主，间或出现并列关系，多为两项并列，罕有多项或多层的并列结构。

缩略中，并列结构也常用数量来表示，因而新词新语的缩略中，数量表达比较常见。而专名的独立性明显，一般不用数量形式来缩减。

第三，发生缩略变化的词语词性和结构特点。缩略是一种词汇性的变化，是概念表达中词汇形式的缩简，因此，对它的观察不属于语法分析的范围。不过，由于词义与词性密切相关，发生缩略的词语在词性的分布上有明显的特点，即名词性成分居多，动词性成分较少，罕有形容词和其他词性成分。

语法对词汇的影响不仅体现在词性上，还表现在结构上。发生缩略的词语的结构关系，在多数情况下跟语音节律保持一致，但也有时候，二者会有冲突。比如"非典型性肺炎"，按节律应该是"二二二"，但按结构却是"一五"或"一三二"，在缩略时，按"一五"成为"非典"。在节律和结构发生冲突的时候，能够反映语义的结构，往往会在缩略中占上风。

在对三种缩略语料结构的分析中，有一些问题需要说明。（1）含有缩略要素的数量词组，在整体上符合汉语一般词汇构成，但在形成中有缩略变化，因此附在这里讨论。（2）缩略成分中有许多专名，专名多以名词为中心，但也有部分会采用动词作为中心，比如"财务管理""名著选读"。由于专名的意义特点，这样的动词都失去了行为性而事件化了，具有名词的特点。不过，就命名来看，这些动词都有行为性，因此，仍视为动词。（3）在"名+动"组合中，有的"名"是施事或话题，属一般的主谓结构。但是，许多专名的"名"是"动"的受事，语义上相当于动宾组合，比如"财务管理"就是"管理财务"，"名著选读"就是"选读名著"，属被动的主谓结构，我们标为"－主谓"以示区别。还有一些"名"既不是话题，也不是施事或受事，这样的"名+动"组合就归入状中结构，如"日语写作"等。由此，统计出表21：

表 21　发生缩略变化的词语结构

类　型	结　　构					
	定中	并列	主谓	动宾	状中	共计
新词新语	286	30＋数代 59	32－11	110	62	520＋数代 59－11
机构名称	117	0	0	0	0	117
课程名称	413	91	136－127	1	62	703－127
共计	816	121＋数代 59	168－138	111	124	1340＋数代 59－138

三种语料中发生缩略的词语，在结构上都以定中为主，还有不少状中；在发生缩略的词语中，偏正结构最为常见，占 70.15%。

三种语料中，发生缩略的词语结构分布很不平衡，其中，新词新语比较全面，各种类型的结构都有，数量也相对平衡；机构名称全是定中结构，带有极端性质；课程名称处于二者之间，但又与二者明显不同。

机构名称作为专名，正式程度很高，所以，在全称中都采用了规范的定中结构。新词新语和课程名称中也有大量的专名，但有些专名的正式程度较低，使用者在命名时更多地考虑了实际的内容，因此，在课程名中，有41.25%没有按定中结构来命名。可见，机构名之外的专名，在结构上仍然具有多样性。

在专名中，不少被动的主谓结构跟其他结构存在纠葛，在分析和认知上呈多向的特点：从语义上看，被动的主谓结构相当于一个主动的动宾组合，受事和行为发生换位；而在语用上，由于动词所表示的行为已经事件化或名物化，所以组合中的名动关系相当于定中组合。

课程名中许多表示受动关系的语义组合都采用了被动的主谓形式来表达，如"～研究""～分析""～管理""～设计""～实践""～训练""～检验""～评价""～导读""～选读""～鉴赏""～赏析"等，动宾结构十分罕见，仅

"解码国家安全"一例。

并列结构中包含了复杂的语法关系,从词性分析的角度来看,名词并列和定中词组并列,动词并列、形容词并列和状中词组并列以及动宾词组并列,各具不同的语法属性,不宜混同。但在缩略中,语法本身的属性被忽略了,受到重视是的由语法结构或意义造成的停顿和重音关系,所以,虽然并列结构内部关系复杂,但缩略关注并列项之间的停顿、各并列成分之间的形式差异,这一点是相同的,因而可以不加区别。

第四,发生缩略词语的原形式长度。从整体上看,三种语料大致相似,发生缩略的词语的原形式长度少至三音节,多至二十音节,其中,四到七音节的原形式发生缩略比较多,三音节、八到十二音节的原形式也有一些缩略的情况,十三音节以上的原形式的缩略,属于偶发现象。(表22)

表22　发生缩略的原形式长度

类　型	结　构																	
	三	四	五	六	七	八	九	十	十一	十二	十三	十四	十五	十六	十七	十八	二十	共计
新词新语	17	249	62	90	39	25	10	12	5	5	3	1	2			1	1	522
机构名称	2	15	18	32	18	7	15	3	3	3					1			117
课程名称	18	187	112	159	67	73	41	16	16	8	2	2		1			1	703
共计	37	451	192	281	124	105	66	31	24	16	5	3	2	1	1	1	2	1342

仔细观察,新词新语中四音原形式发生缩略的比率最高,有249例,占全部新词新语的47.70%,虽然课程名称中四音原形式的数量也最多,但187例仅占同类缩略的26.60%,与发生缩略的159例六音课程名称原形式占比(22.61%)相近。比较之下,新词新语中六音原形式缩略的数量也居第二位,但仅90例,占17.24%。

机构名称跟新词新语和课程名称不同,有它的特殊性。一个机构名称要反映它的特定职能,往往要在名称中顾及不同方面,因此,机构名称的音节数往往要超过一般语的长度。机构名中,六音原形式数量最多,32例占全部机构名称的27.35%,其次是五音节和七音节,各有18例,各占15.38%;四音原形式和九音原形式相同,为15例,各占12.82%。这种情况的出现,跟机构名称普遍偏长有关,即机构名称中,五、六、七音原形式居多,其缩略形式的数量也居多，四、九音节则次之。而新词语和课程名称的缩略只占全部词语的一小部分。选择偏向更能反映不同长度词语发生缩略的机会差异，二者的分布也比较一致。比如 371 个四音原形式全汉语课程名称中，发生缩略的有 187个，占了一半以上，是课程名称中发生缩略比率最高的（参表 14）；六音原形式缩略数量次于四音节；六音节以上，缩略逐步减少；五音原形式缩略数量少于六音节，多于七音节；三音原形式发生缩略的不多见。

汉语词汇复音化萌发于秦汉以前，最初以双音为主。经过约两千多年的发展，已经进入双音形式与三音、四音形式并存的状态，但与此同时，符合现代汉语复音词一般长度要求的四音成分，却出现了大量的缩略，说明四音词语的长度在语用中常常显得不适宜，需要通过缩略来调整和制约。值得注意的是，一些多音形式在缩略成四音形式之后，还会再次发生缩略，这种重复缩略的现象，说明四音词汇的使用需满足一定的要求，至少，它还不是跟一般双音形式等同的复音形式。

第五，缩略形式的长度。从发生缩略后的长度来看，整体上，新词新语的缩略形式长度，跟机构名称的缩略形式长度较一致，都只有二、三、四、五、六音形式，其中六音形式各有 1 例，几乎可以不计。而课程名称则有偏长的倾向，出现了七、八、九音缩略形式。

从缩略形式长度的分布来看，新词新语的数量以双音节为最多，三音节以上数量递减，而机构名称和课程名称缩略形式的长度，虽然也以双音节为最多，但三音节数量不及四音节，四音节以后才开始递减。（表 23）

表 23　缩略形式长度

类　型	结　构								
	二	三	四	五	六	七	八	九	共计
新词新语	434	51	34	2	1				522
机构名称	45	26	41	4	1				117
课程名称	274	91	235	42	44	12	4	2	704
共计	753	168	310	48	46	12	4	2	1343

新词新语的缩略形式中，双音节占绝对优势，有 434 例，占 522 例的83.14%；三音节及以上的缩略形式占比都在 10% 以下，不可与双音节比较。而机构名称缩略为双音节的有 45 例，占 117 例的 38.46%，四音节与双音节

接近，有 41 例，占 35.04%；三音节 26 例，占 22.22%，数量也比较可观。课程名称缩略形式长度的分布也是如此，双音节 274 例，占 704 例的 38.9%；四音节 235 例，占 33.38%；三音节 91 例，占 12.93%。

如果说发生缩略的原形式的长度受制于语用中汉语词语的长度，那么缩略形式的长度就与此无关，而与使用者的语用心理有关。专名缩略中，使用者会更多地顾及缩略形式与原形式之间的关联，在缩略形式的择取中偏向于照顾原形式中的每一部分，多选择略长的缩略形式。因此，四音缩略形式在专名中占有较高的比率，接近双音形式，而一般词语的缩略，求简倾向更明显，偏重于采用双音形式。

缩略中，既有采用成词成分的，也有采用不成词成分的，还有兼取两类的，需要分别考察，由此得出以下第六、第七、第八三个方面的差异。

第六，缩略中成词成分的选择，情况如表 24 所示：

表 24　采用成词成分的缩略

类　型	词　段							
	首词	前段	首尾	尾词	后段	中词	中尾	共计
新词新语	2		1			1		4
机构名称	24		17	1	3	4	3	52
课程名称	22	2	2	85	32	12	2	157
共计	48	2	20	86	35	17	5	213

新词新语的缩略，极少抽取成词成分，522 例中，只有 4 例采用了原形式中的成词成分，占 0.77%。

机构名称和课程名称采用成词成分的比率就高得多。机构名称采用成词成分的有 52 例，占 44.44%；课程名称采用成词成分的有 157 例，占 22.30%。但机构名称和课程名称在成词成分的选择中也存在差异，机构名称以抽取原形式中的首词为主，有 24 例，其次是兼取首尾两个成词成分，有 17 例；课程名称以抽取尾词和包括尾词的后段为主，有 117 例，其次是抽取首词和包括首词的前段，有 24 例。单取中段成词成分的，在三种语料中都只有少量的用例，属偶发的现象。

在选择原形式中的成词成分时，选用尾词或后段，舍去的是表示事物间区别的修饰限定成分，表现为以通名代专名的表达；选用首词或首段，则是以区别性的成分表示所区别的事物，在修辞上属借代。虽然整体上看，采用成词成分作为缩略代表形式，是一种以偏概全的表达手段，但是，在有限的范围内，这类表达能够受到语境的较大支持，可以避免歧解。因此，在明确的语境限制下，这类缩略使用较多，而在宽泛或没有限制的语境下，歧解的可能性增加，这类缩略就很难成立。

第七，单纯采用不成词成分的缩略，形式比较多样，分布也不均衡，大体如表 25 所示：

表 25　采用不成词成分的缩略

缩略形式来源	新词新语	机构名称	课程名称	共计
Ac		1		1
AA	240	12	157	409
A$_B$A		1		1
A—A、A——A	23		11	34
AB	48	6	3	57
AB$_c$	2			2
A—B	6	1		7
AC	3			3
AD	2			2
BA	46		6	52
B—A	7			7
Bc—A	1			1
BB	25	1		26
BB$_c$	1			1
B—B	1			1
CA	2			2
CB	1			1
DA	1			1
AAA	12	1	3	16
A$_c$AA			1	1
AA—A、A—A—A、A—AA	2	1		3
AAB	1			1
A—AB	2			2
AAC	5	1		6
AA—C	1			1

缩略形式来源	新词新语	机构名称	课程名称	共计
ABA	1			1
ABB	2			2
BAA	2	1		3
BAB	1			1
CAC	1			1
AAAA	4		8	12
AAAC	1			1
AAAD	1			1
AABA	2			2
CAAA、CAAAA	2			2
共计	449	26	189	664

单纯采用不成词成分的缩略,都要从原形式中抽取至少两个音节,也有抽取三、四个音节的,只有 1 例抽取了五个音节。这些被抽取的音节,通常来自原形式中不同的构成词,偶或也有从同一构成词抽取两个音节的。在三类不同的构成形式中,单纯采用不成词成分的,是缩略形式长度最短的一类。

从原形式的一个构成词中抽取两个音节形成缩略词的,只有一例,即从"外国语学院"中抽取第一个构成词"外国语",再从中抽取"外语"作为这个学院的缩略形式①。其他 663 个单纯采用不成词成分的缩略,都至少从两个构成词中抽取缩略形式。

多数情况下,单纯采用不成词成分的缩略,大都从一个构成词中只抽取一个代表形式,但也有从一个构成词中抽取两个代表形式的现象,比如 A_BA (港澳台办公室——港澳办)、AB_C (富豪的第二代——富二代)、B_C-A (欧亚大陆桥开发热潮——陆桥热)、BB_C (贫穷人家第二代——穷二代)、A_CAA (房地产经营管理——房产经管) 等构成形式,就通过抽取原形式两个构成词中的成分形成了一个三音缩略形式,或抽取原形式三个构成词中的成分形成一个四音缩略形式。但这类现象不普遍,在全部统计材料中,各有 1~2 例,带有偶发性。这样的代表形式的抽取方式,与缩略中照顾缩略成分的表意完备性

---

① 把"外国语"缩略成"外语"的用法,存在很长时间了,因此,"外语"已经是一个常用词了,但从来源上看,它仍然是一个缩略形式。

或结构合理性有关。

有些不成词成分的提取方式相当普遍，三种语料中，最常见的是 AA 构成，共 409 例，占单纯采用不成词成分缩略形式的 62.60%；AB 构成有 57 例，AAA 构成有 16 例。

有部分构成形式出现在新词新语和课程名称的缩略中，包括 A−A（34 例）、BA（52 例）、AAAA（12 例）；有部分构成形式出现在新词新语和机构名称的缩略中，包括 AA−A（3 例）、AAC（6 例）、BAA（3 例）。

有些构成形式只出现在某一类材料中，主要集中在新词语中，包括 ABc（2 例）、AC（3 例）、AD（2 例）、B−A（7 例）、Bc−A（1 例）、BBc（1 例）、B−B（1 例）、CA（2 例）、CB（1 例）、DA（1 例）、AAB（1 例）、A−AB（2 例）、AA−C（1 例）、ABA（1 例）、ABB（2 例）、BAB（1 例）、CAC（1 例）、AAAC（1 例）、AAAD（1 例）、AABA（2 例）、CAAA（2 例）；只有少数特别的组合出现在另外两类中，包括机构名称中独有的形式 Ac（1 例）、$A_B A$（1 例）；课程名称中独有的形式 AcAA（1 例）。

由此可见，从原形式的构成词中抽取不成词成分的缩略，分布情况非常复杂，呈同中有异、形式多样的状态。其中少数像 AA 那样分布既广，数量又多的，是非常主流的不成词缩略的构成形式，其他几种分布较广的不成词缩略的构成形式，都数量有限。

大量（有二十多种）偶或一见的不成词成分构成的缩略，出现在新词新语中，反映出新词新语在缩略中面临更多的语用状况，因而呈现为更不规则的现象。

从整体上看，缩略中采用不成词成分，也有高度的一致性，即主要采用构成词中的第一个构成成分 A。在 644 个采用不成词成分构成的缩略词中，一共有 1409 个不成词成分，其中 A 有 1182 个，B 有 199 个，C 有 24 个，D 有 4 个。缩略中，A 占有顺序优势，因此被选用的概率很高，但也有一些时候，A 在形式上没有个性特征，选择它会使表达模糊，因此，B 就有了入选的机会。这种出于意义的考虑，也是 C 和 B 入选的理由。

为顾全表达中的意义因素，不仅可能从不同的构成词中采用 A 之外的成分，也可能从同一个构成词中，不仅采用 A，也兼用其他成分，这就出现了 A_B、A_C 这样的选择。

第八，兼用成词和不成词成分的缩略。兼用成词和不成词成分的缩略，从结构成分来看，是上述两种缩略方式的结合。其具体情况如表 26 所示：

表 26　兼用成词成分和不成词成分的缩略

缩略形式来源	新词新语	机构名称	课程名称	共　计
首$_1$A	18			18
首$_1$AA$_B$	1			1
首$_1$AB	1			1
首$_1$B	2			2
首$_1$B尾$_2$	1			1
首$_2$A	3	5	1	9
首$_2$AA			17	17
首$_2$AA尾$_2$			1	1
首$_2$A$_B$			1	1
首$_2$AB			1	1
首$_2$A尾$_1$			1	1
首$_2$B		1		1
首$_2$BA	1			1
首$_2$BB		1		1
首$_2$C		1		1
首$_2$二$_2$AA			2	2
首$_3$A		1		1
首$_3$AA			2	2
中$_2$B$_C$		2		2
中$_2$C			1	1
二$_2$A	1			1
二$_2$AA			1	1
AA三$_2$			3	3
AA四$_2$C			1	1
AB三$_2$			1	1
A$_B$中$_2$			2	2
A$_B$中$_3$			1	1
A$_C$二$_2$AA			1	1
A三$_2$			1	1
A中$_1$A	1			1
A中$_2$	3			3

缩略形式来源	新词新语	机构名称	课程名称	共　计
A 尾$_1$	6	2		8
A 尾$_2$	2			2
A$_B$尾$_1$		1		1
A$_B$尾$_2$			1	1
A$_B$尾$_3$			2	2
A$_C$尾$_1$			1	1
A$_C$尾$_2$		1		1
B 尾$_1$	1			1
AA 尾$_1$	5	6	12	23
AA 尾$_2$	15	17	61	93
AA 尾$_3$		1	2	3
AA$_C$尾$_2$			1	1
AB 尾$_2$	2		4	6
BA 尾$_2$	2			2
BB 尾$_2$	1			1
AAA 尾$_2$	1			1
AAA 尾$_3$	1			1
AAAA 尾$_2$			1	1
A 中$_1$尾$_2$	1		6	7
A 二$_2$尾$_2$			1	1
A 二$_1$三$_2$尾$_2$			2	2
A$_C$中$_2$尾$_2$			3	3
AA 三$_2$尾$_2$			16	16
AA 三$_2$四$_2$尾$_2$			3	3
AA 四$_2$尾$_2$			2	2
A$_B$B 三$_2$尾$_2$			1	1
共　计	69	39	157	265

在兼用成词成分和不成词成分的 265 例缩略中，采用首词的有 62 例（其中 1 例兼用中词，3 例兼用尾词），采用中词与不成词成分组合的有 19 例，采用尾词的有 184 例（其中兼用中词 35 例，含 5 例兼用两个中词）。累计起来，265 例中采用首词 62 例，采用中词 55 例、60 次，采用尾词 187 例。兼用成词与不成词成分构成缩略的整体情况，跟单纯采用成词成分的缩略相似，所选词

段以尾词为主，首词为次，中词数量不多且常依附尾词和首词，不常单独使用。

不同在于，在兼用成词成分和不成词成分的缩略中，首词、中词和尾词的单音节现象比较多见，其中，单音首词 23 例，单音中词 9 例，单音尾词 34 例。在单音首词中，只有 1 例（碳交易）是单音首词和双音尾词两个成词成分构成的，其他 22 例都是单音词跟不成词成分的组合；9 例单音中词全部出现在与不成词成分的组合中；34 例单音尾词也都出现在与不成词成分的组合中。

从分布来看，新词新语的缩略，单独采用成词成分的极少，兼用成词成分的明显较前者多，但比率仍然略微偏低。

在不成词成分的选用方面，兼用成词与不成词成分的缩略，其构成形式还是以 AA 为主（167 例），A 也仍是不成词成分的主要来源。但比起单纯用不成词成分的缩略，也有一些不同。在单纯采用不成词成分的缩略中，我们只看到了 1 个仅从一个构成词中抽取不成词成分的用例（构成形式为 A_C）。绝大多数情况下，在一次缩略中，至少要从两个不同的构成词中抽取不成词成分。而在兼用成词成分和不成词成分的缩略中，一次缩略只从一个构成词中抽取不成词成分的用例数量大增，其中：只抽取 A 的有 54 例，从 A 中抽取两个不成词成分的有 A_B 8 例，A_C 3 例；只抽取 B 的有 5 例，从 B 中抽取两个不成词成分的有 B_B 1 例、B_C 2 例；只抽取 C 的有 2 例。兼用成词成分和不成词成分的缩略，从原形式的一个成词成分中抽取不成词成分中一个音节与其他成词成分构成缩略的有 61 例，抽取某个成词成分中两个不成词成分与其他成词成分构成缩略的有 14 例，情况比较普遍。

总之，在兼用成词成分和不成词成分的缩略中，单音的成词成分的选用和单独的不成词成分的选用，占有一定的数量，是这类缩略的一个显著特点。

5.4.3 三种语料反映的当代汉语缩略概貌

综合上述分析，可以得出以下结论：

（1）缩略发生在语用重复率较高、使用者较熟悉并在产生累赘感的词语中。词语的使用与具体的语境有关，由于不同的词语有不同的适用环境，它们在不同环境中的复现率是不同的，与此相应，使用者对它们的熟悉程度，以及是否会有累赘感也是不同的，当使用者对某个词语产生一定的熟悉度并感到累赘的时候，缩略就会发生。一些使用者熟悉度还不太高的词语，缩略后的形式偏长，并且缩略时可能发生分歧，即可能采用不同的代表形式。一些词语的缩略形式在进一步的使用中，还可能发生再次的缩略。

从词语的使用范围来看，一些概念在特定范围内的使用率高出一般交际场合，因此在小范围内高频使用的词语也容易发生缩略，导致小范围内特有的缩略词语远多于一般交际场合中的同类成分，或者说，很多缩略词都有明显的群体背景。同时，在特定群体背景的支持下，词语在缩略中会更倾向于采用成词成分作为代表形式。

（2）从长度上看，原形式在双音节以上的词都可能发生缩略，其中，四音节到六音节的词语尤其容易发生缩略。缩略形成的词语，则以双音、四音以及三音形式为主。一些使用者熟悉度偏低的词语，因表意方面的需要，会产生较长的缩略形式，但一般不超过八九个音节。

发生缩略的原形式与缩略后的形式之间有直接关系，但这种关系不是简单的对应关系：原形式长的词语，缩略形式不一定长；原形式短的词语，缩略形式不一定短。尤其一些原形式偏长的词语，有的缩略后变得很短，有的仍然较长、内含复杂。

（3）词语原形式的结构对缩略有影响。①由2~4个长度均衡的构成成分组成的词语，往往从构成成分中各选一个不成词成分，组合成缩略形式。②两项并列的原形式，容易产生双音缩略形式，或在双音组合之上加上共有项，构成四音缩略形式。③多项并列结构的词语（包括内含多项并列结构的多层复合词语），为照顾各并列项而需分别从各项中选取代表形式，容易产生比较长的缩略形式。④形式较短的偏正结构，比较容易出现采用修饰成分或中心成分作为缩略代表形式的现象，但多数情况下，偏正结构词语的缩略多从偏、正两个部分各取一个不成词成分作为代表形式，构成双音缩略形式，或从这两个部分各取两个音节构成四音缩略形式；结构简单的动宾结构则往往从谓语和宾语中各取一个不成词成分构成缩略形式。⑤结构复杂、语义内涵丰富、形式偏长的词语，在缩略中往往从结构的主干层面选择个别不成词语素，形成一个形式简短的缩略形式，而不顾及各部分的意义。

（4）缩略是词语形式的变化，因此，在形式上居于首位的音节，包括全词首段和词语中各词段首位的音节，是缩略的首选形式。一般说来，缩略后的形式应该有较强的区别性。但是，受不同群体支持的缩略形式常常可以同形；在同一范围内，概念意义类同的不同原形式，其缩略也常常同形，跟词的多义性一致。

（5）尽管从本质上看，在选择缩略代表成分时不必考虑词性和意义，但语言的系统性会不断地对缩略产生影响。在当代的缩略中，语言系统的影响日益明显，缩略代表成分的意义、词性及语法功能等方面的因素，越来越多地在缩略过程中受到关注。①采用成词成分缩略，与修辞中的代称或专指一致，带有明显的意义取向。②在不成词成分的选择中，词段中的首音节符合顺序优先原则，但缩略也常不采用首音节而采用次音节或第三音节，则是出于意义方面的考虑。被选形式在意义和功能方面起着越来越大的作用。③越来越多的成词成分（尤其是居末尾的成词成分）与不成词成分组合成缩略形式，也是意义在其中起作用的结果。④发生缩略的词语中的连接性虚词，多数时候都被略去，但出于意义和韵律的考虑，一些连接性的虚语素会保存在缩略形式之中。⑤类推的作用，造成了一批缩略语素，这既有利于使用者对已经出现的缩略形式的理解，也方便了新的缩略形式的产生。

6 汉语缩略规范方案研究

6.1 缩略及其规范

缩略是语言应用中对词语形式的缩短和简省。相对于词语的原形式，缩略形式是新生、变异的成分，便捷而缺乏庄重性，比较适用于非正式的语境。缩略形式在长期普遍使用之后，其非正式色彩会逐渐消去，与一般词语没有区别。

缩略属于语用中的变异现象，它在语言任意性的支持下，改变了语言的约定性，具有打破规范的意义。因而，对缩略形式的规范属于程序性规范，而不是典范规范，即确定它的意义和形式，以方便大众语用，但并不意味它是应该推广的语用成分。制定缩略的规范，重在服务于语用实践，不仅方便创制者对缩略的创制，更是方便受众对缩略的理解，即努力在缩略的创制者和接受者之间寻求沟通、达成共识。

6.2 缩略的方式

缩略把一个较为冗长的词语形式缩简为较短的形式，即从原形式中选择部分成分构成新形式。通常有四种选择成分的方法。

6.2.1 选用成词成分

选用原形式中的成词成分来代表这个词语，以从居首或居末的词中选一个或一段为常。比如"中产阶级"作"中产"、"水电站建筑物"作"水电站"选取了原形式的前段，"中国酒工艺学"作"酒工艺学"、"服装立体裁剪"作"立体裁剪"选取了原形式的后段。偶有选择居中的词，如在四川大学校园里，把"华西临床医学院"叫作"临床",把课程"亚洲新兴经济体的增长与转型"叫作"新兴经济体"。从原形式中选择两段的情况也不多见,比如"国际合作与交流处"作"国际处"、"普通话语音形象提升训练"作"普通话提升训练"。

成词缩略中被选词的专门性,对缩略词的分辨度有很大的影响。专门性强的词,分辨度高,比如"中国工农红军——红军""复旦大学——复旦",可以在各类场合使用。具有一定行业或话题背景的词,也有相当高的分辨度,比如涉及汽车品牌,说"一辆红旗"或"一辆东风",也不会引起误解。很多成词缩略的用词没有专门性,只有小范围的背景支持,因而其使用的局限性很大,不宜推广。

选用成词成分的缩略,内部结构完整,但除非被选的成词分成有较高的专门性并且普遍使用,多数情况下,缩略义容易跟原义发生混淆,在表达上顾此失彼,导致歧义歧解,使用很受限制。

6.2.2 选用不成词成分

选用原形式中的不成词成分,可以兼顾原词语的不同部分的语义。被选用的成分可以是语素,也可以小于语素,如"毛选(毛泽东选集)""奥运(奥林匹克运动)"。

人们常常从原形式的构成词中各选一个不成词成分,构成这个词语的缩略形式,这样能够比较全面地对应原形式,方便他人解读,如"彩色电视机——彩电"。有多项并列关系的原形式,尤其会采用这种缩略方式,构成一个偏长的缩略形式,如"革命老区、少数民族地区、边远地区、穷困地区——老少边穷"。多层结构关系的词语,可以从主干入手,从各结构单位中分别选取一个代表成分,如"打击黑社会,消除恶势力——打黑除恶"。如果原形式偏长且结构关系复杂,难于照应,则会从表达的重点部分选取代表成分,构成一个简略的形式,如"保证全年 GDP 增长率百分之八——保八",其中,一些带有背景性的修饰限定成分会首先被略去,如"全年""GDP 增长率"。

选用不成词成分的缩略,通常采用各构成词或词组的第一个成分,如"反对恐怖主义——反恐"。出于表意或对词汇形式等其他因素的考虑,也会选用第二或更后的成分,如"股市恢复挂牌交易——复牌""李宇春的歌迷——宇迷,谐作'玉米'"。

6.2.3　兼用成词和不成词成分

这是上两种方法的综合，即从原形式中抽取一个成词成分，加上从其他部分抽取的不成词成分，综合成词，比如"马克思列宁主义——马列主义""全球移动通信系统——全球通""四个老人、两个年轻人、一个孩子的家庭——四二一家庭"。

在这种缩略方式中，成词成分和不成词成分互相补充：由于不成词成分的出现，成词成分的歧义歧解消除了；成词成分在表意上的清晰性，弥补了不成词成分在表意上的不足。但是，由这种方式构成的缩略形式大多偏长，不如前两种简略。

6.2.4　合并音节的缩略

把被缩略的词语中相邻的两个音节合并成一个音节，也称为合音。合并形成的音节，一般在汉语音节系统中已经存在，并与原来的读音有所不同。

合并音节的缩略，发生在可以独立使用的两个音节中，合音后采用新造字来记录新音节，比如"三十——卅""舅母——妗"。不少情况下，这种缩略以三音节词语中的双音组合为对象，合音之后往往借用意义不相关的同音字来记录新音节，比如"多早晚——多咱""男朋友——男票"；有时候，会把原词语中没有缩略的那个音节的用字也改写了，比如"这样子——酱紫"中，"子"的读音没变，但写法变了。偶尔也有并不改变用字的情况，比如"这一个——这个"，"这"的实际读音由"这一个"中的 zhè 变为"这个"中的 zhèi①，但书面上没有任何体现。

合并音节构成新音节的缩略，大多带有明显的口头色彩，或直接产生于口头表达中。

6.2.5　夹杂外语词的汉语词语缩略

在汉语中夹杂外语成分，是一种语码混用，对汉语有侵蚀作用，不宜提倡。但受语言接触的影响，语用中，这类现象普遍存在，需要正面对待。

---

①　zhèi 这个音节比较特殊，是现代汉语语音系统中因缩略而新增的，但它跟系统中带有明显口语色彩的几个音节 cèi（㧱）、shéi（谁）、zéi（贼、鲗）互相支持，因而可以成立。

汉语词语夹杂外语成分的现象，包括在汉语词语中使用外语字母，以及在汉语词语中采用外语词语构成词组。缩略中，对混杂外语词的汉语词语作处理时，其中的外语词个性明显，容易被选为代表形式，但由于这类形式在表达上跟汉语缺乏联系，表达的提示性不足，在理解上存在很大的障碍。如果能够采取得力的规范手段，抑制汉语中的语码混用现象，就可以克服这类理解障碍。

翻译为汉语、用汉字书写的外来成分，是汉语对外来成分的吸收，跟语码混用没有关系。这类词语的缩略是汉语词语缩略中的正常现象，比如"马克思列宁主义——马列主义"。

6.2.6　缩略形式的表意作用

尽管缩略只是一种形式的变化，但缩略形式经常使意义表达受损。在缩略过程中，只要可能，应该尽量采用有表意作用的成分作为代表形式。这包括：从构成词中抽取语素的时候，考虑该语素的表意性，比如"保持平衡"作"持平"，用了"持"的持续、维持义；抽取成词成分时，也可以有同样的考虑，从一些过长的原形式中择取表意重心进行缩略，如"搜索引擎理论与实用技术——搜索引擎""大学生身心健康自我关注与管理——身心健康""供应链管理沙盘实训——沙盘实训"等。表意重心的确定跟使用者的语言环境有关，在同类概念中有明显区别性的成分自然是表达中有个性的成分，因而成为表意的重心。

当然，如果有某种特别的目的，比如有意造成双关，缩略的使用者就会故意选择可能造成歧义的代表形式。

6.3　缩略的语法特点

从缩略词与原词各成分的语法关系来看，在缩略过程中，有的词语原形式对缩略形式的结构影响较大，有的则不然。

6.3.1　并列词组的缩略

并列词组的缩略中，两项并列组合跟多项并列组合略有不同。多项并列组合，通常从每项选取一个代表形式，构成缩略形式，如"德育智育体育——德智体"；或者以各项代表形式做定语，加上各项共有的成分，如"德育智育体育——德智体育"。不少两项并列的组合，也采用这样的方式，如"动画漫画——动漫""打击假冒伪劣商品，维护消费者权益——打假维权""上水道下水道——上下水道"；但也有少数字数不对等的两项并列组合，只采用其中一项，略去另一项，如"概率与数理统计——概率""讲座及国际交流——国际交流""室内空气污染与健康——室内空气污染"。在并列项的字数太多时，可以只采用其中一项的部分，这些部分可以是成词的，如"安全学原理与管理学——安全学"；也可以是不成词的，如"金属材料科学与工程技术的进展——金材""供暖通风与空气调节——暖通"。

6.3.2　偏正词组的缩略

偏正词组的缩略，多从两个部分各取一个不成词的语素构成缩略形式，比如"部颁标准——部标""边境贸易——边贸"。原形式较长时，也可从两个部分各取一个成词成分，构成四音缩略形式，如"中外电影经典赏析——电影赏析""英语短篇小说选读——小说选读"，或一部分采用成词成分，一部分采用不成词语素，构成四音或更长的缩略形式，如"保险专业英语——保专英语""操作系统课程设计——操作系统课设""保持共产党员先进性教育——保先教育"。

但也有的只采用限定成分，如"中产阶级——中产""有机化学——有机"；或限定语的一部分，如"小资产阶级——小资""近世代数基础——近代""思想道德修养与法律基础——思修"。也有只采用中心语的，如"国际私法——私法""供应链管理沙盘实训——沙盘实训"；或中心语的一部分，如"高分子材料成型模具——模具"。

6.3.3　主谓词组的缩略

主谓词组的缩略，多从主谓两个部分中各取一个不成词语素构成双音缩略形式，如"军事演习——军演""星级饭店评定——星评"。也有采用一个成词成分构成四音形式的，如"银行和政府合作——银政合作"；或分别采用两个成词成分，如"西方思想文化史原著选读——原著选读"。

涉及主、谓、宾三个部分的，则从三个部分分别抽取一个成分构成三音缩略形式，如"小学升初中——小升初""拨款改为贷款——拨改贷""民办教师转为公办教师——民转公"。

6.3.4 动宾词组的缩略

动宾词组的缩略，一般从动宾两个部分各抽取一个不成词成分作为代表形式，如"爆冷门——爆冷""参加展览——参展""普及法律知识——普法""打击非法出版物——打非"。

也有为了表意明确，采用更复杂的代表形式的，如"五次连续夺得冠军——五连冠""解码国家安全——解码国安"。

6.3.5 缩略调序

少数词语在缩略之后，为适应汉语语法和语义表达的习惯，会出现调整各成分顺序的现象。比如"农村旱厕改造工程"，在以限定成分"农村旱厕改造"为缩略的基础，选取"农村""厕""改"四个成分之后，改变"厕""改"的顺序，构成更为通俗易解的主谓宾结构的"农村改厕"，而没有采用原含有施受关系倒置的被动结构"农村厕改"，更有利于在农村地区开展宣传。①

总之，从结构上看，在语法结构和语音节律一致的情况下，在原形式长度适宜时，人们会照顾原形式的语音节律，从中抽取不成词的代表形式，构成双音节或四音节的缩略词。有时，为了表意的需要，也可能从个别部分抽取成词成分，跟其他不成词成分组成三至六音缩略形式。但如果发生缩略的原形式过长，无法照顾各段节律的时候，就可能从原形式中抽取一个表意性强的成词成分作为代表形式；或者以表意强的词语为基础，抽取不成词成分作代表形式；也可以整个结构框架为基础，分段抽取成词或不成词成分作为代表形式。

当语法结构和语音节律不一致的时候，明确的结构关系会压倒节律，成为选择的依据，如"非典型性肺炎——非典"，不过，这类现象并不多见。

6.4 缩略后再组

以上讨论的缩略现象是自足的，即通过缩略直接构成了一个新的词汇形式。也有一些词语在缩略后并不能独立，它们需要通过与其他成分组合才能成

---

① 参照"教改""房改"等被动的主谓结构"～改"，"厕改"可以成立，但鉴于使用语境，它不太适宜。

立，具有不自足的特点。由于它们不是直接通过缩略成词，因此，从严格的意义上讲，它们并不是缩略词，而是借助缩略造成的语素再构成的复合词。根据缩略后再组的特点，这种词可以分为三类。

6.4.1 缩略后重叠

有些词，主要是幼儿口语中的双音词，在缩略为单音节之后会重叠使用，比如母亲的母亲叫"老娘"，缩略为"老老"（如《红楼梦》中的刘老老），现在写作"姥姥"（跟"老娘"相对的"老爷"没有缩略，但受"姥姥"的影响，写成了"姥爷"）。现代网络用语中，有人把"东西"缩略为"东"，再重叠为"东东"，带有明显的儿稚气息。

6.4.2 缩略后组成数量结构

多项并列的概念可以用一个固定的数量词组指称，其中，如果中心成分来自原形式的，就含有缩略因素，并有很高的成词性。这一类用于缩略的成分的最大特点，就是共有性，即它们是各并列项中共有的成分。含有缩略因素的数量结构有以下几种表现形式：

（1）数量词加缩略成分。从并列词组中抽取共有成分，加上并列项的数和量词"个"构成新词，如"统筹城乡发展，统筹区域发展，统筹经济社会发展，统筹人与自然和谐发展，统筹国内发展和对外开放——五个统筹"。这类数量组合长度以四音节为主，从现代汉语的角度来看，结构完备，形式规整。

（2）数词加缩略成分。从并列词组中抽取共有的成分，加上表示并列项的数字，构成新词，如"领导混乱、财务开支乱、人员安排乱——三乱"。有些并列词组充当限定成分或受其他成分限定，在缩略中，可以只取并列部分，构成数字加缩略成分的组合，如"公开、公正、公平的办事原则——三公"。还有一种情况是，数字加缩略成分后，再加上并列词组之外的成分，如"农村、农业和农民方面的问题——三农问题"。这类组合不带量词，与常规的现代汉语数量组合不同，相对简洁，使用比较广泛。

（3）对称的数词加缩略成分。这类词语出现在涵盖两个或多个对立或对应概念的表达中，它的原形式中并列的几个概念区分为两项或多项，如"保持经济平稳较快发展，控制物价过快上涨——保一控""联县、联乡和包村扶贫——两联一包""讲文明，讲礼貌，讲工生，讲秩序，讲道德；心灵美，语言美，行为美，环境美；热爱祖国，热爱社会主义，热爱中国共产党——五讲四美三热爱"，其中每项为一个方面，前后项分属不同类别，形成对应。也可以从复合的并列项中分别提取缩略成分，如"增产节约，增收节支——双增双节"，其中每一项中包含两个方面，分别提出两个缩略成分。这类组合中，抽取的缩略成分除了各项共有之外，在结构和语义上都有明显的类同关系，形成了一种隐性的共有性。

6.4.3　缩略后加区别或标志

一些词在缩略后不单用，需要跟其他成分组合使用。如"局长"缩略为"局"，须加上姓作区别，构成"张局""李局"等；"老师"缩略为"老"，加上姓构成"张老""李老"等。有些词在缩略后，加上词汇的标记成分，比如"外国人"缩略成"外"，加上词头"老"构成"老外"。这一类的缩略再组，往往带有比较重的口语色彩和比较强的流行性，具有短时爆发的特点。

除了上述各类缩略再组形式之外，缩略词也可以作为构词成分，与其他构词成分组合。比如由"高等院校入学考试"缩略为"高考"，再复合为"成人高考"；"空气调节器"缩略为"空调"，再复合为"空调病"；等等。在缩略词日益普遍的今天，这类现象越来越常见。

6.5　其他与缩略相似的词汇现象

有一些现象也常常被认为是缩略，但它们跟严格意义上的缩略有所不同。

6.5.1　汉语拼音字母缩写

受外语形式的影响，一些汉语词采用了拼音字母缩写形式。由于拼音字母的笔画普遍比汉字笔画简省，且与许多印欧语的文字同形，有较高的国际通行度，所以拼音字母缩略正逐渐流行起来。汉语拼音缩写有不同的读法，比较通行的有两种：读成英语字母，或读为汉字。

其中，有些汉语拼音字母缩写跟缩略无关，比如把"人民币"写作"RMB"，这个"RMB"如果读为汉字，仍然是"人民币"，没有简省，而按英语字母读，语音形式比"人民币"还复杂。有些拼音字母形式似乎跟缩略有关，但并不是缩略。比如：火车车次"T8"，指特快八次（或八次特快），其中"T"表示"特快"，但用汉语读，"T8"应该读作"特八"，"T"是"特"的书面缩写形式，而"特"则是"特快"的缩略。可见，缩略发生在字母缩写之前，字母缩写本身并不是缩略。有些采用复音词的拼音首字母构成缩写，比如"汉语水平考试"分别选取"汉语""水平""考试"三个词的拼音首字母构成"HSK"，但如果采用英语字母的读法，仍然跟汉语缩略没有关系；如果读成"汉水考"则跟缩略有关，但事实上，并没有人采用"汉水考"这样的读法。

6.5.2　借形反悖词

借形反悖词指将人们熟习的词语，采用解读缩略词的方法，从字面上作重新解释，赋予它一个相反的意义，比如把"天才"解释为"天生蠢材"。这类词语的形成过程跟缩略相反，它不是在一个常用的词语基础上缩减而成，相反，它是在一个常用词的基础上，通过逐字的推衍，拼凑出新的意义，具有浓厚的游戏色彩，缺乏严肃性，且造成歧义，不宜用于常规的语言交际。

6.5.3　缩形词

从描写某一事件的相关词语中，分别抽取一个字，构成一个生硬的新组合，比如"普天同庆、大快人心、喜出望外、奔走相告——普大喜奔""十分感动，然后拒绝——十动然拒"等。由于缩形词语中的每一个字都对应一个与之相关的词，因此，缩形词被认为是这些词语的简缩形式。但缩略是在大家熟习的词语的基础上产生的一个陌生的新形式，人们可以利用已有的语言经验复原它的原形式而达成理解；缩形词的原形式并不是一个大家熟习的词语，对在这个词语的基础上产生的陌生新形式，人们无法利用已有的语言经验进行解读，只能通过专门的记忆来了解它的意思。由于缺乏语用基础，缩形词大多非常生硬，可以把这类现象看作缩略的边缘成分。

6.6　缩略的特点

6.6.1　缩略代表成分的个性表现

缩略把一个复杂的词语形式缩为简短的形式，因此，缩略形式应该具有个性，以保持跟其他词汇单位的区别度。缩略代表形式选取中的个性原则，在不同的环境下有不同的表现。

在缩略中选用成词成分，容易造成歧解，因而受到限制。有些成词缩略形式依靠语境的支持，在一定的范围内具有区别度，比如在提及同一学校内各单位的语境下，"物理""化学""历史"，可以分别表示物理学院、化学学院、历史学院。不同的事物通用程度不同，它所需要的背景支持也不相同。一些在其他情况很少使用的词具有更高的区别度，比如"公社"指"人民公社"；在同类概念中最具典型性的概念，也可以以偏概全，采用通用成分特指这一典型成分，如用"团"指称"中国共产主义青年团"，无须再加说明。

在一次缩略中同时采用两个成词成分，或一个成词成分加上不成词成分，也可以形成有个性的缩略形式。

一般情况下，缩略构成一个新的词汇形式，要避免与已有的词汇形式相同。但有些情况下，出于修辞的需要，人们会有意识地让缩略形式跟已有的词汇形式同形，构成双关。双关的缩略形式富于表达色彩，但不适宜于严肃、正式的语境。

并列结构的词语，通常采用各并列项中的不同成分，构成缩略形式，被择取的构成成分通常是不成词成分。但是，在并列结构词语基础上形成的数量，却采用各并列项中的相同成分，这些构成成分往往是成词的。

6.6.2 缩略的时空背景

时间、地域和社会分工导致语用环境的差异，进而可能导致同形缩略的产生。

社会的发展变化，致使一些词语在使用一段时间之后就不再使用，与之相应的缩略形式也退出语言交际，这为后来发生的缩略采用相同形式提供了可能。比如抗战时期的"西南联合大学"被称为"联大"，抗战胜利后联大解散，现在，人们通常用"联大"作为"联合国大会"的缩略形式。

有些缩略形式的使用有地域限制。比如山东大学在山东叫"山大"，而山西大学在山西也叫"山大"，各自在本省内使用，离开本省就不宜使用缩略形式了。地域因素还造成同一形式的不同缩略结果：在天津范围内，南开大学缩略为"南大"，因为本地有不少以"南开"命名的单位；在全国范围内，人们习惯用"南大"称南京大学，而全国的大学中只有南开大学以"南开"命名，因此其缩略形式为"南开"。

社会分工形成了复杂的行业关系，在不同的行业群体中，不同原形式也可能有相同的缩略形式，比如中国人民大学在高校系统中被称为"人大"，而在国家政治领域内，"人大"则指人民代表大会。由于许多词语在特定群体的交际中具有超出一般的高使用率，因此大量的缩略形式都具有特定的社会群体背景，其中部分与全社会关系较密切的缩略形式会随公共交流走向社会。

6.6.3 缩略词的长度

缩略的形式通常以双音节至四音节为主，这与现代汉语词汇的一般长度一致。其中，双音形式是主要的词汇形式，一些四音缩略形式在应用中可能发生再次缩略，形成双音形式。缩略形式偶有采用超过四音节的长度，这主要是出于表意方面的考虑。

缩略是汉语运用中自然产生的现象，从无意之中形成的缩略，到人们有意创造新的缩略形式，缩略在现代语用生活中的影响正在扩大。现代生活中，很多概念越来越复杂，汉语词汇长度也在不断地增长，作为一种自然的调节手段，对过长的词语作缩略处理，正成为一种常见的词汇手段。不过，从语言的实际使用情况来看，由缩略造成的词大多还处在不稳定的状态，有待语用实践的筛选。

主要参考文献

陈慧. 汉语缩略语的认知基础[J]. 咸宁学院学报，2005(2).

陈望道. 修辞学发凡[M]. 上海：上海人民出版社，1976.

刁晏斌. 港台汉语独特的简缩形式及其与内地的差异[J]. 华文教学与研究，2011(1).

刁晏斌. 试论当代汉语[J]. 河北师范大学学报，2014(1).

丁秀菊. 缩略语产生探析[J]. 山东大学学报，2003(6).

高岩. 网络语言中缩略词的分析与研究[J]. 语文建设，2014(5).

宫齐，聂志平. 现代汉语四字词语缩略的制约条件[J]. 语言文字应用，2006(1).

郭国权. 关于缩略语的界定及相关问题的探讨[J]. 佳木斯大学社会科学学报，2009(6).

黄元龙，刘宇红. 试论缩略语的理据：省力原则[J]. 河南理工大学学报，2009(3).

蒋向勇. 现代汉语缩略语构造的取首原则及其认知理据[J]. 湖北大学学报，2015(5).

荆莉. 探析汉语缩略语的简缩理据[J]. 安徽农业大学学报，2008(1).

李芳. 现代汉语数字缩略语浅析[J]. 现代语文，2007(8).

李军华. 符号的颠覆与重构：网络缩略语研究[J]. 甘肃社会科学，2007(3).

李俊华. 网络缩略语探析[J]. 西南科技大学学报，2011(5).

刘杰. 汉语缩略语研究的回顾与展望[J]. 阜阳师范学院学报，2007(1).

刘萍. 缩略词语基本原则探析[J]. 鞍山师范学院学报，1999(2).

马庆株. 缩略语的性质、语法功能和运用[J]. 语言教学与研究，1987(3).

任衾瑶. 从网络语言看汉语缩略语现象[J]. 语文知识，2007(3).

施春宏. 网络语言的语言价值和语言学价值[J]. 语言文字应用，2010(3).

田贇宗，肖九根. 汉语缩略语的构成方式及缩略机制[J]. 江西师范大学学报，2006(6).

王吉辉. 现代汉语缩略词语研究[M]. 天津：天津人民出版社，2001.

王吉辉，焦妮娜. 汉语缩略规范原则（草案）[J]. 术语标准化与信息技术，2009(1).

王珏. 缩略语文化传播功能初探[J]. 宁波大学学报，2005(2).

王立廷，沈基松，张小平. 缩略语[M]. 北京：新华出版社，1998.

王林鱼. 现代汉语的缩略语[J]. 内蒙古电大学刊，2006(8).

吴翠芹. 缩略语及其与原词语的关系[J]. 广西社会科学，2005(3).

徐国庆. 缩略语与原词语的语义联系[J]. 语文建设，1998(2).

殷志平. 构造缩略语的方法和原则[J]. 语言教学与研究，1999(2).

俞理明. 汉语缩略研究——缩略：语言符号的再符号化[M]. 成都：巴蜀书社，2005.

曾庆娜. 试论缩略语的规范问题[J]. 呼伦贝尔学院学报，2008(5).

张道新. 缩略语的认知考察[J]. 通化师范学院学报，2004(3).

张小克. 现代汉语缩略语新论[J]. 广西民族学院学报，2004(3).

张治国，杨玲. 缩略语成因之探究[J]. 山东外语教学，2003(2).

附录　本研究的缩略语料以及处理细节

本研究对三份缩略语料，按如下规则处理：

（1）发生缩略的形式，称为原形式；缩略后的形式，称为缩略形式。

（2）对原形式内部结构的切分，参考原形式与缩略形式之间的联系确定，原形式长的，切分偏粗，原形式短的，切分偏细。

（3）根据语义、韵律和结构关系，每个被缩略词至少切分为两段，由多词构成的原形式，必要时可合并为一个词段。

（4）虚词单独处理，标作"＊"，不归入切分的词段。

（5）缩略中，采用原形式中的成词成分，以"首""中""尾"表示，或称"首词""中词""尾词"；连续两个或多个处在原形式前列、中间或末尾的词段，称为"首段""中段""尾段"。在"首""中""尾"下标数字表示该词或词段的字数。原形式中的不成词成分，则以原形式中的成词成分为基础，按顺序用字母 A、B、C 等表示该成分在词中的位次。

（6）同一原形式被缩略成不同的缩略形式，视为不同的词项，并在这一原形式后用数字标出它所具有的缩略形式数量。不同原形式被缩略成同一形式的，在这一缩略形式后用数字标出它所对应的原形式数量。

（7）表中"来源分析"栏分析缩略形式在原形式中的位置，用加法算式标出被缩略词语的分段以及每段的字数，其中连接的项是这个原形式的分段数，大字表示这一段的字数，下标小字表示被采用成分的位序，其中下标"♯"表示全部采用，其他数字表被用成分的位序，未标的表示没有采用，比如："$2_♯+1+3_2$"表示这个原形式分为三段，第一段有两个音节，第二段有一个音节，第三段有三个音节；缩略中，采用了第一段全部和第三段的第二字，第二段没有采用。

（8）表中"构成关系"栏分析缩略形式的构成，用汉字或字母标出各缩略形式在原形式中的位置。比如："首$_2$"表示采用了首段两个音节，"AAA"表示采用了第一、第二、第三段的第一个不成词成分；"BC"表示采用第一段第二个和第二段第三个不成词成分；大写字母后的下标字母表示同一段的不成词成分，如"AcA"表示第一段采用第一个和第三个不成词成分以及第二段第一个不成词成分。未被采用的词段用"—"标记，出现换语素现象（比如原形式中的"四川大学"改用"校"）用"♯"表示。

附录 A 《100 年汉语新词新语大辞典》（下卷）缩略词语

A1 一般缩略（520 条）

说明：以下各原形式，参考所用《辞典》释义并按来源作了简化处理。

表 Ⅰ 《100 年汉语新词新语大辞典》（下卷）一般缩略

缩略形式	字数	原形式	字数	结构	来源分析	构成关系
沙化	2	沙漠化	3	状中	$2_1 + 1_♯$	A 尾$_1$
博后	2	博士后—	3	定中	$2_1 + 1_♯$	A 尾$_1$
愤感	2	愤怒感	3	定中	$2_1 + 1_♯$	A 尾$_1$
彩迷	2	彩票迷	3	定中	$2_1 + 1_♯$	A 尾$_1$
藏家	2	收藏家	3	定中	$2_2 + 1_♯$	B 尾$_1$
班干	2	班干部	3	定中	$1_♯ + 2_1$	首$_1$A
扯眼	2	扯眼球	3	动宾	$1_♯ + 2_1$	首$_1$A
短信	2	短信息	3	定中	$1_♯ + 2_1$	首$_1$A
核武	2	核武器	3	定中	$1_♯ + 2_1$	首$_1$A
考雅	2	考雅思	3	动宾	$1_♯ + 2_1$	首$_1$A
考证	2	考证书	3	动宾	$1_♯ + 2_1$	首$_1$A
手模	2	手模特（参时装模特、汽车模特）	3	定中	$1_♯ + 2_1$	首$_1$A
小白	2	小白痴	3	定中	$1_♯ + 2_1$	首$_1$A
小蜜	2	小秘书	3	定中	$1_♯ + 2_1$	首$_1$A
磁浮	2	磁悬浮	3	状中	$1_♯ + 2_2$	首$_1$A
考级	2	考等级	3	动宾	$1_♯ + 2_2$	首$_1$B
闪存	2	闪存盘	3	定口	$2_♯ + 1$	首$_2$
军演	2	军事演习	4	主谓	$2_1 + 2_1$	AA
安检	2	安全检查	4	一主谓	$2_1 + 2_1$	AA

缩略形式	字数	原形式	字数	结构	来源分析	构成关系
吧丽	2	酒吧丽人	4	定中	2_1+2_1	AA
爆冷	2	爆出冷门	4	动宾	2_1+2_1	AA
避恋	2	避免恋爱	4	动宾	2_1+2_1	AA
边检	2	边防检查	4	状中	2_1+2_1	AA
边贸	2	边境贸易	4	状中	2_1+2_1	AA
部标	2	部颁标准	4	定中	2_1+2_1	AA
彩屏	2	彩色屏幕	4	定中	2_1+2_1	AA
彩市	2	彩票市场	4	定中	2_1+2_1	AA
参展	2	参加展览	4	动宾	2_1+2_1	AA
操控	2	操纵控制	4	并列	2_1+2_1	AA
掺糅	2	掺和糅合	4	并列	2_1+2_1	AA
场租	2	场地租金	4	定中	2_1+2_1	AA
超标	2	超过标准	4	动宾	2_1+2_1	AA
超模	2	超级模特	4	定中	2_1+2_1	AA
超男2	2	超级男声	4	定中	2_1+2_1	AA
超男2	2	超级男生	4	定中	2_1+2_1	AA
超女2	2	超级女声	4	定中	2_1+2_1	AA
超女2	2	超级女生	4	定中	2_1+2_1	AA
超市	2	超级市场	4	定中	2_1+2_1	AA
炒基	2	炒卖基金	4	动宾	2_1+2_1	AA
炒房	2	炒卖房屋	4	动宾	2_1+2_1	AA
炒股	2	炒卖股票	4	动宾	2_1+2_1	AA
撤诉	2	撤销诉讼	4	动宾	2_1+2_1	AA
撤约	2	撤销约定	4	动宾	2_1+2_1	AA
城标	2	城市标志	4	定中	2_1+2_1	AA
城雕	2	城市雕塑	4	定中	2_1+2_1	AA
城铁	2	城际铁路	4	定中	2_1+2_1	AA
处警	2	处理警务	4	动宾	2_1+2_1	AA
次按	2	次级按揭	4	定中	2_1+2_1	AA
错邮	2	错版邮品（或错体邮品）	4	定中	2_1+2_1	AA
达标	2	达到标准	4	动宾	2_1+2_1	AA
大本	2	大学本科	4	定中	2_1+2_1	AA
单贵	2	单身贵族	4	定中	2_1+2_1	AA

缩略形式	字数	原形式	字数	结构	来源分析	构成关系
电玩	2	电子玩具（游戏）	4	定中	2_1+2_1	AA
电邮	2	电子邮件	4	定中	2_1+2_1	AA
电游	2	电子游戏	4	定中	2_1+2_1	AA
动漫	2	动画、漫画	4	并列	2_1+2_1	AA
夺冠	2	夺得冠军	4	动宾	2_1+2_1	AA
恶炒	2	恶意炒作	4	状中	2_1+2_1	AA
恶搞	2	恶意搞笑	4	状中	2_1+2_1	AA
恶评	2	恶意评价	4	状中	2_1+2_1	AA
贩毒	2	贩卖毒品	4	动宾	2_1+2_1	AA
防反	2	防守反击	4	并列	2_1+2_1	AA
防近	2	防治近视	4	动宾	2_1+2_1	AA
房模	2	房屋模特	4	定中	2_1+2_1	AA
飞黄	2	（驾驶车辆）飞跃黄河	4	动宾	2_1+2_1	AA
愤富	2	愤恨富人	4	动宾	2_1+2_1	AA
愤青	2	愤怒青年	4	定中	2_1+2_1	AA
高铁	2	高速铁路	4	定中	2_1+2_1	AA
公测	2	公开测试	4	状中	2_1+2_1	AA
官微	2	官方微博	4	定中	2_1+2_1	AA
官网	2	官方网站	4	定中	2_1+2_1	AA
闺蜜	2	闺中密友	4	定中	2_1+2_1	AA
海警	2	海事警察	4	定中	2_1+2_1	AA
寒促	2	寒假促销	4	状中	2_1+2_1	AA
环评	2	环境评估	4	主谓	2_1+2_1	AA
混搭	2	混合搭配	4	状中	2_1+2_1	AA
机麻	2	机器麻将	4	定中	2_1+2_1	AA
畸恋	2	畸形恋爱	4	定中	2_1+2_1	AA
家装	2	家庭装修	4	状中	2_1+2_1	AA
假打	2	假意打击	4	状中	2_1+2_1	AA
减负	2	减轻负担	4	动宾	2_1+2_1	AA
较技	2	较量技艺	4	动宾	2_1+2_1	AA
节能	2	节约能源	4	动宾	2_1+2_1	AA
解困	2	解除困难	4	动宾	2_1+2_1	AA
禁毒	2	禁止毒品	4	动宾	2_1+2_1	AA

缩略形式	字数	原形式	字数	结构	来源分析	构成关系
经警	2	经济警察	4	定中	2_1+2_1	AA
竞拍	2	竞价拍卖	4	状中	2_1+2_1	AA
竞聘	2	竞争聘任（竞争获聘）	4	动宾	2_1+2_1	AA
竞投	2	竞争投标	4	状中	2_1+2_1	AA
举证	2	举出证据	4	动宾	2_1+2_1	AA
军企	2	军队企业	4	定中	2_1+2_1	AA
抗非	2	抗击非典	4	动宾	2_1+2_1	AA
课改	2	课程改革	4	一主谓	2_1+2_1	AA
空警	2	空中警察	4	定中	2_1+2_1	AA
恐袭	2	恐怖袭击	4	状中	2_1+2_1	AA
快递	2	快速递送	4	状中	2_1+2_1	AA
快男	2	参加"快乐男声"的男生——快乐男生	4	定中	2_1+2_1	AA
快女	2	参加"快乐女声"的女生——快乐女生	4	定中	2_1+2_1	AA
离活	2	离婚活动	4	定中	2_1+2_1	AA
离男	2	离婚男子	4	定中	2_1+2_1	AA
离女	2	离婚女子	4	定中	2_1+2_1	AA
裸奔	2	裸体奔跑 2	4	状中	2_1+2_1	AA
裸镜	2	裸体镜头	4	定中	2_1+2_1	AA
裸聊	2	（网上）裸体聊天	4	状中	2_1+2_1	AA
美商	2	美国商人	4	定中	2_1+2_1	AA
民学	2	民办学校	4	定中	2_1+2_1	AA
名博	2	名人博客	4	定中	2_1+2_1	AA
内审	2	内部审计	4	状中	2_1+2_1	AA
年检	2	年度检验	4	状中	2_1+2_1	AA
年审	2	年度审查	4	状中	2_1+2_1	AA
拍赃	2	拍卖赃物	4	动宾	2_1+2_1	AA
片警	2	片区警察	4	定中	2_1+2_1	AA
片医	2	片区医生	4	定中	2_1+2_1	AA
期市	2	期货市场	4	定中	2_1+2_1	AA
抢注	2	抢先注册	4	动宾	2_1+2_1	AA
染毒	2	染上毒瘾；染上病毒	4	动宾	2_1+2_1	AA

缩略形式	字数	原形式	字数	结构	来源分析	构成关系
沙排	2	沙滩排球	4	定中	2_1+2_1	AA
煽情	2	煽动情绪（或情感）	4	动宾	2_1+2_1	AA
商战	2	商业战争	4	定中	2_1+2_1	AA
社保	2	社会保险	4	定中	2_1+2_1	AA
社情	2	社会情况	4	定中	2_1+2_1	AA
申购	2	申请购买	4	动宾	2_1+2_1	AA
失婚	2	失去婚姻	4	动宾	2_1+2_1	AA
首代	2	首席代表	4	定中	2_1+2_1	AA
首付	2	首期付款	4	定中	2_1+2_1	AA
私聊	2	私密聊天	4	状中	2_1+2_1	AA
缩胸	2	缩小胸部	4	动宾	2_1+2_1	AA
台商	2	台湾商人	4	定中	2_1+2_1	AA
特警	2	特种警察	4	定中	2_1+2_1	AA
特首	2	特区首脑	4	定中	2_1+2_1	AA
团购	2	团体购物	4	状中	2_1+2_1	AA
团租	2	团体租赁	4	状中	2_1+2_1	AA
外储	2	外汇储备	4	定中	2_1+2_1	AA
外教	2	外籍教练（或外籍教师）	4	定中	2_1+2_1	AA
外企	2	外资企业	4	定中	2_1+2_1	AA
外资	2	外国资本	4	定中	2_1+2_1	AA
网店	2	网上店铺	4	定中	2_1+2_1	AA
网购	2	网络购物	4	状中	2_1+2_1	AA
网婚	2	网络婚礼	4	定中	2_1+2_1	AA
网奸	2	网络奸细	4	定中	2_1+2_1	AA
网警	2	网络警察	4	定中	2_1+2_1	AA
网考	2	网络考试	4	状中	2_1+2_1	AA
网恋	2	网上恋爱	4	状中	2_1+2_1	AA
网聊	2	网上聊天	4	状中	2_1+2_1	AA
网骂	2	网上骂架	4	状中	2_1+2_1	AA
网游	2	网络游戏	4	定中	2_1+2_1	AA
微博	2	微型博客	4	定中	2_1+2_1	AA
维和	2	维持和平	4	动宾	2_1+2_1	AA
维权	2	维护权益	4	动宾	2_1+2_1	AA

续表 I

缩略形式	字数	原形式	字数	结构	来源分析	构成关系
维稳	2	维持稳定	4	动宾	2_1+2_1	AA
委培	2	委托培养	4	动宾	2_1+2_1	AA
未男	2	未婚男子	4	定中	2_1+2_1	AA
未女	2	未婚女子	4	定中	2_1+2_1	AA
文档	2	文件档案	4	并列	2_1+2_1	AA
武警	2	武装警察	4	定中	2_1+2_1	AA
物管	2	物业管理	4	一主谓	2_1+2_1	AA
物流	2	物资流通	4	主谓	2_1+2_1	AA
心检	2	心理检查	4	一主谓	2_1+2_1	AA
新锐	2	新进锐气（指人或物）	4	并列	2_1+2_1	AA
巡展	2	巡回展览	4	状中	2_1+2_1	AA
研判	2	研究判断	4	并列	2_1+2_1	AA
摇青	2	摇滚青年	4	定中	2_1+2_1	AA
医诉	2	医疗诉讼	4	状中	2_1+2_1	AA
艺考	2	艺术考试	4	定中	2_1+2_1	AA
娱记	2	娱乐记者	4	定中	2_1+2_1	AA
执纪	2	执行纪律	4	动宾	2_1+2_1	AA
直补	2	直接补贴	4	状中	2_1+2_1	AA
直销	2	直接销售	4	状中	2_1+2_1	AA
职场	2	职业场所	4	定中	2_1+2_1	AA
职粉	2	职业粉丝	4	定中	2_1+2_1	AA
职介 2	2	职业介绍	4	一主谓	2_1+2_1	AA
制毒	2	制造毒品	4	动宾	2_1+2_1	AA
质监	2	质量监督	4	一主谓	2_1+2_1	AA
智残	2	智力残疾	4	主谓	2_1+2_1	AA
智障	2	智力障碍	4	主谓	2_1+2_1	AA
澳语	2	澳式英语	4	定中	2_1+2_1	AA
农工	2	农业工人	4	定中	2_1+2_1	AA
智商	2	智力商数	4	定中	2_1+2_1	AA
健商	2	健康商数	4	定中	2_1+2_1	AA
情商	2	情绪商数	4	定中	2_1+2_1	AA
双选	2	双向选择	4	状中	2_1+2_1	AA
速递	2	快速递送	4	状中	2_2+2_1	AA

缩略形式	字数	原形式	字数	结构	来源分析	构成关系
布控	2	布置监控	4	动宾	2_1+2_2	AB
夺标	2	夺取锦标	4	动宾	2_1+2_2	AB
参赛	2	参加比赛	4	动宾	2_1+2_2	AB
非版	2	非法出版	4	状中	2_1+2_2	AB
抚触	2	抚摩接触	4	并列	2_1+2_2	AB
公贿	2	（用）公款行贿	4	状中	2_1+2_2	AB
官谎	2	官员撒谎	4	主谓	2_1+2_2	AB
涵括	2	涵盖包括	4	并列	2_1+2_2	AB
韩食	2	韩国饮食	4	定中	2_1+2_2	AB
豪宅	2	豪华住宅	4	定中	2_1+2_2	AB
驾照	2	驾驶执照	4	定中	2_1+2_2	AB
空姐	2	空中小姐	4	定中	2_1+2_2	AB
冷码	2	冷门号码	4	定中	2_1+2_2	AB
裸跑	2	裸体奔跑 2	4	状中	2_1+2_2	AB
裸装	2	裸露着装	4	状中	2_1+2_2	AB
美语	2	美式英语	4	定中	2_1+2_2	AB
民师	2	民办教师	4	定中	2_1+2_2	AB
配置	2	配备装置	4	并列	2_1+2_2	AB
骗汇	2	骗取外汇	4	动宾	2_1+2_2	AB
签售	2	签名销售	4	状中	2_1+2_2	AB
热码	2	热门号码	4	定中	2_1+2_2	AB
筛查	2	筛选测查	4	并列	2_1+2_2	AB
审读	2	审查阅读	4	并列	2_1+2_2	AB
世姐	2	世界小姐	4	定中	2_1+2_2	AB
推盘	2	推销楼盘	4	动宾	2_1+2_2	AB
网德	2	网上道德	4	定中	2_1+2_2	AB
网盘	2	网络硬盘	4	定中	2_1+2_2	AB
网友	2	网上朋友	4	定中	2_1+2_2	AB
网语	2	网络用语	4	定中	2_1+2_2	AB
网誉	2	网上声誉	4	定中	2_1+2_2	AB
吸纳	2	吸收接纳	4	并列	2_1+2_2	AB
协勤	2	协助执勤	4	状中	2_1+2_2	AB
业态	2	业务状态	4	定中	2_1+2_2	AB

缩略形式	字数	原形式	字数	结构	来源分析	构成关系
医德	2	医疗道德	4	定中	2_1+2_2	AB
愿景	2	愿望前景	4	并列	2_1+2_2	AB
街吧	2	街边酒吧	4	定中	2_1+2_2	AB
婚活	2	结婚活动	4	定中	2_1+2_1	BA
名导	2	著名导演	4	定中	2_1+2_1	BA
车模2	2	汽车模型	4	定中	2_2+2_1	BA
车模2	2	汽车模特	4	定中	2_2+2_1	BA
沉婉	2	深沉、婉转	4	并列	2_2+2_1	BA
持平	2	保持平衡2	4	动宾	2_2+2_1	BA
待聘	2	等待聘用	4	动宾	2_2+2_1	BA
导航	2	引导航行	4	动宾	2_2+2_1	BA
导游	2	引导游览2	4	动宾	2_2+2_1	BA
罚没	2	处罚、没收	4	并列	2_2+2_1	BA
房贷	2	购房贷款	4	定中	2_2+2_1	BA
峰会	2	高峰会议	4	定中	2_2+2_1	BA
护市	2	保护市场	4	动宾	2_2+2_1	BA
积蕴	2	沉积蕴含	4	并列	2_2+2_1	BA
路考	2	道路考试（理论考试、场地考试）	4	状中	2_2+2_2	BA
名模	2	著名模特	4	定中	2_2+2_1	BA
速配	2	迅速配对	4	状中	2_2+2_1	BA
脱贫	2	摆脱贫困	4	动宾	2_2+2_1	BA
内企	2	国内企业	4	定中	2_2+2_1	BA
人平	2	每人平均2	4	状中	2_2+2_1	BA
熟男	2	成熟男性	4	定中	2_2+2_1	BA
熟女	2	成熟女性	4	定中	2_2+2_1	BA
志商	2	意志商数	4	定中	2_2+2_1	BA
财商	2	理财商数	4	定中	2_2+2_1	BA
潮人	2	新潮人士	4	定中	2_2+2_1	BA
持衡	2	保持平衡2	4	动宾	2_2+2_2	BB
体绘	2	人体彩绘	4	定中	2_2+2_2	BB
店誉	2	商店信誉；店铺信誉	4	定中	2_2+2_2	BB
截访	2	阻截上访	4	动宾	2_2+2_2	BB

续表 I

缩略形式	字数	原形式	字数	结构	来源分析	构成关系
待业	2	等待就业	4	动宾	2_2+2_2	BB
导播	2	指导演播	4	动宾	2_2+2_2	BB
导厕	2	引导入厕	4	动宾	2_2+2_2	BB
导览	2	引导游览 2	4	动宾	2_2+2_2	BB
导流	2	疏导客流	4	动宾	2_2+2_2	BB
导买	2	引导购买，或引导购买的人员	4	动宾	2_2+2_2	BB
色贿	2	（用）美色行贿	4	状中	2_2+2_2	BB
游贿	2	（用）旅游行贿	4	状中	2_2+2_2	BB
盘跌	2	大盘下跌	4	主谓	2_2+2_2	BB
网瘾	2	上网成瘾	4	定中	2_2+2_2	BB
星探	2	明星侦探	4	定中	2_2+2_2	BB
央行	2	中央银行	4	定中	2_2+2_2	BB
疑似	2	怀疑近似	4	动宾	2_2+2_2	BB
人均	2	每人平均 2	4	状中	2_2+2_2	BB
考研	2	考研究生	4	动宾	$1_\#+3_1$	首$_1$A
省图	2	省图书馆	4	定中	$1_\#+3_1$	首$_1$A
市图	2	市图书馆	4	定中	$1_\#+3_1$	首$_1$A
中产	2	中产阶级	4	定中	$2_\#+2$	首$_2$
超粉	2	超女的粉丝	5	定中	2_1*2_1	AA
股疯	2	股市的疯狂	5	定中	2_1*2_1	AA
环发	2	环境与发展	5	并列	2_1*2_1	AA
卖单	2	（金融市场）卖出的单据	5	定中	2_1*2_1	AA
拍价	2	拍卖的价格	5	定中	2_1*2_1	AA
主业	2	主要的业务	5	定中	2_1*2_1	AA
煮男	2	煮饭的男性	5	定中	2_1*2_1	AA
盒饭	2	何洁的粉丝（谐"何粉"）	5	定中	2_1*2_1	AA
帮残	2	帮助残疾人	5	动宾	2_1+3_1	AA
帮贫	2	帮助贫困户	5	动宾	2_1+3_1	AA
彩电	2	彩色电视机	5	定中	2_1+3_1	AA
朝核	2	朝鲜核问题	5	定中	2_1+3_1	AA
光驱	2	光盘驱动器	5	定中	2_1+3_1	AA
禁摩	2	禁止摩托车	5	动宾	2_1+3_1	AA

缩略形式	字数	原形式	字数	结构	来源分析	构成关系
空调	2	空气调节器	5	定中	2_1+3_1	AA
骗保	2	骗取保险金	5	动宾	2_1+3_1	AA
人居	2	人类居住区	5	定中	2_1+3_1	AA
私服	2	私有服务器	5	定中	2_1+3_1	AA
网咖	2	网络咖啡屋	5	定中	2_1+3_1	AA
职介2	2	职业介绍所	5	定中	2_1+3_1	AA
国图	2	国家图书馆	5	定中	2_1+3_1	AA
性商	2	性健康商数	5	定中	3_1+2_1	AA
博导	2	博士生导师	5	定中	3_1+2_1	AA
道指	2	道琼斯指数	5	定中	3_1+2_1	AA
面的	2	面包车的士	5	定中	3_1+2_1	AA
摩的	2	摩托车的士	5	定中	3_1+2_1	AA
硕导	2	硕士生导师	5	定中	3_1+2_1	AA
原爆	2	原子弹爆炸	5	主谓	3_1+2_1	AA
拍品	2	拍卖的物品	5	定中	2_1*2_2	AB
煮夫	2	煮饭的丈夫（谐"主妇"）	5	定中	2_1*2_2	AB
酿吧	2	酿酒的酒吧	5	定中	2_1*2_2	AB
个唱	2	个人演唱会	5	定中	2_1+3_2	AB
迪厅	2	迪斯科舞厅	5	定中	3_1+2_2	AB
滚梯	2	滚动式电梯	5	定中	3_1+2_2	AB
个税	2	个人所得税	5	定中	2_1+3_3	AC
韩剧	2	韩国电视剧	5	定中	2_1+3_3	AC
网商	2	网络服务商	5	定中	2_1+3_3	AC
标舞	2	国际标准舞	5	定中	$2+2_1+1_{\#}$	－A尾$_1$
名票	2	著名的票友	5	定中	2_2*2_1	BA
色男	2	好色的男性	5	定中	2_2*2_1	BA
网费	2	上网的费用	5	定中	2_2*2_1	BA
潮男	2	新潮的男性	5	定中	2_2*2_1	BA
潮女	2	新潮的女性	5	定中	2_2*2_1	BA
型男	2	有型的男人	5	定中	2_2*2_1	BA
型女	2	有型的女人	5	定中	2_2*2_1	BA
产教	2	生产与教学	5	并列	2_2*2_1	BA
网民	2	上网的民众	5	定中	2_2*2_1	BA

缩略形式	字数	原形式	字数	结构	来源分析	构成关系
二外	2	第二外国语	5	定中	2_2+3_1	BA
毒星	2	吸毒的明星	5	定中	$2_2 * 2_2$	BB
星闻	2	明星的新闻	5	定中	$2_2 * 2_2$	BB
央视	2	中央电视台	5	定中	2_2+3_2	BB
平墅	2	大平层别墅	5	定中	3_2+2_2	BB
群聊	2	QQ 群聊天	5	状中	3_3+2_1	CA
小资	2	小资产阶级	5	定中	$1_\#+4_1$	首$_1$A
官倒	2	官方（公营部门滥用权力）倒买倒卖	6	主谓	2_1+2_1+2	AA
彩喷 2	2	彩色喷墨印刷	6	状中	2_1+2_1+2	AA
参评	2	参加评比评选	6	动宾	2_1+2_1+2	AA
冲印	2	冲洗、印制照片	6	动宾	2_1+2_1+2	AA
打恐	2	打击恐怖势力	6	动宾	2_1+2_1+2	AA
反恐	2	反对恐怖主义	6	动宾	2_1+2_1+2	AA
甲 A	2	(中国足球)甲级 A 组联赛	6	定中	2_1+2_1+2	AA
甲 B	2	(中国足球)甲级 B 组联赛	6	定中	2_1+2_1+2	AA
脚替	2	脚戏替身演员（脚戏，脚部动作戏）	6	定中	2_1+2_1+2	AA
楼疯	2	楼价疯狂涨升	6	主谓	2_1+2_1+2	AA
裸替	2	裸戏替身演员	6	定中	2_1+2_1+2	AA
普法	2	普及法律常识	6	动宾	2_1+2_1+2	AA
曝丑	2	曝光丑陋现象	6	动宾	2_1+2_1+2	AA
轻轨	2	轻型轨道交通	6	定中	2_1+2_1+2	AA
上合	2	上海合作组织 2	6	定中	2_1+2_1+2	AA
申领	2	申请领取证件	6	动宾	2_1+2_1+2	AA
食绿	2	食用绿色食品	6	动宾	2_1+2_1+2	AA
私倒	2	私自倒买倒卖	6	状中	2_1+2_1+2	AA
私募	2	私自募集资金	6	状中	2_1+2_1+2	AA
塑身	2	塑造身体曲线	6	动宾	2_1+2_1+2	AA
文替	2	文戏替身演员	6	定中	2_1+2_1+2	AA
吻替	2	吻戏替身演员	6	定中	2_1+2_1+2	AA
创卫	2	创建卫生城市	6	动宾	2_1+4_1	AA
凶嫌	2	凶杀案嫌疑人	6	定中	3_1+3_1	AA

缩略形式	字数	原形式	字数	结构	来源分析	构成关系
行会	2	行业系统会议	6	定中	2_1+2+2_1	A—A
韩潮	2	韩国时尚潮流2	6	定中	2_1+2+2_1	A—A
超生	2	超出计划生育	6	状中	2_1+2+2_1	A—A
次贷	2	次级抵押贷款	6	定中	2_1+2+2_1	A—A
定投	2	定期定额投资	6	状中	2_1+2+2_1	A—A
房市	2	房屋交易市场	6	定中	2_1+2+2_1	A—A
韩风	2	韩国时尚风潮	6	定中	2_1+2+2_1	A—A
扩招	2	扩大规模招收	6	状中	2_1+2+2_1	A—A
绿标	2	绿色环保标志	6	定中	2_1+2+2_1	A—A
提干	2	提拔成为干部	6	动宾	2_1+2+2_1	A—A
退市	2	退出股票市场	6	动宾	2_1+2+2_1	A—A
星评	2	星级饭店评定	6	一主谓	2_1+2+2_1	A—A
医改	2	医疗制度改革	6	一主谓	2_1+2+2_1	A—A
职改	2	职称制度改革	6	一主谓	2_1+2+2_1	A—A
撤并	2	撤销而且合并	6	并列	$2_1 * * 2_2$	AB
打私	2	打击走私犯罪	6	动宾	2_1+2_2+2	AB
裸诵	2	裸体朗诵诗歌	6	状中	2_1+2_2+2	AB
亚裔	2	亚洲人的后裔	6	定中	$3_1 * 2_2$	AB
保级	2	保持原有等级	6	动宾	2_1+2+2_2	A—B
韩流	2	韩国时尚潮流2	6	定中	2_1+2+2_2	A—B
巴校	2	巴金作文学校	6	定中	2_1+2+2_2	A—B
标售	2	标明价格出售	6	状中	2_1+2+2_2	A—B
素历	2	素质训练经历	6	定中	2_1+2+2_2	A—B
保八	2	保证（全年 GDP 增长率）百分之八	6	动宾	2_1+4_4	AD
彩卷	2	彩色摄影胶卷	6	定中	2_1+4_4	AD
脱戏	2	脱去衣服的戏	6	定中	$4_1 * 1_\#$	A 尾$_1$
地接	2	当地接待人员	6	定中	2_2+2_1+2	BA
读博	2	攻读博士学位	6	动宾	2_2+2_1+2	BA
揽储	2	招揽储蓄存款	6	动宾	2_2+2_1+2	BA
脱光	2	摆脱光棍生活（借形双关）	6	动宾	2_2+2_1+2	BA
吸绿	2	呼吸绿色空气	6	动宾	2_2+2_1+2	BA

缩略形式	字数	原形式	字数	结构	来源分析	构成关系
凉粉	2	张靓颖的粉丝（谐"靓粉"）	6	定中	$3_2 * 2_1$	BA
低保	2	最低生活保障	6	定中	$2_2 + 2 + 2_1$	B−A
房改	2	住房制度改革	6	主谓	$2_2 + 2 + 2_1$	B−A
中考	2	高中招生考试	6	状中	$2_2 + 2 + 2_1$	B−A
待岗	2	等待工作岗位	6	动宾	$2_2 + 2 + 2_1$	B−A
复牌	2	（股市）恢复挂牌交易	6	动宾	$2_2 + 2_2 + 2$	BB
笔迷	2	周笔畅的歌迷	6	定中	$3_2 * 2_2$	BB
玉米	2	李宇春的歌迷（谐"宇迷"）	6	定中	$3_2 * 2_2$	BB
护盘	2	保护股市大盘	6	动宾	$2_2 + 2 + 2_2$	B−B
钢丝	2	郭德纲的粉丝（谐"纲丝"）	6	定中	$3_3 * 2_2$	CB
非典	2	非典型性肺炎	6	定中	$1_\# + 5_1$	首$_1$A
骑游	2	骑自行车旅游	6	状中	$1_\# + 3 + 2_2$	首$_1$−B
微软	2	美国微软公司	6	定中	$2 + 2_\# + 2$	中$_2$
彩喷2	2	彩色喷墨打印机	7	定中	$2_1 + 2_1 + 3$	AA
打非	2	打击非法出版物	7	动宾	$2_1 + 2_1 + 3$	AA
禁白	2	禁止白色污染物	7	动宾	$2_1 + 2_1 + 3$	AA
禁电	2	禁止电动自行车	7	动宾	$2_1 + 2_1 + 3$	AA
增常	2	（安理会）增加常任理事国	7	动宾	$2_1 + 2_1 + 3$	AA
男芭	2	男子芭蕾舞演员	7	定中	$2_1 + 3_1 + 2$	AA
奥班	2	奥林匹克竞赛班	7	定中	$4_1 + 3_3$	AA
裸潮	2	裸体出镜的潮流	7	定中	$2_1 + 2 * 2_1$	A−A
私彩	2	私自发行的彩票	7	定中	$2_1 + 2 * 2_1$	A−A
网货	2	网上销售的货物	7	定中	$2_1 + 2 * 2_1$	A−A
编程	2	编写计算机程序	7	动宾	$2_1 + 3 + 2_1$	A−A
历女	2	爱好历史的女性	7	定中	$2 + 2_1 * 2_1$	−AA
侠贪	2	貌似侠义的贪官	7	定中	$2 + 2_1 * 2_1$	−AA
成指	2	深证成分股指数2	7	定中	$2 + 3_1 + 2_1$	−AA
官哨	2	官员控制的黑哨	7	定中	$2_1 + 2 * 2_2$	A−B
微民	2	使用微博的网民	7	定中	$2 + 2_1 * 2_2$	−AB
倒萨	2	推倒萨达姆政权	7	动宾	$2_2 + 3_1 + 2$	BA

续表 Ⅰ

缩略形式	字数	原形式	字数	结构	来源分析	构成关系
入关	2	加入关贸总协定	7	动宾	2_2+5_1	BA
外需	2	国外市场的需求	7	定中	2_2+2+2_1	B-A
腕级	2	明星大腕的级别	7	定中	4_2*2_1	DA
非物	2	非物质文化遗产2	7	定中	$1_\#+6_1$	首$_1$A
住绿	2	住绿色环保建筑	7	动宾	$1_\#+6_1$	首$_1$A
非遗	2	非物质文化遗产2	7	定中	$5_\#+2_1$	首$_1$A
制黄	2	制造黄色淫秽物品	8	动宾	2_1+2_1+2+2	AA
申奥	2	申请奥运会主办权	8	动宾	2_1+3_1+3	AA
打假	2	打击假冒伪劣商品	8	动宾	2_1+4_1+2	AA
清假	2	清除假冒伪劣商品	8	动宾	2_1+4_1+2	AA
奥数	2	奥林匹克数学竞赛	8	定中	4_1+2_1+2	AA
冲扩	2	冲洗胶卷、扩印照片	8	动宾	4_1+4_1	AA
中超	2	中国足球超级联赛	8	定中	4_1+4_1	AA
甲流	2	甲型 H1N1 流感	8	定中	2_1+4+2_1	A-A
申遗	2	申请世界文化遗产	8	动宾	2_1+4+2_1	A-A
农话	2	农村电话通讯业务	8	定中	2_1+2_2+2+2	AB
入世	2	加入世界贸易组织	8	动宾	2_2+6_1	BA
房展	2	商品房展示交易会	8	定中	3_3+2_1+3	CA
贩黄	2	贩卖黄色淫秽出版物	9	动宾	2_1+2_1+2+3	AA
普九	2	普及九年制义务教育	9	动宾	2_1+2_1+3+2	AA
申博	2	申请举办世界博览会	9	动宾	2_1+4+3_1	A-A
世遗	2	世界文化与自然遗产	9	定中	2_1+5+2_1	A-A
劳平	2	每个劳动力的平均值	9	定中	$2+3_1*3_1$	-AA
果粉	2	苹果数码产品的粉丝	9	定中	2_2+4+2_1	B-A
二简	2	第二次汉字简化方案	9	定中	3_2+2+4_1	B-A
打拐	2	打击拐卖妇女儿童行为	10	动宾	$2_1+2_1+2+2+2$	AA
神六	2	"神舟六号"载人宇宙飞船	10	定中	$2_1+2_1+2+2+2$	AA
神七	2	"神舟七号"载人宇宙飞船	10	定中	$2_1+2_1+2+2+2$	AA
创模	2	创建国家环境保护模范城市	12	动宾	$2_1+2+4+4_1$	A--A
复关	2	恢复关贸总协定缔约国地位	12	动宾	$2_2+2_1+3+3+2$	BA
网民爆	3	网民爆料	4	主谓	$2_\#+2_1$	首$_2$A

续表 I

缩略形式	字数	原形式	字数	结构	来源分析	构成关系
村委会	3	村民委员会	5	定中	$2_1+2_1+1_\#$	AA 尾$_1$
国标舞	3	国际标准舞	5	定中	$2_1+2_1+1_\#$	AA 尾$_1$
优剩女	3	优秀的剩女（优剩，谐"优胜"）	5	定中	$2_1*2_\#$	A 尾$_2$
小升初	3	小学升初中	5	主谓	$2_1+1_\#+2_1$	A 中$_1$A
长三角	3	长江三角洲	5	定中	$2_1+2_\#+1$	A 中$_2$
珠三角	3	珠江三角洲	5	定中	$2_1+2_\#+1$	A 中$_2$
拨改贷	3	拨款改为贷款	6	主谓	$2_1+2_1+2_1$	AAA
过劳死	3	过度劳累死亡	6	状中	$2_1+2_1+2_1$	AAA
商住楼	3	商用—住宅楼房	6	定中	$2_1+2_1+2_1$	AAA
少管所	3	少年犯管教所	6	定中	$3_1+2_1+1_\#$	AA 尾$_1$
邮币卡	3	邮票、钱币、磁卡。	6	并列	$2_1+2_2+2_2$	ABB
富二代	3	富豪的第二代	6	定中	2_1*3_{23}	AB$_C$
剩时代	3	剩男剩女时代	6	定中	$4_1+2_\#$	A 尾$_2$
产学研	3	生产、学习、研究（科研）	6	并列	$2_2+2_1+2_1$	BAA
费改税	3	收费改为收税	6	主谓	$2_2+2_1+2_2$	BAB
碳交易	3	碳排放权交易	6	主谓	$1_\#+3+2_\#$	首$_1$尾$_2$
创业板	3	创业股票板块	6	定中	$2_\#+2+2_1$	首$_2$-A
深成指	3	深证成分股指数 2	7	定中	$2_1+3_1+2_1$	AAA
世博园	3	世界博览会园区	7	定中	$2_1+3_1+2_1$	AAA
特困生	3	特别困难的学生	7	定中	$2_1+2_1*2_2$	AAB
城运会	3	全国城市运动会	7	定中	$2+2_1+2_1+1_\#$	-AA 尾$_1$
打私办	3	打击走私办公室	7	定中	$2_1+2_2+3_1$	ABA
限批令	3	限制审批的命令	7	定中	$2_1+2_2*2_2$	ABB
贫二代	3	贫穷人家第二代	7	定中	4_1+3_{23}	AB$_C$
绩优股	3	业绩优秀的股票	7	定中	$2_2+2_1*2_1$	BAA
穷二代	3	贫穷人家第二代	7	定中	4_2+3_{23}	BB$_C$
无抗奶	3	无抗生素的牛奶	7	定中	$1_\#+3_1*2_2$	首$_1$AB
村改居	3	村委会改为居委会	8	主谓	$3_1+2_1+3_1$	AAA
五连冠	3	五次连续夺得冠军	8	动宾	$2_1+2_1+2+2_1$	AA-A
少体校	3	少年业余体育学校	8	定中	$2_1+2+2_1+2_2$	A-AB
快通卡	3	快速通关的储值卡	8	定中	$2_1+2_1*3_3$	AAC

缩略形式	字数	原形式	字数	结构	来源分析	构成关系
西三角	3	西部（西安、成都、重庆）三角经济区	8	定中	$2_1+2_\#+4$	A 中$_2$
房展会	3	商品房展示交易会	8	定中	$3_3+2_1+3_3$	CAC
全球通	3	全球移动通信系统	8	定中	$2_\#+2+4_1$	首$_2$−A
特奥会	3	特殊奥林匹克运动会	9	定中	$2_1+4_1+3_3$	AAC
陆桥热	3	欧亚大陆桥开发热潮	9	定中	$2+3_{23}+2+2_1$	−B$_c$−A
民转公	3	民办教师转为公办教师	10	主谓	$4_1+2_1+4_1$	AAA
交强险	3	（机动车）交通事故责任强制保险	10	定中	$6_1+2_1+2_1$	AAA
大公建	3	大型政府公益基础建筑	10	定中	$2_1+2+2_1+2+2_1$	A−A−A
限塑令	3	限制使用塑料袋的命令	10	定中	$2_1+2+3_1*2_2$	A−AB
残奥会	3	残疾人奥林匹克运动会	10	定中	$3_1+4_1+3_3$	AAC
推普周	3	全国推广普通话宣传周	10	定中	$2+2_1+3_1+3_3$	−AAC
农转非	3	农村户口转为非农村户口	11	主谓	$4_1+2_1+5_1$	AAA
奥数班	3	奥林匹克数学竞赛学习班	11	定中	$4_1+4_1+3_3$	AAC
封转开	3	封闭式基金转成开放式基金	12	主谓	$5_1+2_1+5_1$	AAA
打拐办	3	打击拐卖妇女儿童行为办公室	13	定中	$2_1+8_1+3_1$	AAA
监核会	3	联合国监测、核查和视察委员会	13	定中	$3+2_1+2_1*2+3_3$	−AA−C
高交会	3	中国国际高新技术成果交易会	13	定中	$2+2+6_1+2_1+1_\#$	−−AA尾$_1$
假日办	3	全国假日旅游部际协调会议办公室	15	定中	$2+2_\#+2+6+3_1$	二$_2$−A
恋前体检	4	恋爱前体检	5	状中	$2_1+1_\#+2_\#$	A 中$_1$尾$_2$
超实主义	4	超现实主义	5	定中	$1_\#+2_2+2_\#$	首$_1$B尾$_2$
银政合作	4	银行和政府合作	6	主谓	$2_1*2_1+2_\#$	AA尾$_2$
彩屏手机	4	彩色屏幕手机	6	定中	$2_1+2_1+2_\#$	AA尾$_2$
高职教育	4	高等职业教育	6	定中	$2_1+2_1+2_\#$	AA尾$_2$
国企改革	4	国有企业改革	6	主谓	$2_1+2_1+2_\#$	AA尾$_2$
上合组织	4	上海合作组织2	6	定中	$2_1+2_1+2_\#$	AA尾$_2$

续表 I

缩略形式	字数	原形式	字数	结构	来源分析	构成关系
世贸组织	4	世界贸易组织	6	定中	$2_1+2_1+2_\#$	AA 尾$_2$
武警部队	4	武装警察部队	6	定中	$2_1+2_1+2_\#$	AA 尾$_2$
限时恋爱	4	限定时间恋爱	6	状中	$2_1+2_1+2_\#$	AA 尾$_2$
特型演员	4	特殊造型演员	6	定中	$2_1+2_2+2_\#$	AB 尾$_2$
空天飞机	4	航空航天飞机	6	定中	$2_2+2_2+2_\#$	BB 尾$_2$
超尘意识	4	超越尘世的意识	7	定中	$2_1+2_1*2_\#$	AA 尾$_2$
节能灯具	4	节约能源的灯具	7	定中	$2_1+2_1*2_\#$	AA 尾$_2$
直投广告	4	直接投递的广告	7	定中	$2_1+2_1*2_\#$	AA 尾$_2$
节能建筑	4	节约能源的建筑	7	定中	$2_1+2_1*2_\#$	AA 尾$_2$
申办城市	4	申请主办的城市	7	定中	$2_1+2_2*2_\#$	AB 尾$_2$
产学结合	4	生产与学习结合	7	主谓	$2_2*2_1+2_2$	BA
节能减排	4	节约能源减少排放	3	并列	$2_1+2_1+2_1+2_1$	AAAA
科教兴国	4	科学教育振兴国家	3	状中	$2_1+2_1+2_2+2_1$	AABA
汪辜会谈	4	汪道涵、辜振甫会谈	3	定中	$3_1+3_1+2_\#$	AA 尾$_2$
泛珠三角	4	泛珠江三角洲地区	8	定中	$1_\#+2_1+3_{12}+2$	首$_1$AA$_B$
农村改厕	4	农村旱厕改造工程（调序）	8	定中	$2_\#+2_2+2_1+2$	首$_2$BA
撤地建市	4	撤销地区建立省辖市	9	并列	$2_1+2_1+2_1+3_3$	AAAC
打黑除恶	4	打击黑社会，消除恶势力	10	并列	$2_1+3_1+2_2+3_1$	AABA
笑奥语录	4	搞笑的奥运会解说语录	10	定中	$2_2*3_1+2+2_2$	BA-尾$_2$
五四学制	4	五年小学、四年中学的学制	11	定中	$2+2_1+2+2_1*2_\#$	AA 尾$_2$
保先教育	4	保持共产党员先进性教育	11	定中	$2_1+4+3_1+2_\#$	A-A 尾$_2$
导航卫星	4	引导飞机船舶航行的卫星	11	定中	$2_2+4+2_1*2_\#$	B-A 尾$_2$
国进民退	4	国有企业进入，民营企业退出	12	并列	$4_1+2_1+4_1+2_1$	AAAA
国退民进	4	国有企业退出，民营企业进入	12	并列	$4_1+2_1+4_1+2_1$	AAAA
打假维权	4	打击假冒伪劣商品，维护消费者权益	15	并列	$2_1+6_1+2_1+5_4$	AAAD
老少边穷	4	革命老区、少数民族地区、边远地区、穷困地区	18	并列	$4_3+6_1+4_1+4_1$	CAAA
四二一家庭	5	四个老人、两个年轻人、一个孩子的家庭	14	定中	$4_1+4_1+4_1*2_\#$	AAA 尾$_2$

缩略形式	字数	原形式	字数	结构	来源分析	构成关系
老少边山穷	5	革命老区、少数民族地区、边远地区、山区、穷困地区	20	并列	$4_3+6_1+4_1+2_1+4_1$	CAAAA
五四三办公室	6	五讲四美三热爱办公室	10	定中	$2_1+2_1+3_1+3_\#$	AAA尾$_3$

A2　数代中的缩略

表 II　《100 年汉语新词新语大辞典》（上卷）数代中的缩略

数代缩略	字数	数代缩略形式的来源	构成关系
两个带头	4	带头实现城乡一体化，带头建设经济新高地	数+个+共
三个代表	4	中国共产党始终代表中国先进生产力的发展要求，代表中国先进文化的前进方向，代表中国最广大人民的根本利益	数+个+共
三个停止	4	停止分裂祖国的活动，停止策划煽动暴力活动，停止干扰破坏北京奥运会的活动	数+个+共
四个坚持	4	坚持中国共产党的领导，坚持人民民主专政，坚持中国共产党的领导，坚持马克思列宁主义、毛泽东思想	数+个+共
五个统筹	4	统筹城乡发展，统筹区域发展，统筹经济社会发展，统筹人与自然和谐发展，统筹国内发展和对外开放	数+个+共
二为	2	文艺为人民服务，为社会主义服务	数+共
三霸	2	面霸、会霸、拒无霸	数+共
三仇	2	仇官、仇警、仇富	数+共
三公	2	公开、公正、公平的办事原则	数+共
三孤	2	孤儿、孤老、孤残	数+共
三讲	2	讲学习、讲政治、讲正气	数+共
三乱2	2	领导混乱、财务开支乱、人员安排乱	数+共
三乱2	2	乱收费、乱罚款、乱摊派	数+共
三陪	2	陪吃、陪喝、陪睡	数+共
三铁	2	铁工资、铁交椅、铁饭碗	数+共
三通	2	指大陆与台湾间的通航、通邮和通商	数+共
三网	2	电信网、互联网和有线电视网	数+共
三险	2	国家社会保障体系规定的基本养老保险、基本医疗保险和失业保险	数+共
三小	2	指小百货、小五金、小日用品	数+共

数代缩略	字数	数代缩略形式的来源	构成关系
双规	2	规定时间和规定地点（交代问题）	数+共
双开	2	开除党籍，开除公职	数+共
双失	2	毕业生既失学又失业	数+共
双拥	2	地方开展拥军优属、军队开展拥政爱民活动	数+共
四荒	2	荒山、荒水、荒坡、荒滩	数+共
双遗产	3	世界自然和文化遗产	数+共
新三陪	3	陪购、陪学、陪玩（"新"是构成后的添加成分，不计入构成关系）	数+共
八荣八耻	4	以热爱祖国为荣，以危害祖国为耻；以服务人民为荣，以背离人民为耻；以崇尚科学为荣，以愚昧无知为耻；以辛勤劳动为荣，以好逸恶劳为耻；以团结互助为荣，以损人利己为耻；以诚实守信为荣，以见利忘义为耻；以遵纪守法为荣，以违法乱纪为耻；以艰苦奋斗为荣，以骄奢淫逸为耻。	（数+共）×2
两分两换	4	农村宅基地和承包地分开、搬迁与土地流转分开，以承包地换股换租换保障、以宅基地换钱换房换地方	（数+共）×2
两联一包	4	联县、联乡和包村扶贫	（数+共）×2
两免一补	4	免杂费、免教材费，补助贫困寄宿学生生活费	（数+共）×2
两证一函	4	指资信证明、存款证明、担保函	（数+共）×2
三来一补	4	来料加工、来样加工、来件装配和补偿贸易	（数+共）×2
三破一苦	4	破碎家庭、破碎情感、破碎婚姻以及家庭苦难	（数+共）×2
双增双节	4	增产节约，增收节支	（数+共）×2
五重五轻	4	重升学，轻就业；重智育，轻德、体、美育；重知识传授，轻能力培养；重理工科，轻文科；重教，轻学	（数+共）×2
一保一控	4	保持经济平稳较快发展，控制物价过快上涨	（数+共）×2
五讲四美三热爱	7	讲文明，讲礼貌，讲卫生，讲秩序，讲道德；心灵美，语言美，行为美，环境美；热爱祖国，热爱社会主义，热爱中国共产党	（数+共）×3
三不女	3	不逛街、不盲从、不攀比的女性	数+共+N
三低男	3	低姿态、低收入、低风险的男人	数+共+N
双控房	3	地价和房价均受到控制的住房	数+共+N
双外生	3	指外地院校的、外地生源的毕业生	数+共+N
双休日	3	每周休息两天，即周六、周日休息（两个休息日）	数+共+N
三低老婆	4	学历低、文化低、收入低的老婆	数+共+N
三高女郎	4	高学历、高收入、高要求的适婚女郎	数+共+N

续表 II

数代缩略	字数	数代缩略形式的来源	构成关系
三公消费	4	公车、公宴、公款出国的消费	数+共+N
三农问题	4	农村、农业和农民方面的问题	数+共+N
三色农业	4	白色农业微生物资源，蓝色农业海洋生物资源，绿色农业植物资源	数+共+N
三无教授	4	无学历、无职称、无地位的教授	数+共+N
三无商品	4	无厂名、无厂址和无商标的商品	数+共+N
三型干部3	4	技术型干部、指导型干部、服务型干部	数+共+N
三型干部3	4	知识型干部、研究型干部、创新型干部	数+共+N
三型干部3	4	学习型干部、原则型干部、务实型干部	数+共+N
三性原则	4	指人民币汇率改革必须坚持的主动性、可控性和渐进性三原则	数+共+N
三资企业	4	外商独资企业、中外合资企业和中外合作企业	数+共+N
三自能力	4	中小学生自我教育、自主学习、自理生活的能力	数+共+N
四有教育	4	对学生或青年进行有理想、有道德、有文化、有纪律的教育	数+共+N
四有新人	4	有理想、有道德、有文化、有纪律的一代新人	数+共+N
五色农业	4	以五种颜色的农产品为主的农业	数+共+N
三北防护林	5	西北、华北、东北防护林	数+共+N

说明：构成关系中，"共"表示并列各项中的共有成分，"N"指名词性中心成分，"×2"表示重复两次，"×3"表示重复三次。

A3　采用缩略手段造新词

这类新词的各代表成分可以找到相应的来源，但没有对应的固定短语。

表Ⅲ　《100年汉语新词新语大辞典》（上卷）缩略手段造的新词

新词	原形式来源
牛奋男	像牛一样忠诚并奋斗不已的男性
普相女	普通相貌的女性
轻熟女	年轻而心理成熟的女性
说太细	这事不能说太细
博文	博客上的文章
博友	通过博客交的朋友，或博客上的朋友
部优	由国家部委级质量评定组织认定的优质产品；国家部委承认的优质产品

新词	原形式来源
北漂	在北京漂泊工作 2
京漂	在北京漂泊工作 2
铁漂	在铁路上漂泊工作
朝九晚五	早上九点上班、晚上五点下班的工作作息制度（朝，替换"早"）
盗稿	盗用别人的稿件
地戏	平地上演出的戏剧
冻龄	冻结皮肤的年龄（延缓肌肤衰老）
巨贪	涉案金额巨大的贪污犯
乐活	健康快乐可持续的生活方式
路怒	由道路状况不良引发的愤怒情绪
穷劳	贫穷并且不停地劳动
网运分离	国家铁路路网管理与客货运经营相分离的体制
网赚	通过网络赚钱的人或者方式
厕饭	躲避到厕所悄悄吃饭
就学生	就读的学生，多指以就学身份去日本语言学校学习的学生（留学生）
星途	做明星的前途或者潜在前途（仕途、歌星影星）
吧主	贴吧主持人（版主、群主）
网吧	提供上网服务及简单饮食的营业性休闲场所
话吧	提供电话和饮料服务的营业性休闲场所
水吧	提供饮品服务的营业性休闲场所
书吧	提供图书的营业性休闲场所
果吧	经营水果、果汁的营业性休闲场所

还可以已有缩略词为构成成分，再加上其他成分组成新词。

表 Ⅳ　《100 年汉语新词新语大辞典》（下卷）再组新词

新词	原形式来源	已有缩略
超标车	超过排放标准的汽车	超标
超标房	超出标准的住房	超标
成人高考	成人高等教育入学考试	高考
待业生	等待就业的毕业生	待业
房改房	经过公房改制的住房	房改
国际高中	国际通用并承认学历的高级中学	高中
国际驾照	国际通用的驾驶执照	驾照

续表 IV

新词	原形式来源	已有缩略
考博热	报考博士研究生的热潮	考博
考研热	报考硕士研究生的热潮	考研
空调病	长时间使用空调导致的疾病	空调
维和部队	特指联合国组织派遣的以维持和平为目的的武装部队	维和
炒房团	炒卖房屋的团体	炒房
炒基团	炒卖基金的团体	炒基
双选会	为招聘方和应聘方进行双向选择而组织的见面会	双选
治理三乱	治理乱摊派、乱收费、乱罚款行为	三乱
三乱防护线	保护企业正常经营，禁止乱收费、乱罚款、乱摊派的政策	三乱

附录 B 四川大学机构名称缩略

B1 发生缩略的机构名称（117 条）

表 V 四川大学机构名称（117 条）缩略情况

缩略形式	字数	原形式	字数	来源分析	构成关系
法学	2	法学院	3	$2_\#+1$	首$_2$
商学	2	商学院	3	$2_\#+1$	首$_2$
#校董会	2	（四川大学）董事会	3	$2_1+1_\#$	A尾$_1$
艺术	2	艺术学院	4	$2_\#+2$	首$_2$
软件	2	软件学院	4	$2_\#+2$	首$_2$
化学	2	化学学院2	4	$2_\#+2$	首$_2$
经济	2	经济学院2	4	$2_\#+2$	首$_2$
数学	2	数学学院2	4	$2_\#+2$	首$_2$
体育	2	体育学院2	4	$2_\#+2$	首$_2$
旅游	2	旅游学院2	4	$2_\#+2$	首$_2$
化院	2	化学学院2	4	2_1+2_2	AB
经院	2	经济学院2	4	2_1+2_2	AB
数院	2	数学学院2	4	2_1+2_2	AB
体院	2	体育学院2	4	2_1+2_2	AB
旅院	2	旅游学院2	4	2_1+2_2	AB
关委	2	机关党委	4	2_2+2_2	BB

缩略形式	字数	原形式	字数	来源分析	构成关系
研院	2	研究生院	4	$3_1+1_\#$	A尾$_1$
校友会	3	校友总会	4	$2_\#+2_2$	首$_2$B
药学	2	华西药学院2	5	$2+2_\#+1_\#$	中$_2$
党办	2	党委办公室2	5	2_1+3_1	AA
校办	2	校长办公室	5	2_1+3_1	AA
外院	2	外国语学院3	5	3_1+2_2	AB
外语	2	外国语学院3	5	$3_{13}+2$	A$_C$
药学院	3	华西药学院2	5	$2+3_\#$	尾$_3$
纪委办	3	纪委办公室	5	$2_\#+3_1$	首$_2$A
校史办	3	校史办公室	5	$2_\#+3_1$	首$_2$A
党委办	3	党委办公室2	5	$2_\#+3_1$	首$_2$A
♯校督导委	3	（四川大学）督导委员会	5	$2_\#+3_1$	首$_2$A
校史馆	3	校史展览馆	5	$2_\#+3_3$	首$_2$C
学工部	3	学生工作部	5	$2_1+2_1+1_\#$	AA尾$_1$
医管处	3	医学管理处	5	$2_1+2_1+1_\#$	AA尾$_1$
招就处	3	招生就业处	5	$2_1+2_1+1_\#$	AA尾$_1$
规建处	3	规划建设处	5	$2_1+2_1+1_\#$	AA尾$_1$
后管处	3	后勤管理处	5	$2_1+2_1+1_\#$	AA尾$_1$
计算机	3	计算机学院	5	$3_\#+2$	首$_3$
匹兹堡	3	匹兹堡学院	5	$3_\#+2$	首$_3$
外语学院	4	外国语学院3	5	$3_{13}+2_\#$	A$_C$尾$_2$
水电	2	水利水电学院4	6	$2+2_\#+2$	中$_2$
电气	2	电气信息学院2	6	$2_\#+2+2$	首$_2$
电子	2	电子信息学院2	6	$2_\#+2+2$	首$_2$
海外	2	海外教育学院2	6	$2_\#+2+2$	首$_2$
历史	2	历史文化学院2	6	$2_\#+2+2$	首$_2$
水利	2	水利水电学院4	6	$2_\#+2+2$	首$_2$
成教	2	成人教育学院2	6	2_1+2_1+2	AA
公管	2	公共管理学院2	6	2_1+2_1+2	AA
国关	2	国际关系学院2	6	2_1+2_1+2	AA
化工	2	化学工程学院2	6	2_1+2_1+2	AA
生科	2	生命科学学院2	6	2_1+2_1+2	AA
离退处	3	离退休工作处	6	$3_{12}+2+1_\#$	A$_B$—尾$_1$
港澳办	3	港澳台办公室2	6	$3_{12}+3_1$	A$_B$A

续表 V

缩略形式	字数	原形式	字数	来源分析	构成关系
动物中心	4	实验动物中心	6	$2+2_\sharp+2_\sharp$	中$_2$尾$_2$
水电学院	4	水利水电学院4	6	$2+2_\sharp+2_\sharp$	中$_2$尾$_2$
发展中心	4	发展研究中心	6	$2_\sharp+2+2_\sharp$	首$_2$—尾$_2$
网络学院	4	网络教育学院	6	$2_\sharp+2+2_\sharp$	首$_2$—尾$_2$
电气学院	4	电气信息学院2	6	$2_\sharp+2+2_\sharp$	首$_2$—尾$_2$
电子学院	4	电子信息学院2	6	$2_\sharp+2+2_\sharp$	首$_2$—尾$_2$
海外学院	4	海外教育学院2	6	$2_\sharp+2+2_\sharp$	首$_2$—尾$_2$
历史学院	4	历史文化学院2	6	$2_\sharp+2+2_\sharp$	首$_2$—尾$_2$
水利学院	4	水利水电学院4	6	$2_\sharp+2+2_\sharp$	首$_2$—尾$_2$
华西二院	4	华西第二医院	6	$2_\sharp+2_2+2_2$	首$_2$BB
分测中心	4	分析测试中心	6	$2_1+2_1+2_\sharp$	AA尾$_2$
信管中心	4	信息管理中心	6	$2_1+2_1+2_\sharp$	AA尾$_2$
科产集团	4	科技产业集团	6	$2_1+2_1+2_\sharp$	AA尾$_2$
成教学院	4	成人教育学院2	6	$2_1+2_1+2_\sharp$	AA尾$_2$
公管学院	4	公共管理学院2	6	$2_1+2_1+2_\sharp$	AA尾$_2$
国关学院	4	国际关系学院2	6	$2_1+2_1+2_\sharp$	AA尾$_2$
化工学院	4	化学工程学院2	6	$2_1+2_1+2_\sharp$	AA尾$_2$
生科学院	4	生命科学学院2	6	$2_1+2_1+2_\sharp$	AA尾$_2$
港澳台办	4	港澳台办公室2	6	$3_\sharp+3_1$	首$_3$A
口腔	2	华西口腔医学院2	7	$2+2_\sharp+3$	中$_2$
临床	2	华西临床医学院（华西医院）2	7	$2+2_\sharp+3$	中$_2$
轻纺	2	轻纺与食品学院2	7	$2_\sharp*2+2$	首$_2$
建环	2	建筑与环境学院2	7	2_1*2_1+2	AA
文新	2	文学与新闻学院2	7	2_1*2_1+2	AA
马院	2	马克思主义学院2	7	3_1+2+2_2	A—B
♯校纪委	2	（中国共产党四川大学）纪律检查委员会	7	4_1+3_1	AA
校董办	3	校董事会办公室	7	$1_\sharp+3_1+3_1$	AAA
社区办	3	社区建设办公室	7	$2_\sharp+2+3_1$	首$_2$—A
国资处	3	国有资产管理处	7	$2_1+2_1+2+1_\sharp$	AA尾$_1$
社科处	3	社会科学研究处	7	$2_1+2_1+3_3$	AAC
外联办	3	对外联络办公室	7	$2_2+2_1+3_1$	BAA
马克思	3	马克思主义学院2	7	$3_\sharp+2+2$	首$_3$

缩略形式	字数	原形式	字数	来源分析	构成关系
口腔学院	4	华西口腔医学院2	7	$2+2_\#+3_\#$	中$_2$B$_c$
临床学院	4	华西临床医学院（华西医院）2	7	$2+2_\#+3_\#$	中$_2$B$_c$
轻纺学院	4	轻纺与食品学院2	7	$2_\#*2+2_\#$	首$_2$一尾$_2$
建环学院	4	建筑与环境学院2	7	$2_\#*2_1+2_\#$	AA尾$_2$
文新学院	4	文学与新闻学院2	7	$2_1*2_1+2_\#$	AA尾$_2$
公卫	2	华西公共卫生学院2	8	$2+2_1+2_1+2$	一AA
国际处	3	国际合作与交流处	8	$2_\#+2*2+1_\#$	首$_2$一尾$_1$
空安学院	4	网络空间安全学院2	8	$2+2_1+2_1+2_\#$	一AA尾$_2$
公卫学院	4	华西公共卫生学院2	8	$2+2_1+2_1+2_\#$	一AA尾$_2$
心理中心	4	心理健康教育中心	8	$2_\#+2+2+2_\#$	首$_2$一尾$_2$
网安学院	4	网络空间安全学院2	8	$2_1+2+2_1+2_\#$	A一A尾$_2$
现教中心	4	现代教育技术中心	8	$2_1+2_1+2+2_\#$	AA尾$_2$
物理	2	物理科学与技术学院2	9	$2_\#+2*2+2$	首$_2$
灾后	2	灾后重建与管理学院2	9	$2_\#+2*2+2$	首$_2$
制造	2	制造科学与工程学院2	9	$2_\#+2*2+2$	首$_2$
空天	2	空天科学与工程学院2	9	$2_\#+2*2+2$	首$_2$
材料	2	材料科学与工程学院2	9	$2_\#+2*2+2$	首$_2$
设备处	3	实验室及设备管理处	9	$3*2_\#+2+1_\#$	二$_2$一尾$_1$
物理学院	4	物理科学与技术学院2	9	$2_\#+2*2+2_\#$	首$_2$一尾$_2$
灾后学院	4	灾后重建与管理学院2	9	$2_\#+2*2+2_\#$	首$_2$一尾$_2$
制造学院	4	制造科学与工程学院2	9	$2_\#+2*2+2_\#$	首$_2$一尾$_2$
空天学院	4	空天科学与工程学院2	9	$2_\#+2*2+2_\#$	首$_2$一尾$_2$
材料学院	4	材料科学与工程学院2	9	$2_\#+2*2+2_\#$	首$_2$一尾$_2$
发展研究院	5	科学技术发展研究院2	9	$2+2+2_\#+3_\#$	三$_2$尾$_3$
出国培训部	5	出国留学人员培训部	9	$2_\#+2+2+3_\#$	首$_2$一尾$_3$
科技研究院	5	科学技术发展研究院2	9	$2_1+2_1+2+3_\#$	AA尾$_3$
关工委	3	关心下一代工作委员会	10	$2_1+3+2_1+3_1$	A一AA
高分子	3	高分子科学与工程学院	10	$3_\#*2+2+3$	首$_3$
干培基地	4	全国干部教育培训基地	10	$2+2_1+2+2_1+2_\#$	一A一A尾$_2$
基法	2	华西基础医学与法医学院2	11	$2+4_1*2_1+2$	一AA
基法学院	4	华西基础医学与法医学院2	11	$2+4_1*2_1+2_\#$	一AA尾$_2$
新能源研究院	6	新能源与低碳技术研究院	11	$3_\#*2+2+3_\#$	首$_3$一尾$_3$

续表 V

缩略形式	字数	原形式	字数	来源分析	构成关系
科创中心	4	文化科技协同创新研发中心	12	$2+2_1+2+2_1+2+2_\#$	一A一A一尾$_2$
西部研究院	5	社会发展与西部开发研究院	12	$2+2*2_\#+2+3_\#$	三$_2$一尾$_3$
边疆中心	4	中国西部边疆安全与发展协同创新中心	17	$2+2+2_\#+2*2+2+2+2_\#$	三$_2$一尾$_2$

B2 未计入分析的机构名称

表 VI 未计入分析的四川大学机构名称

缩略形式	原形式
一	财务处
一	档案馆
一	图书馆
一	人事处
一	审计处
一	教务处
一	组织部
一	统战部
一	宣传部
一	武装部
一	保卫部/保卫处
一	监察处
校工会	四川大学工会
校医院	四川大学医院
校党委	中国共产党四川大学委员会
校团委	中国共产主义青年团四川大学委员会

附录 C 四川大学课程名称缩略

C1 含外语成分的课程名称

表 Ⅶ 四川大学课程名称（含外语成分）缩略情况

缩略形式	原形式
3D 技术	3D 显示技术
Access 基础	Access 数据库技术与程序设计（基础）
Access 进阶	Access 数据库技术与程序设计（进阶）
CMOS	CMOS 模拟集成电路原理
C 语言（基础）	C 语言程序设计（基础）
C 语言（进阶）	C 语言程序设计（进阶）
DSP	DSP 原理及应用
EDA	EDA 技术
ERP 实验	ERP 综合实验
FLASH 编设	FLASH 编程与设计
Flash 制作	Flash 动画制作
GIS	GIS 技术
GPS 原理	GPS 原理及应用
IC 基础	IC 设计基础
—	IT 发展历史和创新创意思维
IT 专题	IT 行业新技术专题
IT 实践	IT 技术创新实践
考察/实习	IT 企业考察/实习
实训	IT 企业实训
IT 文化	IT 文化概论
JavaScript	JavaScript 网页设计语言
JAVA	JAVA 程序设计
Java	Java 与通信网管
Matlab	Matlab 程序设计
MATLAB 应用	MATLAB 程序设计及应用
MEMS	MEMS 设计基础

缩略形式	原形式
PBL	PBL 课程
Photoshop	Photoshop 基础与应用
PLC 系统	PLC 集散控制系统
Rhino & Grasshopper	Rhino & Grasshopper 参数化设计
Seminar	Seminar 研讨课程
Seminar	Seminar 研修课程
Web 技术	Web 应用开发技术
Windows	Windows 程序设计
X 射线	X 射线衍射分析技术
—	电路仿真与 PCD 设计
—	纺织 CAD
—	服装 CAD（结构）
—	高级业绩管理（ACCA）
CAD	计算机辅助设计 CAD
Sketchup	计算机辅助设计 sketchup
—	建筑设备工程 CAD
CAD	控制系统 CAD
CAD/CAE/CAM	模具 CAD/CAE/CAM
—	平面图像设计（Photoshop 篇）
—	审计与认证（ACCA）
STATA	实证研究与 STATA 应用
—	数学试验（matlab 软件）
—	水文流域模型及 VB 程序
—	统计实验基础（SPSS）
—	土木工程 CAD
—	物流实验（PROMODEL）
—	优化实验（LINGO）
UI 设计	游戏 UI 设计
有限元	有限元及 ANSYS 软件基础

注：课程名称中英文字母大小写均依语料原貌照录，未作修改。

C2 全汉语课程名称缩略

说明：（1）以下分析，根据课程全称和缩略形式的关系，原形式的确定以主课程名称为准，补充内容或副标题与缩略有关的，给予考虑；（2）有些课程名称的缩略形式跟另一课程未缩略的课程名称相同，标为"同全名"；（3）有些课程名称，有人认为有缩略形式，但也有人认为没有缩略形式，标为"或无"，表示这个形式不通行但仍计入统计范围。

表Ⅷ　四川大学课程名称（全汉语）缩略情况

缩略形式	字数	原形式	字数	结构	来源分析	构成关系
伴奏	2	伴奏课	3	定中	$2_{\#}+1$	首$_2$
保险	2	保险学	3	定中	$2_{\#}+1$	首$_2$
测量	2	测量学	3	定中	$2_{\#}+1$	首$_2$
传热	2	传热学	3	定中	$2_{\#}+1$	首$_2$
电磁	2	电磁学	3	定中	$2_{\#}+1$	首$_2$
电机	2	电机学	3	定中	$2_{\#}+1$	首$_2$
法理	2	法理学	3	定中	$2_{\#}+1$	首$_2$
花卉	2	花卉学	3	定中	$2_{\#}+1$	首$_2$
金融	2	金融学	3	定中	$2_{\#}+1$	首$_2$
精算2	2	精算学	3	定中	$2_{\#}+1$	首$_2$
统计	2	统计学	3	定中	$2_{\#}+1$	首$_2$
拓扑2	2	拓扑学	3	定中	$2_{\#}+1$	首$_2$
物理	2	物理学－概念与联系	3	定中	$2_{\#}+1$	首$_2$
物权	2	物权法	3	定中	$2_{\#}+1$	首$_2$
音韵（或无）	2	音韵学	3	定中	$2_{\#}+1$	首$_2$
运筹	2	运筹学	3	定中	$2_{\#}+1$	首$_2$
债权	2	债权法	3	定中	$2_{\#}+1$	首$_2$
侦查	2	侦查学	3	定中	$2_{\#}+1$	首$_2$
安工	2	安全工程	4	定中	2_1+2_1	AA
版设	2	版式设计	4	一主谓	2_1+2_1	AA
包设	2	包装设计	4	一主谓	2_1+2_1	AA
保概	2	保密概论	4	定中	2_1+2_1	AA
比文（或无）	2	比较文学	4	定中	2_1+2_1	AA

续表 Ⅷ

缩略形式	字数	原形式	字数	结构	来源分析	构成关系
毕创	2	毕业创作	4	状中	2_1+2_1	AA
毕论	2	毕业论文	4	定中	2_1+2_1	AA
毕设	2	毕业设计	4	状中	2_1+2_1	AA
编原	2	编译原理	4	定中	2_1+2_1	AA
表化	2	表面化学	4	定中	2_1+2_1	AA
表技	2	表现技法	4	定中	2_1+2_1	AA
材力	2	材料力学	4	定中	2_1+2_1	AA
财报	2	财务报告	4	定中	2_1+2_1	AA
财分	2	财务分析	4	一主谓	2_1+2_1	AA
财管	2	财务管理	4	一主谓	2_1+2_1	AA
财会	2	财务会计	4	定中	2_1+2_1	AA
餐管	2	餐饮管理	4	一主谓	2_1+2_1	AA
场设 2	2	场地设计	4	一主谓	2_1+2_1	AA
场设 2	2	场景设计	4	一主谓	2_1+2_1	AA
城概	2	城市概论	4	定中	2_1+2_1	AA
抽代	2	抽象代数	4	定中	2_1+2_1	AA
创管	2	创业管理	4	状中	2_1+2_1	AA
磁材	2	磁性材料	4	定中	2_1+2_1	AA
大化	2	大学化学	4	定中	2_1+2_1	AA
大日	2	大学日语	4	定中	2_1+2_1	AA
大物	2	大学物理	4	定中	2_1+2_1	AA
大英（创意阅读）	2	大学英语（创意阅读）	4	定中	2_1+2_1	AA
大英（口语）	2	大学英语（口语）2	4	定中	2_1+2_1	AA
大英（阅读与翻译）	2	大学英语（阅读与翻译）	4	定中	2_1+2_1	AA
大语	2	大学语文	4	定中	2_1+2_1	AA
弹力	2	弹性力学	4	定中	2_1+2_1	AA
导基	2	导演基础	4	定中	2_1+2_1	AA
电传	2	电波传播	4	状中	2_1+2_1	AA
电商	2	电子商务	4	定中	2_1+2_1	AA
动创	2	动画创作	4	一主谓	2_1+2_1	AA

缩略形式	字数	原形式	字数	结构	来源分析	构成关系
放化	2	放射化学	4	定中	2_1+2_1	AA
分化	2	分析化学	4	定中	2_1+2_1	AA
风管	2	风险管理	4	一主谓	2_1+2_1	AA
复函	2	复变函数	4	定中	2_1+2_1	AA
高代	2	高等代数	4	定中	2_1+2_1	AA
高口	2	高级口译	4	定中	2_1+2_1	AA
工测	2	工程测量	4	状中	2_1+2_1	AA
工力	2	工程力学	4	定中	2_1+2_1	AA
工训（或无）	2	工程训练	4	状中	2_1+2_1	AA
公关	2	公共关系	4	定中	2_1+2_1	AA
功材	2	功能材料	4	定中	2_1+2_1	AA
古汉	2	古代汉语	4	定中	2_1+2_1	AA
广设	2	广告设计	4	一主谓	2_1+2_1	AA
国金	2	国际金融	4	定中	2_1+2_1	AA
国投	2	国际投资	4	状中	2_1+2_1	AA
化基	2	化工基础	4	定中	2_1+2_1	AA
化设（或无）	2	化工设计	4	一主谓	2_1+2_1	AA
化原	2	化工原理	4	定中	2_1+2_1	AA
化纤	2	化学纤维	4	定中	2_1+2_1	AA
环教	2	环境教育	4	定中	2_1+2_1	AA
机设	2	机械设计	4	一主谓	2_1+2_1	AA
基俄	2	基础俄语	4	定中	2_1+2_1	AA
基日	2	基础日语	4	定中	2_1+2_1	AA
基物	2	基础物理	4	定中	2_1+2_1	AA
建安	2	建筑安全	4	主谓	2_1+2_1	AA
建材	2	建筑材料	4	定中	2_1+2_1	AA
建法	2	建筑法规	4	定中	2_1+2_1	AA
建模 2	2	建筑模型	4	定中	2_1+2_1	AA
健保	2	健康保健	4	并列	2_1+2_1	AA
结力	2	结构力学	4	定中	2_1+2_1	AA
金工 2	2	金融工程	4	定中	2_1+2_1	AA
军理	2	军事理论	4	定中	2_1+2_1	AA

缩略形式	字数	原形式	字数	结构	来源分析	构成关系
科讲	2	科研讲座	4	定中	2_1+2_1	AA
科训（或无）	2	科研训练	4	一主谓	2_1+2_1	AA
课设	2	课程设计	4	一主谓	2_1+2_1	AA
课实	2	课程实习	4	一主谓	2_1+2_1	AA
理力	2	理论力学	4	定中	2_1+2_1	AA
零管	2	零售管理	4	一主谓	2_1+2_1	AA
流力	2	流体力学	4	定中	2_1+2_1	AA
民总	2	民法总论	4	定中	2_1+2_1	AA
软工	2	软件工程	4	定中	2_1+2_1	AA
商谈	2	商务谈判	4	状中	2_1+2_1	AA
设概	2	设计概论	4	定中	2_1+2_1	AA
社保	2	社会保险	4	状中	2_1+2_1	AA
社管	2	社区管理	4	一主谓	2_1+2_1	AA
摄基	2	摄影基础	4	定中	2_1+2_1	AA
生工	2	生态工程	4	定中	2_1+2_1	AA
生化 2	2	生物化工	4	定中	2_1+2_1	AA
生化 2	2	生物化学	4	定中	2_1+2_1	AA
实函	2	实变函数	4	定中	2_1+2_1	AA
食安	2	食品安全	4	主谓	2_1+2_1	AA
视传	2	视觉传播	4	状中	2_1+2_1	AA
数控	2	数控技术	4	定中	2_1+2_1	AA
数统	2	数理统计	4	状中	2_1+2_1	AA
数分	2	数学分析	4	状中	2_1+2_1	AA
数绘	2	数字绘画	4	状中	2_1+2_1	AA
税代	2	税务代理	4	一主谓	2_1+2_1	AA
投管	2	投资管理	4	一主谓	2_1+2_1	AA
网安	2	网络安全	4	主谓	2_1+2_1	AA
网工	2	网络工程	4	定中	2_1+2_1	AA
危管	2	危机管理	4	一主谓	2_1+2_1	AA
文论	2	文学理论	4	定中	2_1+2_1	AA
舞编	2	舞蹈编导	4	一主谓	2_1+2_1	AA
物化	2	物理化学	4	定中	2_1+2_1	AA

缩略形式	字数	原形式	字数	结构	来源分析	构成关系
现藏	2	现代藏语	4	定中	2_1+2_1	AA
现汉	2	现代汉语	4	定中	2_1+2_1	AA
线代	2	线性代数	4	定中	2_1+2_1	AA
项管	2	项目管理	4	一主谓	2_1+2_1	AA
刑分	2	刑法分论	4	定中	2_1+2_1	AA
刑概	2	刑法概论	4	定中	2_1+2_1	AA
刑总	2	刑法总论	4	定中	2_1+2_1	AA
形训	2	形体训练	4	状中	2_1+2_1	AA
仪分	2	仪器分析	4	状中	2_1+2_1	AA
艺概	2	艺术概论	4	定中	2_1+2_1	AA
艺评	2	艺术评论	4	一主谓	2_1+2_1	AA
阴透	2	阴影透视	4	并列	2_1+2_1	AA
运管	2	运营管理	4	一主谓	2_1+2_1	AA
展设	2	展示设计	4	一主谓	2_1+2_1	AA
质管	2	质量管理	4	一主谓	2_1+2_1	AA
专外	2	专业外语	4	定中	2_1+2_1	AA
专英	2	专业英语	4	定中	2_1+2_1	AA
资评	2	资产评估	4	一主谓	2_1+2_1	AA
字设	2	字体设计	4	一主谓	2_1+2_1	AA
综法	2	综合法语	4	定中	2_1+2_1	AA
综英	2	综合英语	4	定中	2_1+2_1	AA
网销	2	网络营销	4	状中	2_1+2_2	AB
舞论	2	舞蹈概论	4	定中	2_1+2_2	AB
房产法	3	房地产法	4	定中	$3_{13}+1_{\#}$	$A_C尾_1$
二外（德）	2	第二外语（德）	4	定中	2_2+2_1	BA
二外（法）	2	第二外语（法）	4	定中	2_2+2_1	BA
二外（日）	2	第二外语（日）	4	定中	2_2+2_1	BA
二外（西）	2	第二外语（西）	4	定中	2_2+2_1	BA
二外（英）	2	第二外语（英）	4	定中	2_2+2_1	BA
备灾	2	备灾教育	4	状中	$2_{\#}+2$	首$_2$
插花	2	插花艺术	4	定中	$2_{\#}+2$	首$_2$
桥梁	2	桥梁施工	4	一主谓	$2_{\#}+2$	首$_2$

缩略形式	字数	原形式	字数	结构	来源分析	构成关系
色谱	2	色谱分析	4	一主谓	$2_\#+2$	首$_2$
四级	2	四级测试	4	状中	$2_\#+2$	首$_2$
四书	2	四书研读	4	一主谓	$2_\#+2$	首$_2$
无机	2	无机化学	4	定中	$2_\#+2$	首$_2$
五经	2	五经研读	4	一主谓	$2_\#+2$	首$_2$
有机	2	有机化学	4	定中	$2_\#+2$	首$_2$
行政法（同全名）	3	行政法学	4	定中	$2_\#+2_1$	首$_2$A
导读2	2	《左传》导读	4	一主谓	$2+2_\#$	尾$_2$
实习2	2	毕业实习	4	状中	$2+2_\#$	尾$_2$
基础	2	编导基础	4	定中	$2+2_\#$	尾$_2$
色彩	2	表现色彩	4	定中	$2+2_\#$	尾$_2$
会话4	2	俄语会话	4	状中	$2+2_\#$	尾$_2$
口语2	2	俄语口语	4	定中	$2+2_\#$	尾$_2$
视听3	2	俄语视听	4	状中	$2+2_\#$	尾$_2$
听力4	2	俄语听力	4	定中	$2+2_\#$	尾$_2$
写作4	2	俄语写作	4	状中	$2+2_\#$	尾$_2$
语法2	2	俄语语法	4	定中	$2+2_\#$	尾$_2$
会话4	2	法语会话	4	状中	$2+2_\#$	尾$_2$
口译	2	法语口译	4	状中	$2+2_\#$	尾$_2$
视听3	2	法语视听	4	状中	$2+2_\#$	尾$_2$
听力4	2	法语听力	4	定中	$2+2_\#$	尾$_2$
文学	2	法语文学	4	定中	$2+2_\#$	尾$_2$
写作4	2	法语写作	4	状中	$2+2_\#$	尾$_2$
语法2	2	法语语法	4	定中	$2+2_\#$	尾$_2$
阅读	2	法语阅读	4	状中	$2+2_\#$	尾$_2$
理财	2	公司理财	4	状中	$2+2_\#$	尾$_2$
书论	2	古代书论	4	定中	$2+2_\#$	尾$_2$
私法	2	国际私法	4	定中	$2+2_\#$	尾$_2$
文化	2	日本文化	4	定中	$2+2_\#$	尾$_2$
对译	2	日汉对译	4	状中	$2+2_\#$	尾$_2$
泛读2	2	日语泛读	4	状中	$2+2_\#$	尾$_2$

缩略形式	字数	原形式	字数	结构	来源分析	构成关系
会话4	2	日语会话	4	状中	$2+2_\sharp$	尾$_2$
精读2	2	日语精读	4	状中	$2+2_\sharp$	尾$_2$
视听3	2	日语视听	4	状中	$2+2_\sharp$	尾$_2$
听力4	2	日语听力	4	定中	$2+2_\sharp$	尾$_2$
写作4	2	日语写作	4	状中	$2+2_\sharp$	尾$_2$
营销	2	市场营销	4	状中	$2+2_\sharp$	尾$_2$
通信2	2	数据通信	4	状中	$2+2_\sharp$	尾$_2$
建模2	2	数学建模	4	状中	$2+2_\sharp$	尾$_2$
通信2	2	移动通信	4	状中	$2+2_\sharp$	尾$_2$
泛读2	2	英语泛读	4	状中	$2+2_\sharp$	尾$_2$
会话4	2	英语会话	4	状中	$2+2_\sharp$	尾$_2$
精读2	2	英语精读	4	状中	$2+2_\sharp$	尾$_2$
听力4	2	英语听力	4	定中	$2+2_\sharp$	尾$_2$
听说	2	英语听说	4	状中	$2+2_\sharp$	尾$_2$
戏剧	2	英语戏剧	4	定中	$2+2_\sharp$	尾$_2$
写作4	2	英语写作	4	状中	$2+2_\sharp$	尾$_2$
语音	2	英语语音	4	定中	$2+2_\sharp$	尾$_2$
鉴赏	2	影视鉴赏	4	一主谓	$2+2_\sharp$	尾$_2$
合成	2	有机合成	4	状中	$2+2_\sharp$	尾$_2$
画论	2	中国画论	4	定中	$2+2_\sharp$	尾$_2$
税制	2	中国税制	4	定中	$2+2_\sharp$	尾$_2$
戏曲	2	中国戏曲	4	定中	$2+2_\sharp$	尾$_2$
讲座	2	专家讲座	4	定中	$2+2_\sharp$	尾$_2$
实习2	2	专业实习	4	定中	$2+2_\sharp$	尾$_2$
地理	2	自然地理	4	定中	$2+2_\sharp$	尾$_2$
产经	2	产业经济学	5	定中	2_1+3_1	AA
大传	2	大众传播学2	5	定中	2_1+3_1	AA
房建	2	房屋建筑学	5	定中	2_1+3_1	AA
高教	2	高等教育学	5	定中	2_1+3_1	AA
管经	2	管理经济学	5	定中	2_1+3_1	AA
国经	2	国际经济学	5	定中	2_1+3_1	AA
国贸	2	国际贸易学	5	定中	2_1+3_1	AA

缩略形式	字数	原形式	字数	结构	来源分析	构成关系
宏经	2	宏观经济学	5	定中	2_1+3_1	AA
环工	2	环境工程学	5	定中	2_1+3_1	AA
环经	2	环境经济学	5	定中	2_1+3_1	AA
货金	2	货币金融学	5	定中	2_1+3_1	AA
技经	2	技术经济学	5	定中	2_1+3_1	AA
金工 2	2	金融工程学	5	定中	2_1+3_1	AA
劳经	2	劳动经济学	5	定中	2_1+3_1	AA
西经	2	西方经济学	5	定中	2_1+3_1	AA
刑诉	2	刑事诉讼法 3	5	定中	2_1+3_1	AA
证投	2	证券投资学	5	定中	2_1+3_1	AA
政经	2	政治经济学	5	定中	2_1+3_1	AA
经原	2	经济学原理	5	定中	3_1+2_1	AA
高化	2	高分子化学	5	定中	3_1+2_1	AA
高物	2	高分子物理	5	定中	3_1+2_1	AA
计控 2	2	计算机控制	5	状中	3_1+2_1	AA
计网 2	2	计算机网络	5	定中	3_1+2_1	AA
秘概	2	秘书学概论	5	定中	3_1+2_1	AA
语概	2	语言学概论 2	5	定中	3_1+2_1	AA
公关学	3	公共关系学	5	定中	$2_1+2_1+1_{\#}$	AA尾$_1$
广电史	3	广播电视史	5	定中	$2_1+2_1+1_{\#}$	AA尾$_1$
行诉法	3	行政诉讼法	5	定中	$2_1+2_1+1_{\#}$	AA尾$_1$
环卫学	3	环境卫生学	5	定中	$2_1+2_1+1_{\#}$	AA尾$_1$
建环学	3	建筑环境学	5	定中	$2_1+2_1+1_{\#}$	AA尾$_1$
食安学	3	食品安全学	5	定中	$2_1+2_1+1_{\#}$	AA尾$_1$
网编学	3	网络编辑学	5	定中	$2_1+2_1+1_{\#}$	AA尾$_1$
西哲史	3	西方哲学史	5	定中	$2_1+2_1+1_{\#}$	AA尾$_1$
销管学	3	销售管理学	5	定中	$2_1+2_1+1_{\#}$	AA尾$_1$
刑诉法	3	刑事诉讼法 3	5	定中	$2_1+2_1+1_{\#}$	AA尾$_1$
质管学	3	质量管理学	5	定中	$2_1+2_1+1_{\#}$	AA尾$_1$
资评学	3	资产评估学	5	定中	$2_1+2_1+1_{\#}$	AA尾$_1$
计图	2	计算机绘图	5	状中	3_1+2_2	AB
运筹导论	4	运筹学导论	5	定中	$3_{12}+2_{\#}$	A$_B$尾$_2$

缩略形式	字数	原形式	字数	结构	来源分析	构成关系
计量2	2	计量经济学	5	定中	$2_{首}+3$	首$_2$
播音主持	4	播音与主持	5	并列	$2_{首} * 2_{尾}$	首$_2$尾$_2$
地基基础	4	地基与基础	5	并列	$2_{首} * 2_{尾}$	首$_2$尾$_2$
艺术审美	4	艺术与审美	5	并列	$2_{首} * 2_{尾}$	首$_2$尾$_2$
证券投资	4	证券与投资	5	并列	$2_{首} * 2_{尾}$	首$_2$尾$_2$
固体物理	4	固体物理学	5	定中	$2_{首}+2_{中}+1$	首$_2$中$_2$
金融市场	4	金融市场学	5	定中	$2_{首}+2_{中}+1$	首$_2$中$_2$
区域经济	4	区域经济学	5	定中	$2_{首}+2_{中}+1$	首$_2$中$_2$
外国刑法	4	外国刑法学	5	定中	$2_{首}+2_{中}+1$	首$_2$中$_2$
刑法解释	4	刑法解释学	5	定中	$2_{首}+2_{中}+1$	首$_2$中$_2$
刑事诉讼	4	刑事诉讼法3	5	定中	$2_{首}+2_{中}+1$	首$_2$中$_2$
档案学	3	档案学概论	5	定中	$3_{首}+2$	首$_3$
多媒体2	3	多媒体技术	5	定中	$3_{首}+2$	首$_3$
方志学	3	方志学概论	5	定中	$3_{首}+2$	首$_3$
交响乐	3	交响乐鉴赏	5	一主谓	$3_{首}+2$	首$_3$
伦理学	3	伦理学导论	5	定中	$3_{首}+2$	首$_3$
民商法	3	民商法概论	5	定中	$3_{首}+2$	首$_3$
汽轮机	3	汽轮机原理	5	定中	$3_{首}+2$	首$_3$
山水画	3	山水画基础	5	定中	$3_{首}+2$	首$_3$
数据库4	3	数据库技术	5	定中	$3_{首}+2$	首$_3$
数据库4	3	数据库系统	5	定中	$3_{首}+2$	首$_3$
水轮机	3	水轮机调节	5	一主谓	$3_{首}+2$	首$_3$
文字学	3	文字学概要	5	定中	$3_{首}+2$	首$_3$
新媒体	3	新媒体概论	5	定中	$3_{首}+2$	首$_3$
语言学	3	语言学概论2	5	定中	$3_{首}+2$	首$_3$
拓扑2	2	几何与拓扑	5	并列	$2 \equiv 2_{尾}$	尾$_2$
选读	2	《资本论》选读	5	一主谓	$3+2_{尾}$	尾$_2$
材料	2	半导体材料	5	定中	$3+2_{尾}$	尾$_2$
概论2	2	比较法概论	5	定中	$3+2_{尾}$	尾$_2$
见习	2	化工厂见习	5	状中	$3+2_{尾}$	尾$_2$
概况	2	西班牙概况	5	定中	$3+2_{尾}$	尾$_2$

缩略形式	字数	原形式	字数	结构	来源分析	构成关系
精算学（同全名）	3	保险精算学2	5	定中	2+3#	尾3
传播学	3	大众传播学2	5	定中	2+3#	尾3
智慧课	3	得觉智慧课	5	定中	2+3#	尾3
词汇学3	3	法语词汇学	5	定中	2+3#	尾3
水文学	3	工程水文学	5	定中	2+3#	尾3
文献学	3	古典文献学	5	定中	2+3#	尾3
词汇学3	3	汉语词汇学	5	定中	2+3#	尾3
工艺学	3	化学工艺学	5	定中	2+3#	尾3
生态学	3	环境生态学	5	定中	2+3#	尾3
水利学	3	环境水利学	5	定中	2+3#	尾3
土壤学	3	环境土壤学	5	定中	2+3#	尾3
透视学	3	绘画透视学	5	定中	2+3#	尾3
目录学	3	考古目录学	5	定中	2+3#	尾3
健美操	3	拉丁健美操	5	定中	2+3#	尾3
继承法（或无）	3	亲属继承法	5	定中	2+3#	尾3
可视化	3	数据可视化	5	主谓	2+3#	尾3
美术史2	3	外国美术史	5	定中	2+3#	尾3
舞蹈史2	3	外国舞蹈史	5	定中	2+3#	尾3
人类学	3	文化人类学	5	定中	2+3#	尾3
啦啦操	3	舞蹈啦啦操	5	定中	2+3#	尾3
词汇学3	3	英语词汇学	5	定中	2+3#	尾3
视听说	3	英语视听说	5	状中	2+3#	尾3
电化学	3	应用电化学	5	定中	2+3#	尾3
密码学	3	应用密码学	5	定中	2+3#	尾3
机器人	3	智能机器人	5	定中	2+3#	尾3
法制史	3	中国法制史	5	定中	2+3#	尾3
古代史	3	中国古代史	5	定中	2+3#	尾3
建筑史2	3	中国建筑史	5	定中	2+3#	尾3
考古学	3	中国考古学	5	定中	2+3#	尾3
美术史2	3	中国美术史	5	定中	2+3#	尾3
舞蹈史2	3	中国舞蹈史	5	定中	2+3#	尾3

缩略形式	字数	原形式	字数	结构	来源分析	构成关系
现代史	3	中国现代史	5	定中	$2+3_\sharp$	尾$_3$
建筑史 2	3	中外建筑史	5	定中	$2+3_\sharp$	尾$_3$
经济史	3	中外经济史	5	定中	$2-3_\sharp$	尾$_3$
讨论班	3	专题讨论班	5	定中	$2-3_\sharp$	尾$_3$
地理学	3	自然地理学	5	定中	$2-3_\sharp$	尾$_3$
园林史 2	3	外国园林史	5	定中	$2+3_\sharp$	尾$_3$
音乐史	3	中国音乐史	5	定中	$2+3_\sharp$	尾$_3$
哲学史	3	中国哲学史	5	定中	$2+3_\sharp$	尾$_3$
园林史 2	3	中外园林史	5	定中	$2+3_\sharp$	尾$_3$
小组课	3	专业小组课	5	定中	$2+3_\sharp$	尾$_3$
精算 2	2	保险精算学 2	5	定中	$2+2_\sharp+1$	中$_2$
金数	2	金融数学引论	6	定中	2_1+2_1+2	AA
近化	2	近代化学基础 2	6	定中	2_1+2_1+2	AA
近代	2	近世代数基础	6	定中	2_1+2_1+2	AA
材基	2	材料科学基础 2	6	定中	2_1+2+2_1	A-A
佛概	2	佛教文化概论	6	定中	2_1+2+2_1	A-A
影概	2	影视艺术概论	6	定中	2_1+2+2_1	A-A
近化基	3	近代化学基础 2	6	定中	$2_1+2_1+2_1$	AAA
安工导论	4	安全工程导论	6	定中	$2_1-2_1+2_\sharp$	AA尾$_2$
保专英语	4	保险专业英语	6	定中	$2_1-2_1+2_\sharp$	AA尾$_2$
表基训练	4	表演基础训练	6	一主谓	$2_1-2_1+2_\sharp$	AA尾$_2$
材科导论	4	材料科学导论	6	定中	$2_1-2_1+2_\sharp$	AA尾$_2$
材科基础	4	材料科学基础 2	6	定中	$2_1+2_1+2_\sharp$	AA尾$_2$
材科前沿	4	材料科学前沿	6	定中	$2_1+2_1+2_\sharp$	AA尾$_2$
财分实验	4	财务分析实验	6	定中	$2_1+2_1+2_\sharp$	AA尾$_2$
城规初步	4	城市规划初步	6	定中	$2_1+2_1+2_\sharp$	AA尾$_2$
城规设计	4	城市规划设计	6	一主谓	$2_1+2_1+2_\sharp$	AA尾$_2$
城规原理	4	城市规划原理	6	定中	$2_1+2_1+2_\sharp$	AA尾$_2$
大化实验	4	大学化学实验	6	定中	$2_1+2_1+2_\sharp$	AA尾$_2$
大日口语	4	大学日语口语	6	定中	$2_1+2_1+2_\sharp$	AA尾$_2$
大物实验	4	大学物理实验	6	定中	$2_1+2_1+2_\sharp$	AA尾$_2$
地防工程	4	地下防护工程	6	定中	$2_1+2_1+2_\sharp$	AA尾$_2$

续表 Ⅷ

缩略形式	字数	原形式	字数	结构	来源分析	构成关系
电控技术	4	电液控制技术	6	定中	$2_1+2_1+2_\#$	AA 尾$_2$
电测技术	4	电子测量技术	6	定中	$2_1+2_1+2_\#$	AA 尾$_2$
电商技术	4	电子商务技术	6	定中	$2_1+2_1+2_\#$	AA 尾$_2$
分化实验	4	分析化学实验	6	定中	$2_1+2_1+2_\#$	AA 尾$_2$
工材基础	4	工程材料基础	6	定中	$2_1+2_1+2_\#$	AA 尾$_2$
化原实验	4	化工原理实验	6	定中	$2_1+2_1+2_\#$	AA 尾$_2$
化工基础	4	化学工程基础	6	定中	$2_1+2_1+2_\#$	AA 尾$_2$
基英写作	4	基础英语写作	6	定中	$2_1+2_1+2_\#$	AA 尾$_2$
建工估价	4	建筑工程估价	6	一主谓	$2_1+2_1+2_\#$	AA 尾$_2$
金工实验	4	金融工程实验	6	定中	$2_1+2_1+2_\#$	AA 尾$_2$
拉美文学	4	拉丁美洲文学	6	定中	$2_1+2_1+2_\#$	AA 尾$_2$
能化概论	4	能源化学概论	6	定中	$2_1+2_1+2_\#$	AA 尾$_2$
企管概论	4	企业管理概论	6	定中	$2_1+2_1+2_\#$	AA 尾$_2$
汽控系统	4	汽车控制系统	6	定中	$2_1+2_1+2_\#$	AA 尾$_2$
软工导论	4	软件工程导论	6	定中	$2_1+2_1+2_\#$	AA 尾$_2$
软开实践	4	软件开发实践	6	一主谓	$2_1+2_1+2_\#$	AA 尾$_2$
社工实践	4	社会工作实践	6	一主谓	$2_1+2_1+2_\#$	AA 尾$_2$
社工咨询	4	社会工作咨询	6	一主谓	$2_1+2_1+2_\#$	AA 尾$_2$
生科导论	4	生命科学导论（双语）	6	定中	$2_1+2_1+2_\#$	AA 尾$_2$
生材检验	4	生物材料检验	6	一主谓	$2_1+2_1+2_\#$	AA 尾$_2$
生材评价	4	生物材料评价	6	一主谓	$2_1+2_1+2_\#$	AA 尾$_2$
生工导论	4	生物工程导论	6	定中	$2_1+2_1+2_\#$	AA 尾$_2$
生化实验	4	生物化学实验	6	定中	$2_1+2_1+2_\#$	AA 尾$_2$
石化概论	4	石油化工概论	6	定中	$2_1+2_1+2_\#$	AA 尾$_2$
物化实验	4	物理化学实验	6	定中	$2_1+2_1+2_\#$	AA 尾$_2$
压容设计	4	压力容器设计	6	一主谓	$2_1+2_1+2_\#$	AA 尾$_2$
岩工分析	4	岩土工程分析	6	一主谓	$2_1+2_1+2_\#$	AA 尾$_2$
冶工设计	4	冶金工程设计	6	一主谓	$2_1+2_1+2_\#$	AA 尾$_2$
仪分实验	4	仪器分析实验	6	定中	$2_1+2_1+2_\#$	AA 尾$_2$
综工实践	4	综合工程实践	6	一主谓	$2_1+2_1+2_\#$	AA 尾$_2$
数理方法	4	数学物理方法	6	定中	$2_1+2_2+2_\#$	AB 尾$_2$
文典导读	4	文化原典导读	6	定中	$2_1+2_2+2_\#$	AB 尾$_2$

缩略形式	字数	原形式	字数	结构	来源分析	构成关系
芭蕾教学法	5	芭蕾舞教学法	6	定中	$3_2+3_\sharp$	A_B尾$_3$
西语会话	4	西班牙语会话	6	状中	$3_1+1_\sharp+2_\sharp$	A中$_1$尾$_2$
西语视听	4	西班牙语视听	6	状中	$3_1+1_\sharp+2_\sharp$	A中$_1$尾$_2$
西语听力	4	西班牙语听力	6	定中	$3_1+1_\sharp+2_\sharp$	A中$_1$尾$_2$
西语阅读	4	西班牙语阅读	6	状中	$3_1+1_\sharp+2_\sharp$	A中$_1$尾$_2$
西语写作	4	西班牙语写作	6	状中	$3_1+1_\sharp+2_\sharp$	A中$_1$尾$_2$
西语语法	4	西班牙语语法	6	定中	$3_1+1_\sharp+2_\sharp$	A中$_1$尾$_2$
电工	2	电工技术基础	6	定中	$2_\sharp+2+2$	首$_2$
心理	2	心理健康教育2	6	定中	$2_\sharp+2+2$	首$_2$
产品创设	4	产品创意设计	6	一主谓	$2_\sharp+2_1+2_1$	首$_2$AA
高级财管	4	高级财务管理	6	定中	$2_\sharp+2_1+2_1$	首$_2$AA
高级财会	4	高级财务会计	6	定中	$2_\sharp+2_1+2_1$	首$_2$AA
化学电材	4	化学电源材料	6	定中	$2_\sharp+2_1+2_1$	首$_2$AA
解码国安	4	解码国家安全	6	动宾	$2_\sharp+2_1+2_1$	首$_2$AA
跨国企管	4	跨国企业管理	6	一主谓	$2_\sharp+2_1+2_1$	首$_2$AA
软件项管	4	软件项目管理	6	状中	$2_\sharp+2_1+2_1$	首$_2$AA
土木工材	4	土木工程材料2	6	定中	$2_\sharp+2_1+2_1$	首$_2$AA
先进功材	4	先进功能材料	6	定中	$2_\sharp+2_1+2_1$	首$_2$AA
乡村规设	4	乡村规划设计	6	一主谓	$2_\sharp+2_1+2_1$	首$_2$AA
冶金技经	4	冶金技术经济	6	定中	$2_\sharp+2_1+2_1$	首$_2$AA
冶金课设	4	冶金课程设计	6	一主谓	$2_\sharp-2_1+2_1$	首$_2$AA
园林环艺	4	园林环境艺术	6	定中	$2_\sharp-2_1+2_1$	首$_2$AA
中级财会	4	中级财务会计	6	定中	$2_\sharp-2_1+2_1$	首$_2$AA
专业主课	4	专业主科课程	6	定中	$2_\sharp-2_1+2_1$	首$_2$AA
企业综训	4	企业综合实训	6	状中	$2_\sharp-2_1+2_2$	首$_2$AB
综合西语	4	综合西班牙语	6	定中	$2_\sharp+3_1+1_\sharp$	首$_2$A尾$_1$
景观设计	4	景观规划设计	6	一主谓	$2_\sharp+2+2_\sharp$	首$_2$-尾$_2$
水利施工	4	水利工程施工	6	一主谓	$2_\sharp+2+2_\sharp$	首$_2$-尾$_2$
土木材料	4	土木工程材料2	6	定中	$2_\sharp+2+2_\sharp$	首$_2$-尾$_2$
野外实习	4	野外综合实习	6	状中	$2_\sharp-2+2_\sharp$	首$_2$-尾$_2$
操作系统（同全名）	4	操作系统原理	6	定中	$2_\sharp-2_\sharp+2$	首$_2$中$_2$

缩略形式	字数	原形式	字数	结构	来源分析	构成关系
电力市场	4	电力市场理论	6	定中	$2_\sharp + 2_\sharp + 2$	首$_2$中$_2$
近代汉语	4	近代汉语研究	6	一主谓	$2_\sharp + 2_\sharp + 2$	首$_2$中$_2$
人机交互	4	人机交互基础	6	定中	$2_\sharp + 2_\sharp + 2$	首$_2$中$_2$
数据挖掘2	4	数据挖掘技术	6	定中	$2_\sharp + 2_\sharp + 2$	首$_2$中$_2$
心理健康	4	心理健康教育2	6	定中	$2_\sharp + 2_\sharp + 2$	首$_2$中$_2$
野外生存	4	野外生存技能	6	定中	$2_\sharp + 2_\sharp + 2$	首$_2$中$_2$
信息论	3	信息论与编码	6	并列	$3_\sharp * 2$	首$_3$
水电站	3	水电站建筑物	6	定中	$3_\sharp + 3$	首$_3$
拜占庭史	4	拜占庭帝国史	6	定中	$3_\sharp + 2 + 1_\sharp$	首$_3$一尾$_1$
化妆品学	4	化妆品学概论	6	定中	$4_\sharp + 2$	首$_4$
莎士比亚	4	莎士比亚戏剧	6	定中	$4_\sharp + 2$	首$_4$
前沿	2	保险理论前沿	6	定中	$2 + 2 + 2_\sharp$	尾$_2$
导读2	2	保险文献导读	6	一主谓	$2 + 2 + 2_\sharp$	尾$_2$
口语2	2	大学英语（口语）2	6	定中	$2 + 2 + 2_\sharp$	尾$_2$
《红楼梦》	3	伟大的《红楼梦》	6	定中	$2 * 3_\sharp$	尾$_3$
酒工艺学	4	中国酒工艺学	6	定中	$2 + 1_\sharp + 3_\sharp$	中$_1$尾$_3$
计量2	2	金融计量方法	6	定中	$2 + 2_\sharp + 2$	中$_2$
互译	2	英汉互译基础	6	定中	$2 + 2_\sharp + 2$	中$_2$
演讲	2	英语演讲艺术	6	定中	$2 + 2_\sharp + 2$	中$_2$
工程估价	4	安装工程估价	6	一主谓	$2 + 2_\sharp + 2_\sharp$	中$_2$尾$_2$
工程技术	4	表面工程技术	6	定中	$2 + 2_\sharp + 2_\sharp$	中$_2$尾$_2$
几何基础	4	代数几何基础	6	定中	$2 + 2_\sharp + 2_\sharp$	中$_2$尾$_2$
拓扑初步	4	代数拓扑初步	6	定中	$2 + 2_\sharp + 2_\sharp$	中$_2$尾$_2$
国家概况	4	法语国家概况	6	定中	$2 + 2_\sharp + 2_\sharp$	中$_2$尾$_2$
时事研读	4	法语时事研读	6	状中	$2 + 2_\sharp + 2_\sharp$	中$_2$尾$_2$
立体裁剪	4	服装立体裁剪	6	一主谓	$2 + 2_\sharp + 2_\sharp$	中$_2$尾$_2$
断裂力学	4	工程断裂力学	6	定中	$2 + 2_\sharp + 2_\sharp$	中$_2$尾$_2$
收益证券	4	固定收益证券	6	定中	$2 + 2_\sharp + 2_\sharp$	中$_2$尾$_2$
技术经济	4	化工技术经济	6	定中	$2 + 2_\sharp + 2_\sharp$	中$_2$尾$_2$
生产实习	4	化工生产实习	6	一主谓	$2 + 2_\sharp + 2_\sharp$	中$_2$尾$_2$
反应工程	4	化学反应工程	6	定中	$2 + 2_\sharp + 2_\sharp$	中$_2$尾$_2$
节能原理	4	建筑节能原理	6	定中	$2 + 2_\sharp + 2_\sharp$	中$_2$尾$_2$

缩略形式	字数	原形式	字数	结构	来源分析	构成关系
风险管理	4	金融风险管理	6	一主谓	2＋2#＋2#	中₂尾₂
企业会计	4	金融企业会计	6	定中	2＋2#＋2#	中₂尾₂
随机过程	4	金融随机过程	6	定中	2＋2#＋2#	中₂尾₂
资产定价	4	金融资产定价	6	一主谓	2＋2#＋2#	中₂尾₂
密封技术	4	流体密封技术	6	定中	2＋2#＋2#	中₂尾₂
移民文化	4	美国移民文化	6	定中	2＋2#＋2#	中₂尾₂
战略管理	4	企业战略管理	6	定中	2＋2#＋2#	中₂尾₂
气候变化	4	全球气候变化	6	主谓	2＋2#＋2#	中₂尾₂
图像处理2	4	数字图像处理	6	一主谓	2＋2#＋2#	中₂尾₂
建筑赏析	4	外国建筑赏析	6	一主谓	2＋2#＋2#	中₂尾₂
语文导论	4	外国语文导论	6	定中	2＋2#＋2#	中₂尾₂
近代教育	4	晚清近代教育	6	定中	2＋2#＋2#	中₂尾₂
分离技术	4	现代分离技术	6	定中	2＋2#＋2#	中₂尾₂
无机材料	4	新型无机材料	6	定中	2＋2#＋2#	中₂尾₂
有色金属	4	新型有色金属	6	定中	2－2#＋2#	中₂尾₂
竞赛培训	4	学科竞赛培训	6	一主谓	2－2#＋2#	中₂尾₂
高级听说	4	英语高级听说	6	状中	2－2#＋2#	中₂尾₂
交流艺术	4	英语交流艺术	6	定中	2－2#＋2#	中₂尾₂
论辩艺术	4	英语论辩艺术	6	定中	2－2#＋2#	中₂尾₂
阅读讨论	4	英语阅读讨论	6	状中	2＋2#＋2#	中₂尾₂
表演实践	4	影视表演实践	6	一主谓	2＋2#＋2#	中₂尾₂
产业管理	4	影视产业管理	6	一主谓	2＋2#＋2#	中₂尾₂
创作概论	4	影视创作概论	6	定中	2＋2#＋2#	中₂尾₂
后期合成	4	影视后期合成	6	主谓	2＋2#＋2#	中₂尾₂
美术基础	4	影视美术基础	6	定中	2＋2#＋2#	中₂尾₂
文学创作	4	影视文学创作	6	一主谓	2－2#＋2#	中₂尾₂
艺术理论	4	影视艺术理论	6	定中	2－2#＋2#	中₂尾₂
作品导读	4	影视作品导读	6	一主谓	2－2#＋2#	中₂尾₂
编程技术	4	游戏编程技术	6	定中	2－2#＋2#	中₂尾₂
编程实践	4	游戏编程实践	6	一主谓	2＋2#＋2#	中₂尾₂
动画设计	4	游戏动画设计	6	一主谓	2＋2#＋2#	中₂尾₂
角色设计	4	游戏角色设计	6	一主谓	2＋2#＋2#	中₂尾₂

缩略形式	字数	原形式	字数	结构	来源分析	构成关系
当代散文	4	中国当代散文	6	定中	$2+2_\#+2_\#$	中$_2$尾$_2$
当代文学	4	中国当代文学	6	定中	$2+2_\#+2_\#$	中$_2$尾$_2$
古代茶史	4	中国古代茶史	6	定中	$2+2_\#+2_\#$	中$_2$尾$_2$
古代文论	4	中国古代文论	6	定中	$2+2_\#+2_\#$	中$_2$尾$_2$
古代文学	4	中国古代文学	6	定中	$2+2_\#+2_\#$	中$_2$尾$_2$
古典声韵	4	中国古典声韵	6	定中	$2+2_\#+2_\#$	中$_2$尾$_2$
西南考古	4	中国西南考古	6	状中	$2+2_\#+2_\#$	中$_2$尾$_2$
现代文学	4	中国现代文学	6	定中	$2+2_\#+2_\#$	中$_2$尾$_2$
定向课程	4	专业定向课程	6	定中	$2+2_\#+2_\#$	中$_2$尾$_2$
文献导读3	4	专业文献导读	6	一主谓	$2+2_\#+2_\#$	中$_2$尾$_2$
地理实习	4	自然地理实习	6	一主谓	$2+2_\#+2_\#$	中$_2$尾$_2$
概数	2	概率与数理统计2	7	并列	2_1*2_1+2	AA
计控2	2	计算机控制技术	7	定中	3_1+2_1+2	AA
形教	2	形势与政策教育	7	并列	2_1*2+2_1	A−A
行管学前沿	5	行政管理学前沿	7	定中	$2_1+3_{13}+2_\#$	AA$_C$尾$_2$
环规与管理	5	环境规划与管理	7	并列	$2_1+2_1*2_\#$	AA尾$_2$
艺设鉴赏	4	艺术设计与鉴赏	7	并列	$2_1+2_1*2_\#$	AA尾$_2$
产经概论	4	产业经济学概论	7	定中	$2_1+3_1+2_\#$	AA尾$_2$
环工实验	4	环境工程学实验	7	定中	$2_1+3_1+2_\#$	AA尾$_2$
卓工培训	4	卓越工程师培训	7	一主谓	$2_1+3_1+2_\#$	AA尾$_2$
高物实验	4	高分子物理实验	7	定中	$3_1+2_1+2_\#$	AA尾$_2$
计网概论	4	计算机网络概论	7	定中	$3_1+2_1+2_\#$	AA尾$_2$
计网实践	4	计算机网络实践	7	状中	$3_1+2_1+2_\#$	AA尾$_2$
大数微积分	5	大学数学微积分	7	定中	$2_1+2_1+3_\#$	AA尾$_3$
软工经济学	5	软件工程经济学	7	定中	$2_1+2_1+3_\#$	AA尾$_3$
研发实践	4	研究与开发实践	7	并列	$2_1*2_2+2_\#$	AB尾$_2$
古建测绘	4	古建筑测绘实习2	7	一主谓	$3_{12}+2_\#+2$	A$_B$中$_2$
房产经管	4	房地产经营管理	7	一主谓	$3_{13}+2_1+2_1$	A$_C$AA
房产营销策划	6	房地产营销策划	7	一主谓	$3_{13}+2_\#+2_\#$	A$_C$中尾$_2$
概率	2	概率与数理统计2	7	并列	$2_\#*2+2$	首$_2$
税法	2	税法与税务筹划	7	并列	$2_\#*2+2$	首$_2$
阻燃	2	阻燃与公共安全	7	并列	$2_\#*2+2$	首$_2$

续表 Ⅷ

缩略形式	字数	原形式	字数	结构	来源分析	构成关系
冶金资环	4	冶金资源和环保	7	并列	$2_{\sharp}+2_1*2_1$	首$_2$AA
酿造工艺	4	酿造工艺学原理	7	定中	$2_{\sharp}+3_{12}+2$	首$_2$A$_B$
图像处理2	4	图像处理与识别	7	并列	$2_{\sharp}+2_{\sharp}*2$	首$_2$中$_2$
写作理论	4	写作理论与实践	7	并列	$2_{\sharp}+2_{\sharp}*2$	首$_2$中$_2$
绩效薪酬	4	绩效与薪酬管理	7	并列	$2_{\sharp}*2_{\sharp}+2$	首$_2$-中$_2$
城镇给排水	5	城镇给排水工程	7	定中	$2_{\sharp}+3_{\sharp}+2$	首$_2$中$_3$
单片机	3	单片机应用技术	7	定中	$3_{\sharp}+2+2$	首$_3$
供应链风管	5	供应链风险管理	7	一主谓	$3_{\sharp}+2_1+2_1$	首$_3$AA
自动化专英	5	自动化专业英语	7	定中	$3_{\sharp}+2_1+2_1$	首$_3$AA
概论2	2	编辑出版学概论	7	定中	$2+3+2_{\sharp}$	尾$_2$
排练课	3	舞蹈作品排练课	7	定中	$2+2+3_{\sharp}$	尾$_3$
民间舞	3	中国民族民间舞	7	定中	$2+2+3_{\sharp}$	尾$_3$
光学与技术	5	薄膜光学与技术	7	并列	$2+2_{\sharp}*2_{\sharp}$	中$_2$*尾$_2$
论文与实习	5	毕业论文与实习	7	并列	$2+2_{\sharp}*2$	中$_2$*尾$_2$
遗传与优生	5	人类遗传与优生	7	并列	$2+2_{\sharp}*2$	中$_2$*尾$_2$
检索与利用	5	信息检索与利用	7	并列	$2+2_{\sharp}*2$	中$_2$*尾$_2$
精读与写作	5	英语精读与写作	7	并列	$2+2_{\sharp}*2_{\sharp}$	中$_2$*尾$_2$
听说与翻译	5	英语听说与翻译	7	并列	$2-2_{\sharp}*2_{\sharp}$	中$_2$*尾$_2$
阅读与写作	5	英语阅读与写作	7	并列	$2-2_{\sharp}*2_{\sharp}$	中$_2$*尾$_2$
艺术与技术	5	游戏艺术与技术	7	并列	$2-2_{\sharp}*2_{\sharp}$	中$_2$*尾$_2$
婚姻学（或无）	3	爱情婚姻经济学	7	定中	$2-2_{\sharp}+3_3$	中$_2$C
国际交流	4	讲座及国际交流	7	并列	$2*2_{\sharp}+2_{\sharp}$	中$_2$尾$_2$
概率统计	4	工科概率与统计	7	并列	$2-2_{\sharp}*2_{\sharp}$	中$_2$尾$_2$
抗震抗风	4	建筑抗震和抗风	7	并列	$2-2_{\sharp}*2_{\sharp}$	中$_2$尾$_2$
文化艺术	4	影视文化与艺术	7	并列	$2-2_{\sharp}*2_{\sharp}$	中$_2$尾$_2$
欣赏评论	4	影视欣赏与评论	7	并列	$2+2_{\sharp}*2_{\sharp}$	中$_2$尾$_2$
器件基础	4	半导体器件基础	7	定中	$3+2_{\sharp}+2_{\sharp}$	中$_2$尾$_2$
创业基础	4	大学生创业基础	7	定中	$3+2_{\sharp}+2_{\sharp}$	中$_2$尾$_2$
测绘实习	4	古建筑测绘实习2	7	一主谓	$3+2_{\sharp}+2_{\sharp}$	中$_2$尾$_2$
体系结构	4	计算机体系结构	7	定中	$3+2_{\sharp}+2_{\sharp}$	中$_2$尾$_2$
系统结构	4	计算机系统结构	7	定中	$3+2_{\sharp}+2_{\sharp}$	中$_2$尾$_2$
应用设计	4	计算机应用设计	7	一主谓	$3+2_{\sharp}+2_{\sharp}$	中$_2$尾$_2$

缩略形式	字数	原形式	字数	结构	来源分析	构成关系
文献导读3	4	金融学文献导读	7	一主谓	$3+2_\#+2_\#$	中$_2$尾$_2$
文献导读3	4	经济学文献导读	7	一主谓	$3+2_\#+2_\#$	中$_2$尾$_2$
发音训练课	5	基础发音训练课	7	定中	$2+2_\#+3_\#$	中$_2$尾$_3$
新闻传播史	5	外国新闻传播史	7	定中	$2+2_\#+3_\#$	中$_2$尾$_3$
档案事业史	5	中国档案事业史	7	定中	$2+2_\#+3_\#$	中$_2$尾$_3$
法律思想史	5	中国法律思想史	7	定中	$2+2_\#+3_\#$	中$_2$尾$_3$
政治思想史	5	中国政治思想史	7	定中	$2+2_\#+3_\#$	中$_2$尾$_3$
自动化2	3	办公自动化技术	7	定中	$2+3_\#+2$	中$_3$
自动化2	3	化工自动化仪表	7	定中	$2+3_\#+2$	中$_3$
多媒体2	3	网页多媒体设计	7	一主谓	$2+3_\#+2$	中$_3$
互联网	3	移动互联网技术	7	定中	$2+3_\#+2$	中$_3$
酒文化	3	中国酒文化基础	7	定中	$2+3_\#+2$	中$_3$
弹塑性力学	5	工程弹塑性力学	7	定中	$2+3_\#+2_\#$	中$_3$尾$_2$
机器人概论	5	智能机器人概论	7	定中	$2+3_\#+2_\#$	中$_3$尾$_2$
计网2	2	计算机通信与网络	8	并列	3_1+2*2_1	A—A
劳保	2	劳动和社会保障法2	8	定中	2_1*2+3_1	A—A
分测	2	材料分析测试技术2	8	定中	$2+2_1+2_1+2$	一AA
近纲	2	中国近现代史纲要2	8	定中	$2+4_1+2_1$	一AA
计网与通信	5	计算机网络与通信	8	并列	$3_1+2_1*2_\#$	AA*尾$_2$
大计基	3	（大学生）计算机基础	8	定中	$3_1+3_1+2_1$	AAA
化原课设	4	化工原理课程设计	8	一主谓	$2_1+2_1+2_1+2_1$	AAAA
环工专英	4	环境工程专业英语	8	定中	$2_1+2_1+2_1+2_1$	AAAA
旅企财管	4	旅游企业财务管理	8	一主谓	$2_1+2_1+2_1+2_1$	AAAA
食安监管	4	食品安全监督管理	8	一主谓	$2_1+2_1+2_1+2_1$	AAAA
专综课设	4	专业综合课程设计	8	一主谓	$2_1+2_1+2_1+2_1$	AAAA
编原课程	4	编译原理课程设计2	8	一主谓	$2_1+2_1+2_\#+2$	AA三$_2$
表物前沿	4	表面物理前沿讲座	8	定中	$2_1+2_1+2_\#+2$	AA三$_2$
材科基础实验	6	材料科学基础实验	8	定中	$2_1+2_1+2_\#+2_\#$	AA三$_2$尾$_2$
城规分析方法	6	城市规划分析方法	8	定中	$2_1+2_1+2_\#+2_\#$	AA三$_2$尾$_2$

续表 Ⅷ

缩略形式	字数	原形式	字数	结构	来源分析	构成关系
电商创业实践	6	电子商务创业实践	8	一主谓	$2_1 + 2_1 + 2_\# + 2_\#$	AA三$_2$尾$_2$
生材评价实验	6	生物材料评价实验	8	定中	$2_1 - 2_1 + 2_\# + 2_\#$	AA三$_2$尾$_2$
生工专业实验	6	生物工程专业实验	8	定中	$2_1 - 2_1 + 2_\# + 2_\#$	AA三$_2$尾$_2$
现材分析技术	6	现代材料分析技术	8	定中	$2_1 + 2_1 + 2_\# + 2_\#$	AA三$_2$尾$_2$
项管软件应用	6	项目管理软件应用	8	一主谓	$2_1 + 2_1 + 2_\# + 2_\#$	AA三$_2$尾$_2$
项管应用实践	6	项目管理应用实践	8	一主谓	$2_1 + 2_1 + 2_\# + 2_\#$	AA三$_2$尾$_2$
信安工程实训	6	信息安全工程实训	8	一主谓	$2_1 + 2_1 + 2_\# + 2_\#$	AA三$_2$尾$_2$
信安专业实验	6	信息安全专业实验	8	定中	$2_1 + 2_1 + 2_\# + 2_\#$	AA三$_2$尾$_2$
艺设作品鉴赏	6	艺术设计作品鉴赏	8	一主谓	$2_1 + 2_1 + 2_\# + 2_\#$	AA三$_2$尾$_2$
安工实验	4	安全工程专业实验	8	定中	$2_1 + 2_1 + 2 + 2_\#$	AA一尾$_2$
管工讲座	4	管理工程科研讲座	8	定中	$2_1 + 2_1 + 2 + 2_\#$	AA一尾$_2$
环科训练	4	环境科学科研训练	8	一主谓	$2_1 + 2_1 + 2 + 2_\#$	AA一尾$_2$
少民文化	4	中国少数民族文化	8	定中	$2 + 2_1 + 2_1 + 2$	一AA尾$_2$
力值方法	4	力学中的数值方法	8	定中	$2_1 * * 2_2 + 2_\#$	AB尾$_2$
本科报告会	5	本科生研究报告会	8	定中	$3_{12} + 2 + 3_\#$	A$_B$一尾$_3$
光电材料	4	光电子材料与器件	8	并列	$3_{12} + 2_\# * 2$	A$_B$中$_2$
芭蕾基本功	5	芭蕾舞基本功训练	8	一主谓	$3_{12} + 3_\# + 2$	A$_B$中$_3$
房产法律实务	6	房地产法律与实务	8	并列	$3_{13} + 2_\# * 2_\#$	A$_C$中$_2$尾$_2$
房产开发管理	6	房地产开发与管理	8	并列	$3_{13} + 2_\# * 2_\#$	A$_C$中$_2$尾$_2$
西语时事研读	6	西班牙语时事研读	8	状中	$3_1 + 1_\# + 2_\# + 2_\#$	A二$_1$三$_2$尾$_2$
给排水	3	建筑给水排水工程	8	定中	$2 + 2_1 + 2_\# + 2$	一A三$_2$
材料与器件	5	半导体材料与器件	8	并列	$3 + 2_\# * 2_\#$	二$_2$ * 尾$_2$
污染控材	4	环境污染控制材料	8	定中	$2 + 2_\# + 2_1 + 2_1$	二$_2$AA
电子沙盘	4	商战电子沙盘实训	8	一主谓	$2 + 2_\# + 2_\# + 2$	二$_2$三$_2$

缩略形式	字数	原形式	字数	结构	来源分析	构成关系
民间美术	4	中国民间美术概论	8	定中	2+2# +2# +2	二₂三₂
立体裁剪实践	6	服装立体裁剪实践	8	一主谓	2+2# +2# +2#	二₂三₂尾₂
当代先锋艺术	6	中国当代先锋艺术	8	定中	2+2# +2# +2#	二₂三₂尾₂
古代美术简史	6	中国古代美术简史	8	定中	2+2# +2# +2#	二₂三₂尾₂
古典名剧赏析	6	中国古典名剧赏析	8	一主谓	2+2# +2# +2#	二₂三₂尾₂
民族舞蹈文化	6	中国民族舞蹈文化	8	定中	2+2# +2# +2#	二₂三₂尾₂
戏剧经典赏析	6	中国戏剧经典赏析	8	一主谓	2+2# +2# +2#	二₂三₂尾₂
社会实践调查	6	专业社会实践调查	8	定中	2+2# +2# +2#	二₂三₂尾₂
通信原理	4	数据通信系统原理	8	定中	2+2# +2+2#	二₂一尾₂
语言技巧	4	艺术语言基本技巧	8	定中	2+2# +2+2#	二₂一尾₂
电影赏析	4	中外电影经典赏析	8	一主谓	2+2# +2+2#	二₂一尾₂
课程设计 2	4	泵与泵站课程设计	8	一主谓	1*2+2# +2#	三₂尾₂
课程设计 2	4	编译原理课程设计 2	8	一主谓	2+2+2# +2#	三₂尾₂
语言训练	4	表演艺术语言训练	8	一主谓	2+2+2# +2#	三₂尾₂
作品赏析	4	俄语经典作品赏析	8	一主谓	2+2+2# +2#	三₂尾₂
理论前沿 2	4	金融工程理论前沿	8	定中	2+2+2# +2#	三₂尾₂
校史文化	4	四川大学校史文化	8	定中	2+2+2# +2#	三₂尾₂
小说选读	4	英语短篇小说选读	8	一主谓	2+2+2# +2#	三₂尾₂
劳动和社保	5	劳动和社会保障法 2	8	定中	2# *2₁+3₁	首₂*AA
材料分测技术	6	材料分析测试技术 2	8	定中	2# + 2₁ + 2₁ +2#	首₂AA尾₂
室内设计	4	室内设计住宅空间	8	并列	2# +2# +2+2	首₂二₂
数据挖掘 2	4	数据挖掘技术概论	8	定中	2# +2# +2+2	首₂二₂
操作系统课设	6	操作系统课程设计	8	一主谓	2# + 2# + 2₁ +2₁	首₂二₂AA
乡镇景观规设	6	乡镇景观规划设计	8	一主谓	2# + 2# + 2₁ +2₁	首₂二₂AA
野外生态实习	6	野外生态综合实习	8	状中	2+2# +2+2#	首₂二₂一尾₂
电工实验	4	电工技术基础实验	8	一主谓	2# +2+2+2#	首₂一尾₂
蛋白质	3	蛋白质结构与建模	8	并列	3# +2*2	首₃
数据库 4	3	数据库技术与应用	8	并列	3# +2*2	首₃
数据库 4	3	数据库原理及应用	8	并列	3# +2*2	首₃

缩略形式	字数	原形式	字数	结构	来源分析	构成关系
助剂	2	高分子材料及助剂	8	并列	$3+2*2\#$	尾$_2$
创新创造	4	大学生创新与创造	8	并列	$3+2\#*2\#$	中$_2$-尾$_2$
口笔语	3	俄语口笔语实践课	8	定中	$2+3\#+3$	中$_3$
古典舞教学法	6	中国古典舞教学法	8	定中	$2+3\#+3\#$	中$_3$尾$_3$
近现代史	4	中国近现代史纲要2	8	定中	$2+4\#+2$	中$_4$
大创	2	大学生创新/创业计划	9	定中	3_1+2_1+2+2	AA
计组	2	计算机组成原理实验	9	定中	3_1+2_1+2+2	AA
项管与项评	5	项目管理与项目评价	9	并列	$2_1+2_1*2_1+2_1$	AA*AA
过分合	3	化工过程分析与合成	9	并列	$2+2_1+2_1*2_1$	－AAA
房建课设	4	房屋建筑学课程设计	9	一主谓	$2_1+3_1+2_1+2_1$	AAAA
计网课设	4	计算机网络课程设计	9	一主谓	$3_1+2_1+2_1+2_1$	AAAA
大数统计	4	大学数学与统计初步	9	定中	$2_1+2_1*2\#+2$	AA三$_2$
家电原理与维修	7	家用电器原理与维修	9	并列	$2_1+2_1+2\#*2\#$	AA三$_2$*尾$_2$
软开环境与工具	7	软件开发环境与工具	9	并列	$2_1+2_1+2\#*2\#$	AA三$_2$*尾$_2$
电商理论应用	6	电子商务理论及应用	9	并列	$2_1+2_1+2\#*2\#$	AA三$_2$尾$_2$
社工行政管理	6	社会工作行政与管理	9	并列	$2_1+2_1+2\#*2\#$	AA三$_2$尾$_2$
艺术生就业指导	7	艺术类学生就业指导	9	主谓	$3_{12}+2_2+2\#+2_2$	A$_2$B三$_2$尾$_2$
暖通	2	供暖通风与空气调节	9	并列	2_2+2_1*2+2	BA
策划与美术设计	7	游戏策划与美术设计	9	并列	$2+2\#*2\#+2\#$	二$_2$*三$_2$尾$_2$
理论前沿2	4	经济学理论前沿研究	9	主谓	$3+2\#+2\#+2$	二$_2$三$_2$
西部民族与宗教	7	中国西部民族与宗教	9	定中	$2+2\#+2\#*2\#$	二$_2$三$_2$*尾$_2$
书法鉴赏研习	6	中国书法鉴赏与研习	9	并列	$2+2\#+2\#*2\#$	二$_2$三$_2$尾$_2$
古代经济史专题	7	中国古代经济史专题	9	定中	$2+2\#+3\#+2\#$	二$_2$三$_3$尾$_2$
古典基本功训练	7	中国古典基本功训练	9	一主谓	$2+2\#+3\#+2\#$	二$_2$三$_3$尾$_2$

缩略形式	字数	原形式	字数	结构	来源分析	构成关系
基础鉴赏	4	影视基础与影视鉴赏	9	并列	$2+2_\# * 2+2_\#$	二$_2$－尾$_2$
生涯规划	4	大学生生涯发展规划	9	定中	$3+2_\# +2+2_\#$	二$_2$－尾$_2$
语言学理论（或无）	5	西方语言学理论基础	9	定中	$2+3_\# +2_\# +2$	二$_3$三$_2$
美术史原著	5	中国美术史原著导读	9	－主谓	$2+3_\# +2_\# +2$	二$_3$三$_2$
语言学名著	5	中国语言学名著选读2	9	－主谓	$2+3_\# +2_\# +2$	二$_3$三$_2$
语言学名著选读	7	中国语言学名著选读2	9	－主谓	$2+3_\# +2_\# +2_\#$	二$_3$三$_2$尾$_2$
名著导读	4	西方语言学名著导读	9	－主谓	$2+3+2_\# +2_\#$	三$_2$尾$_2$
沙盘实训	4	供应链管理沙盘实训	9	－主谓	$3+2+2_\# +2_\#$	三$_2$尾$_2$
数据结构（同全名）	4	数据结构与算法分析	9	并列	$2_\# +2_\# * 2+2$	首$_2$二$_2$
微机原理	4	微机原理与接口技术	9	并列	$2_\# +2_\# * 2+2$	首$_2$二$_2$
室内环境	4	室内环境检测与治理	9	并列	$2_\# +2_\# +2 * 2$	首$_2$二$_2$
室内空气污染	6	室内空气污染与健康	9	并列	$2_\# +2_\# +2_\# * 2$	首$_2$二$_2$三$_2$
地基基础设计	6	地基与基础课程设计	9	并列	$2_\# * 2_\# +2+2$	首$_2$二$_2$－尾$_2$
社会福利救助	6	社会福利与社会救助	9	并列	$2_\# +2_\# * 2+2_\#$	首$_2$二$_2$－尾$_2$
职业形象礼仪	6	职业形象与职业礼仪	9	并列	$2_\# +2_\# * 2+2_\#$	首$_2$二$_2$－尾$_2$
化工安全技术	6	化工机器及安全技术	9	并列	$2_\# * 2 * 2_\# +2_\#$	首$_2$－三$_2$尾$_2$
微波卫星通信	6	微波通信与卫星通信	9	并列	$2_\# * 2 * 2_\# +2_\#$	首$_2$－三$_2$尾$_2$
化工安全	4	化工过程及工艺安全	9	并列	$2_\# +2 * 2+2_\#$	首$_2$－尾$_2$
安全学	3	安全学原理与管理学	9	并列	$3_\# +2 * 3$	首$_3$
普通话训练	5	普通话语音发声训练	9	－主谓	$3_\# +2+2+2_\#$	首$_3$－尾$_2$
丝绸之路	4	丝绸之路文明启示录	9	定中	$4_\# +2+3$	首$_4$
模具	2	高分子材料成型模具	9	定中	$3+2+2+2_\#$	尾$_2$
大数	2	大学生数学与统计初步	10	定中	$3_1 +2_1 * 2+2$	AA
信安综设实验	6	信息安全综合设计实验	10	定中	$2_1 +2_1 +2_1 +2_1 +2_\#$	AAAA 尾$_2$
食安现状与对策	7	食品安全性现状与对策	10	并列	$2_1 + 3_1 + 2_\# * 2_\#$	AA 三$_2$ * 尾$_2$

缩略形式	字数	原形式	字数	结构	来源分析	构成关系
社保制度国际比较	8	社会保障制度国际比较	10	一主谓	$2_1 + 2_1 + 2_\# + 2_\# + 2_\#$	AA 三$_2$四$_2$尾$_2$
环科竞赛	4	环境科学专题研究竞赛	10	定中	$2_\# + 2_1 + 2 + 2 - 2_\#$	AA一尾$_2$
计网实践	4	计算机通信与网络实践	10	并列	$3 + 2 * 2_1 + 2_\#$	A-A尾$_2$
房产金融投管	6	房地产金融与投资管理	10	一主谓	$3_3 + 2_\# * 2_1 + 2_1$	A$_C$二$_2$AA
西语专四辅导	6	西班牙语专四考试辅导	10	一主谓	$3_1 + 1_\# + 2_\# + 2 + 2_\#$	A二$_1$三$_2$一尾$_2$
创业设计规划	6	大学生创业设计与规划	10	并列	$3 + 2_\# + 2_\# * 2_\#$	二$_2$三$_2$一尾$_2$
功能高分子	5	精细及功能高分子材料	10	并列	$2 * 2_\# + 3_\# + 2$	二$_2$三$_3$
佛家原著	4	中国佛家哲学原著研读	10	一主谓	$2 + 2_\# + 2 + 2 - 2_\#$	二$_2$一四$_2$
理论优化	4	经济理论中的数学优化	10	定中	$2 + 2_\# * * 2 + 2_\#$	二$_2$一尾$_2$
古建筑文化鉴赏	7	中国古建筑文化与鉴赏	10	并列	$2 + 3_\# + 2_\# * 2$	二$_3$三$_2$尾$_2$
古籍整理	4	古籍整理的方法与实践	10	并列	$2_\# + 2_\# + 2 * 2$	首$_2$二$_2$
太阳能电池	5	太阳能电池原理与设计	10	并列	$3_\# + 2_\# + 2 * 2$	首$_3$二$_2$
全球化大国关系	7	全球化时代的大国关系	10	定中	$3_\# + 2 * 2_\# + 2_\#$	首$_3$一三$_2$尾$_2$
思修	2	思想道德修养与法律基础	11	并列	$2_1 + 2 + 2_1 * 2 + 2$	A-A
马概	2	马克思主义基本原理概论 3	11	定中	$5_1 + 2 + 2 + 2_1$	A-A
马原	2	马克思主义基本原理概论 3	11	定中	$5_1 + 2 + 2_1 + 2$	A-A
马基	2	马克思主义基本原理概论 3	11	定中	$5_1 + 2_1 + 2 + 2$	A-A
信安管理与法律法规	9	信息安全管理与法律法规	11	并列	$2_1 + 2_1 + 2_\# * 2_\# + 2_\#$	AA 三$_2$ * 四$_2$尾$_2$
压容设计及安全技术	9	压力容器设计及安全技术	11	并列	$2_1 - 2_1 + 2_\# * 2_\# + 2_\#$	AA 三$_2$ * 四$_2$尾$_2$

缩略形式	字数	原形式	字数	结构	来源分析	构成关系
马哲原著研读	6	马克思主义哲学原著研读	11	一主谓	$5_1+2_1+2_\#+2_\#$	A—A 四₂尾₂
投行业务	4	投资银行业务及技术应用	11	并列	$2_1+2_2+2_\# * 2+2$	AB 三₂
文献阅读综述	6	英文文献阅读与文献综述	11	并列	$2+2_\#+2_\# * 2+2_\#$	二₂三₂—尾₂
计算机二级	5	全国计算机等级考试二级	11	主谓	$2+3_\#+2+2+2_\#$	二₃—尾₂
搜索引擎	4	搜索引擎理论与实用技术	11	并列	$2_\#+2_\#+2 * 2+2$	首₂二₂
法律职业伦理	6	法律职业伦理与职业道德	11	并列	$2_\#+2+2_\# * 2+2$	首₂二₂三₂
普通话提升训练	7	普通话语音形象提升训练	11	一主谓	$3_\#+2+2+2_\#+2_\#$	首₃—三₂尾₂
艾滋病趋势	5	艾滋病新进展及发展趋势	11	并列	$3_\#+3 * 2+2_\#$	首₃—尾₂
边疆研究	4	中国边政与西南边疆研究	11	并列	$2+2 * 2+2_\#$	四₂尾₂
原著选读	4	西方思想文化史原著选读	11	一主谓	$2+2+3+2_\#$	四₂尾₂
毛哲与思潮	5	毛泽东哲学与当代中国思潮	12	并列	$3_1+2_1 * 2+2+2_\#$	AA— * 尾₂
场设竞赛周	5	场地设计及作业竞赛集中周	12	定中	$2_1+2_1 * 2+2_\#+3_3$	AA—四₂C
材科就业指导	6	材料科学类大学生就业指导	12	一主谓	$2_1+3_1+3+2_\#+2_\#$	AA—四₂尾₂
环工讲座	4	环境工程学术研讨系列讲座	12	定中	$2_1+2_1+2+2+2+2_\#$	AA—尾₂
给排水实习	5	给水排水工程专业认识实习	12	一主谓	$2_1+2_\#+2+2+2+2_\#$	A二₂—尾₂
求生训练	4	自然灾害与法律—灾难中求生能力的养成训练	12	并列	$2 * 2_\#+2 * 2+2_\#$	二₂—尾₂
青铜器艺术及制作	8	中国古代青铜器艺术及制作	12	并列	$2+2+3_\#+2_\# * 2_\#$	三₃四₂ * 尾₂
跨文化竞争力	6	国际旅游中的跨文化竞争力	12	定中	$2+2 * * 3_\#+3_3$	三₃尾₃

缩略形式	字数	原形式	字数	结构	来源分析	构成关系
新兴经济体	5	亚洲新兴经济体的增长与转型	13	并列	$2+2_\sharp+3_\sharp*2*2$	二$_2$三$_3$
老龄化社会	5	老龄化社会的健康问题与应对	13	并列	$3_\sharp+2_\sharp*2+2*2$	首$_3$二$_2$
金材	2	金属材料科学与工程技术的进展	14	并列	$2+2_1+2*2+2*2$	AA
身心健康	4	大学生身心健康自我关注与管理	14	并列	$3-2_\sharp+2_\sharp+2+2*2$	二$_2$三$_2$
素质工程系列讲座	8	"修身、治学、成才、创业"素质工程系列讲座	16	并列	$2-2+2+2+2_\sharp+2_\sharp+2_\sharp+2_\sharp$	五$_2$六$_2$七尾$_2$
毛概	2	毛泽东思想和中国特色社会主义理论体系概论	20	并列	$5_1*2+2+2+2+2+2+2_1$	A—A

课程名称的结构分析中,有几个问题需要关注。(1)一些以动词居后的名称,情况比较复杂。从语用的角度来看,很多谓词性词组在充当专名后,都从行为转向事件,具有名词性,但如果简单地把这类成分都处理成名词性的定中词组,又模糊了它们跟名词中心语的定中词组的界限,不利于分清二者在来源方面的差异。因此,本研究把这类成分根据它们的来源,处理为谓词性词组。(2)"名词+动词"组合包含主谓、状中、定中三类结构,其中,主谓关系多数属被动结构,即名词主语在语义上受动词支配,比如"生物材料评价"可理解为"评价生物材料","交响乐鉴赏"可理解为"鉴赏交响乐"。名词不表示施事或受事的,作状中关系处理,比如"化工厂见习"中"化工厂"既不是施事,也不是受事,故将课程名称的两个部分处理为状中关系。(3)在并列组合中,动词性成分受并提的名词性成分影响,名词性增加,处理为名词性并列,如"写作理论与实践"中的"实践"。(4)课程名称中有些并列关系具有两可性,如"光电子材料与器件",可分析为定中关系下名词中心语并列的"光电子/材料与器件",也认为"器件"承前省略了"光电子",分析为并列的"光电子材料/器件";"房地产开发与管理"可分析为主谓关系下谓语中心语并列的"房地产/开发与管理",或认为"管理"承前省略了"房地产",分析为并列的"房地产开发/管理"。为方便分析,本研究采用了后一分析。

C3　未发生缩略的全汉语课程名称

表Ⅸ　四川大学课程名称（全汉语）中未发生缩略的情况

字数	名称	字数	名称	字数	名称
2	笔译	2	英语	3	云计算
2	草书	2	瑜伽	3	再保险
2	德语_{初级}	2	篆刻	3	证据学
2	钢琴	3	博弈论	3	知识论
2	韩语	3	德国史	3	训诂学
2	行书	3	犯罪学	3	汉语史
2	合唱_{与合奏}	3	汉译俄	4	巴蜀文化
2	和声	3	行政法	4	泵与泵站
2	花鸟	3	航空法	4	并行处理
2	军训	3	好主意_{创新的原动力}	4	参观实习
2	口译	3	化学史	4	操作系统
2	美术	3	环境法	4	测量实习
2	美学	3	会计学	4	测试技术
2	热学	3	金融法	4	成本会计
2	人物	3	经济法	4	初等数论
2	散打	3	经济学	4	创业策划
2	色彩	3	美国史	4	代谢工程
2	山水	3	模形式	4	电动力学
2	商法	3	女性学	4	电路分析
2	摄影	3	侵权法	4	电路理论
2	素描	3	人权法	4	电路实验
2	体育	3	土力学	4	电路原理
2	图论	3	微积分	4	电视广告
2	宪法	3	现代舞	4	电子实习
2	写生	3	印地语	4	电子政务
2	写作	3	英国史	4	定格动画

字数	名称	字数	名称	字数	名称
4	读书报告	4	环境问题	4	考古学史
4	夺桥徒搏	4	会展概论	4	科学计算
4	法律文书	4	会展文案	4	扩频通信
4	法律诊所	4	绘画油画创作	4	拉萨口语
4	分析科学	4	机械制图	4	雷达原理
4	风景写生	4	计算化学	4	理学专题
4	服务管理	4	计算理论	4	量子化学
4	服务营销	4	计算力学	4	鲁迅研究
4	复合材料	4	计算思维	4	论文写作
4	副科钢琴	4	计算物理	4	旅游俄语
4	个案工作	4	建筑采风	4	绿色化学
4	工厂参观	4	建筑初步	4	美工基础
4	工程估价	4	建筑构成	4	美国文学
4	工程调研	4	建筑构造	4	美术考古
4	工程制图	4	建筑节能	4	美术实习
4	工科化学	4	建筑结构	4	美学导论
4	工作研究	4	建筑力学	4	民族音乐
4	公司金融	4	建筑美术	4	欧洲文化
4	公文写作	4	建筑设计	4	普通地质
4	构成基础平面,色彩,立体	4	建筑物理	4	砌体结构
		4	建筑制图	4	区域规划
4	管理沟通	4	角色造型	4	认识实习
4	管理会计	4	教学剧目	4	认知实践
4	光纤通信	4	结构化学	4	认知实习
4	国际商法	4	金融监管	4	鞣制化学
4	过程机器	4	景观植物	4	商务礼仪
4	化学分析	4	就业指导	4	商务旅游
4	化学前沿	4	决策分析	4	商务日语
4	环境化学	4	考古技术	4	商务演示

字数	名称	字数	名称	字数	名称
4	商务智能	4	算法设计	4	遥感概论
4	设计基础	4	特种水泥	4	音乐鉴赏
4	设计美学	4	图像处理	4	英国文学
4	社会实践	4	图像通信	4	英美戏剧
4	社区实习	4	土地法学	4	营销策划
4	审计实验	4	外出写生	4	营销管理
4	生产管理	4	外国文学	4	语言哲学
4	生产实习	4	微分方程	4	元素化学
4	生态建筑	4	微分几何	4	运动规律
4	生态旅游	4	微机保护	4	运营调度
4	生态文明	4	文学欣赏	4	哲学逻辑
4	圣经文化	4	西方文化	4	振动力学
4	圣经文学	4	系统仿真	4	中国民居
4	诗歌导论	4	系统工程	4	中华文化
4	食品分析	4	箱包设计	4	专业写作
4	史学概论	4	消费与法	4	综合实践
4	市场调查 专业实验、实习实训	4	小组工作	4	综合实验
4	试验设计	4	心理咨询	4	作业竞赛
4	视唱练耳	4	新闻评论	4	数字逻辑 应用与设计
4	视听语言	4	新闻写作	5	保护生物学
4	书法创作	4	信息标引	5	博物馆实践
4	书法鉴赏	4	信息材料	5	博物馆展陈
4	书籍装帧	4	信息分析	5	材料热处理
4	数据结构	4	信息隐藏	5	藏族艺术史
4	数理逻辑	4	信息咨询	5	城市社会学
4	数学文化	4	形体舞蹈	5	传媒社会学
4	数值实验	4	学年报告	5	词汇的奥秘 英语单词记忆捷径
4	数字逻辑	4	学年论文	5	大型机基础
4	水文预报	4	学术研讨	5	单片机实验

字数	名称	字数	名称	字数	名称
5	档案管理学	5	国际投资法	5	企业经济学
5	地方财政学	5	焊接工程学	5	嵌入式系统
5	地方政府学	5	行为金融学	5	曲线与曲面
5	电介质物理	5	行政伦理学	5	群表示基础
5	动物生物学	5	互联网金融	5	设计与专利
5	俄苏文学史	5	化学与安全	5	社会心理学
5	反应堆物理	5	化学与健康	5	摄像与摄像
5	犯罪心理学	5	环境行为学	5	生产力分析
5	纺织品设计	5	环境生物学	5	生态纺织品
5	非织造技术	5	环境学原理	5	生态学论坛
5	分子生物学	5	环境与健康	5	生物信息学
5	钢结构设计	5	会计实验课	5	实验室管理
5	钢铁冶金学	5	机能学实验	5	食品工艺学
5	高电压技术	5	积极心理学	5	世界现代史
5	高性能纤维	5	基础会计学	5	世界中古史
5	工程热力学	5	计算机视觉	5	市政管理学
5	工程学寻论	5	家用化学品	5	瘦身新概念
5	公共行政学	5	健康教育学	5	数值最优化
5	公共经济学	5	教育心理学	5	数字化设计
5	公务员制度	5	金融经济学	5	水处理工程
5	功能高分子	5	金属学原理	5	水工程施工
5	供应链管理	5	景观生态学	5	水工建筑物
5	管理思想史	5	可持续商业	5	水环境保护
5	管理统计学	5	旅游地理学	5	水质工程学
5	管理心理学	5	旅游文化学	5	随机运筹学
5	管理学原理	5	旅游心理学	5	体育保健学
5	光通信技术	5	民俗学概论	5	凸分析优化
5	光信息处理	5	欧美电影史	5	土地经济学
5	广告营销学	5	皮革商品学	5	网络传播学

字数	名称	字数	名称	字数	名称
5	微栏目创作	5	植物生物学	6	电子文件管理
5	文化策划学	5	资源经济学	6	东亚儒学研究
5	文献保护学	5	组织行为学	6	动物系统分类
5	污染源调查	6	博物馆学概论	6	多元统计基础
5	舞蹈文体学	6	材料制备实验	6	发酵工程原理
5	物理学研讨	6	材料质量控制	6	法译汉、汉译法
5	物联网技术	6	材料装置艺术	6	防灾减灾概论
5	西藏美术史	6	财经新闻实务	6	纺织材料科学
5	西方史学史	6	财税理论前沿	6	纺织学术报告
5	西方音乐史	6	藏传佛教通史	6	纺织专业实验
5	现代通信网	6	测控仪器设计	6	分析化学简史
5	消防工程学	6	产品结构设计	6	分析科学实验
5	消费行为学	6	超级写实绘画	6	粉末冶金工程
5	新能源概论	6	城市认知实习	6	佛教考古概论
5	信号与系统	6	程序设计实践	6	服务运作管理
5	刑事政策学	6	传媒产业经营	6	服装创意设计
5	形势与政策	6	传统建筑营造	6	服装零售管理
5	形体与舞蹈	6	创新基础力学	6	服装专业英语
5	学习心理学	6	创新能力锻炼	6	符号诗学基础
5	艺术设计史	6	创新能力实践	6	辐射防护实验
5	英美合同法	6	创新设计概论	6	辐射探测实验
5	语篇与翻译	6	村镇规划原理	6	高等电动力学
5	语言与社会	6	道路工程材料	6	高水平训练课
5	运筹学应用	6	地下工程施工	6	革制品材料学
5	运动发育学	6	地下建筑结构	6	革制品画技法
5	哲学与电影	6	电路理论实验	6	工程测量实习
5	证券物理学	6	电脑音乐制作	6	工程创新训练
5	政治思想史	6	电子封装材料	6	工程实践讲座
5	职业与健康	6	电子技术基础	6	工程项目管理

续表 IX

字数	名称	字数	名称	字数	名称
6	工科化学实验	6	机械设计基础	6	美术史方法论
6	工业工程导论	6	机械制造基础	6	秘书工作实务
6	工业结晶基础	6	基础力学实验	6	民事案例分析
6	工业企业管理	6	集成电路原理	6	民事案例研究
6	公共政策分析	6	家庭社会工作	6	模具制造工程
6	供水水文地质	6	结构设计原理	6	模拟电子技术
6	管理信息系统	6	界面科学基础	6	模式识别引论
6	广告经营管理	6	近代物理实验	6	配位化学进展
6	广告美术基础	6	经典影片分析	6	皮革化工材料
6	广告市场调查	6	精神分析引论	6	皮革商事仲裁
6	国际市场营销	6	精细有机合成	6	皮革整饰技术
6	国际学术交流	6	景观设计基础	6	平面广告设计
6	汉唐考古专题	6	景观设计竞赛	6	普通地质实习
6	行业营销专题	6	景观设计原理	6	企业管理实践
6	化工过程仿真	6	景观植物实习	6	企业经营分析
6	化工基础实验	6	聚变物理基础	6	全科医学概论
6	化纤工艺原理	6	科学前沿对话	6	燃料电池技术
6	化学分析实验	6	科学研究方法	6	人力资源管理
6	化学原理实验	6	科学哲学引论	6	人文社科选修
6	化学综合实验	6	科研方法概述	6	人文素养模块
6	环保设备基础	6	空气洁净技术	6	商务文书写作
6	环境分析化学	6	空气理化检验	6	商务英语翻译
6	环境化学实验	6	劳动关系管理	6	商务英语写作
6	环境生物技术	6	力学电测方法	6	商业模式设计
6	环境系统分析	6	连续介质力学	6	商业研究方法
6	环境影响评价	6	流体输配管网	6	商业银行管理
6	会计师与企业	6	旅游空间分析	6	设计构成基础
6	活动策划实习	6	旅游英语口语	6	设计思维训练
6	机电控制工程	6	绿色化学引论	6	社会实践/实习

字数	名称	字数	名称	字数	名称
6	社会政策概论	6	塑性成形工程	6	现代无机合成
6	社会综合实践城规	6	随机信号处理	6	新闻策划研究
6	射频通信电路	6	天然产物化学	6	新制度经济学
6	深度报道研讨	6	天然产物技术	6	信息内容安全
6	生化分离工程	6	天然药物化学	6	信息系统安全
6	生态建筑技术	6	通信仿真技术	6	信息资源建设
6	生物安全导论	6	通信设备调测	6	刑事科学技术
6	生物流体力学	6	统计计算方法	6	修复工艺实习
6	生物无机化学	6	投资项目评估	6	学术英语写作
6	生物信息技术	6	涂料与粘合剂	6	冶金传输原理
6	声乐基础训练	6	土地信息系统	6	冶金前沿技术
6	湿法冶金设备	6	土木水利制图	6	冶金认识实习
6	时间序列分析	6	网络数据挖掘	6	冶金生产实习
6	实用英语写作	6	微生物与环境	6	移动通信技术
6	食品科技动态讲座	6	卫星定位导航	6	英美国家概况
6	食品理化检验	6	文物保护概论	6	营销策划训练
6	食品生物化学	6	无机材料化学	6	营销研究方法
6	世界音乐文化	6	无机化学实验	6	应用微生物学
6	视频处理技术	6	无线网络技术	6	有机化学实验
6	书法技法基础	6	西方古典语言古希腊语/古典拉丁语	6	有机金属化学
6	数据科学导论	6	西方艺术思潮	6	语言文学研究
6	数码摄影技术	6	西译汉、汉译西	6	元素化学实验
6	数字电子技术	6	系统仿真实验	6	运动控制系统
6	水泵及水泵站	6	现代成像技术	6	展示陈列设计
6	水处理新技术	6	现代俄语理论	6	整合营销传播
6	水力发电设备	6	现代纺织技术	6	政府信息管理
6	水质分析化学	6	现代光电技术	6	职业生涯导航
6	水质理化检验	6	现代数论选讲	6	职业生涯管理
6	塑料制品设计	6	现代统计方法	6	职业生涯规划

续表 Ⅸ

字数	名称	字数	名称	字数	名称
6	植物考古实践	7	电视艺术学概论	7	环境监测与评价
6	植物系统分类	7	动画制片与管理	7	环境与健康实验
6	制革机械设备	7	多媒体创意策划	7	环境与生殖发育
6	制药工程导论	7	俄国社会与文化	7	环境与资源法学
6	制药工程设计	7	翻译与世界文学	7	机械制造工程学
6	制药行业参观	7	纺织品染整工艺	7	基因与遗传工程
6	中级藏汉翻译	7	分子生物学实验	7	基因组学与进化
6	中西传媒比较	7	风景名胜区管理	7	激光光散射谱学
6	专业认识实习环境工程	7	辐射剂量学与防护	7	纪录片创作实践
6	专业认知实习	7	高电压技术实验	7	家具设计与制作
6	自动控制原理	7	高分子复合材料	7	剪辑理论与实践
6	宗教哲学导论	7	高分子科学实验	7	建筑师职业教育
6	综合电子实验	7	革制品整饰基础	7	建筑系统自动化
6	组织战略管理	7	革制品综合实验	7	建筑专题集中周
6	语言文学专题	7	广播电视新闻学	7	健康、风险与保险
6	学术专题讲座	7	规划师职业教育	7	健康与社会模块
7	博弈论及其应用	7	国外马克思主义	7	金属腐蚀与防护
7	不确定决策前沿	7	过程控制及仪表	7	经典纪录片读解
7	材料腐蚀与防护	7	汉字文化学概论	7	景观工程与技术
7	城市道路与交通	7	焊接方法及应用	7	景观植物与水体
7	储能技术与应用	7	合金及制备技术	7	康藏历史与文化
7	创新与创业管理	7	合理饮食与健康	7	控制技术与系统
7	创造发明学导论	7	核技术专题实验	7	历史地理学概论
7	磁性材料与器件	7	化学电源工艺学	7	留学与文化交流
7	催化剂工程导论	7	化学计量学基础	7	旅游政策与法规
7	大型锻件的锻造	7	化学生物学实验	7	美容与医学保健
7	档案文献编纂学	7	化学与现代生活	7	面饰材料及工艺
7	地球与自然灾害	7	化学制药工艺学	7	纳米科学与技术
7	地下水数值模拟	7	环境分析与监测	7	女装制板与制作

字数	名称	字数	名称	字数	名称
7	欧洲思想与文化	7	完整人物的创造	8	城市燃气安全技术
7	气象学与气候学	7	网络化制造技术	8	城乡综合防灾规划
7	汽车发动机原理	7	网页设计与制作	8	抽象绘画技法研究
7	曲式与作品分析	7	微电子器件原理	8	川西人文风光漫谈
7	人际交流与沟通	7	微分方程数值解	8	创新基础力学实验
7	人类学名著导读	7	污染与环境保护	8	催化化学及动力学
7	软件过程与管理	7	舞台表演与创作	8	大气污染控制工程
7	社会心理学入门	7	舞台实践与交流	8	大数据分析及应用
7	生产与运作管理	7	舞台实践与演出	8	当代中国政治制度
7	时间生物学导论	7	物联网信息安全	8	地球空间信息探索
7	时装摄影与广告	7	物联网综合设计	8	地下工程施工实习
7	食品卫生学实践	7	西南古代民族史	8	电力系统继电保护
7	食品营养学检验	7	现代物理学前沿	8	电力系统运动原理 智能电网类
7	世界博物馆概览	7	消费者行为分析		
7	数学建模与实验	7	学生科研大讲堂	8	电子工程基础实验
7	数学控制论基础	7	液气压系统分析	8	电子技术基础实验
7	数值建模与仿真	7	艺术体验与表演	8	电子技术综合实验
7	水处理技术实验	7	英国社会与文化	8	饭店管理专题研究
7	水工艺设备基础	7	有色金属冶金学	8	饭店设施设备管理
7	水利和水能计算	7	语言的艺术处理	8	服装设计大赛指导
7	水文分析与计算	7	哲学讨论与论证	8	高分子材料及应用_{双语}
7	水污染控制工程	7	哲学文献与写作	8	高分子与人类生活
7	探索型化学实验	7	职业与健康实验	8	高级语言程序设计
7	探索型物理实验	7	制造工艺与分析	8	高速列车减振材料
7	陶瓷鉴赏及陶艺	7	专利与发明创造	8	工程管理发展研究
7	陶瓷与玻璃选论	7	自然保护区管理	8	工程管理信息系统
7	体质人类学概论	8	材料工程课程设计	8	工程无损检测技术
7	天线原理与设计	8	操作系统安全技术	8	工程项目管理沙盘
7	童装制板与制作	8	城市发展专题研究	8	工程造价案例分析

字数	名称	字数	名称	字数	名称
8	工业基础感知实践	8	会展与城市经济学	8	人力资源实战对抗
8	公共事业管理概论	8	机械设计课程设计	8	软件项目开发训练
8	公共艺术景观设计	8	机械设计综合实践	8	商业银行营运管理
8	公司金融实证研究	8	家具专题产品设计	8	社会生态韧性规划理论、调查方法与实践
8	功能材料及其应用	8	建筑设备节能管理		
8	管理理论前沿研究	8	结构分析软件应用	8	社会调查研究方法
8	灌溉与排水工程学	8	解析几何与微积分	8	社会统计软件应用
8	光电子技术及器件	8	竞赛及科创类课程	8	社会主义法治理念
8	光学测量技术实验	8	静力学与材料力学	8	社区卫生服务管理
8	光学综合设计实验	8	聚合物成型与加工	8	射频通信电路实验
8	光与色彩环境设计	8	聚合物过程及设备	8	涉密信息系统工程
8	国际贸易前沿问题	8	聚合物合成新方法	8	生化反应工程原理
8	过程装备实验技术	8	科学的精神与方法	8	生化分离工程基础
8	过程自动控制原理	8	科研能力培养模块	8	生物分子基础实验
8	海外出版产业通论	8	理论物理专题研讨	8	生物技术前沿论坛
8	核电站仪表与控制	8	逻辑与批判性思维	8	生物技术综合实验
8	核技术基础及应用	8	蒙特卡罗统计方法	8	生物科学前沿论坛
8	互联网应用与治理	8	面向对象程序设计	8	生物科学综合实验
8	化学创新思维训练	8	模拟电子技术基础	8	时装画技法与展示
8	化学与生物传感器	8	模拟企业运营实践	8	数字电子技术基础
8	环境工程设计基础	8	纳米材料与新材料	8	数字影像技术概论
8	环境生物技术进展	8	能源环境工程导论	8	水工艺仪表与控制
8	环境数据分析方法	8	诺贝尔化学奖趣谈	8	水科学与工程概论
8	环境数据分析基础	8	欧盟环境政策导论	8	水力机组辅助设备
8	环境与可持续发展	8	欧盟经济社会政策	8	水文预报课程设计
8	环境与资源经济学	8	桥梁结构程序设计	8	水质分析化学实验
8	会计前沿理论研究	8	区域建筑能源规划	8	水资源规划与利用
8	会计前沿问题研究	8	人居环境模型制作	8	水资源利用与评价
8	会计职业道德专题	8	人力资源管理实践	8	统计分析综合实验

字数	名称	字数	名称	字数	名称
8	网络工程课程设计	8	质量控制与可靠性	9	高分子材料成型机械
8	微机电系统及应用	8	中外低碳经济实践	9	革制品版样结构设计
8	微生物与人类文明	8	自动推理算法设计	9	工程地质及水文地质
8	物联网系统及接口	9	表演创作方法与技巧	9	工程实践与学术讲座
8	西方当代建筑评析	9	材料仿生与思维创新	9	工程项目投资与融资
8	西方现代建筑思潮	9	材料结构组织与性能	9	工程质量管理与监理
8	西方艺术设计专题	9	材料科学与工程基础	9	工艺及工程制图基础
8	戏剧与创造性学习	9	测控总线与虚拟仪器	9	公差配合与技术测量
8	系统仿真综合实验	9	城市生态与环境保护	9	公共关系理论与实务
8	先进控制方法概论	9	创新方法与创新设计	9	观赏植物与花卉产业
8	纤维化学与物理学	9	创新实践和科研训练	9	光电精密仪器及设计
8	现代工业系统基础	9	当代中国政府与政治	9	广播节目编辑和制作
8	现代光学专题研讨	9	低碳革命与生态文明	9	化工过程开发与设计
8	现代光学专业实验	9	地下工程测试与监测	9	化学软件与虚拟实验
8	现代生命科学基础	9	电磁辐射与物理安全	9	化学实验室安全技术
8	现代通讯技术概论	9	电脑三维创意与表达	9	画法几何与工程制图
8	新材料技术与研究	9	电能质量与控制技术 智能电网类	9	环境退化与恢复调查
8	新能源材料及技术			9	环境问题的作业治疗
8	新闻传播技术基础	9	电网规划理论及技术 大电网运行类	9	会计手工模拟实验课
8	新型传感技术研讨			9	会展设备与现场管理
8	新制剂工艺及技术	9	电子系统设计与实践	9	会展项目策划与管理
8	学科竞赛培训课程城市设计	9	俄英汉语言文化对比	9	机电一体化系统设计
8	意大利语发音训练	9	翻译理论与译品赏析英	9	机械设计创新与实践
8	英文科学论文写作	9	饭店前厅与客房管理	9	机械制造系统自动化
8	营销前沿专题研究	9	芳香美学与化妆基础	9	激光技术与激光武器
8	影像技术科研方法	9	分子生物学检验技术	9	集成电路设计及应用
8	知识产权案例研究	9	服装表演策划与编导	9	计算机辅助工业设计
8	职业素养拓展模块	9	服装历史与发展趋势	9	计算生物学研究训练
8	制药工程专业实验	9	复合材料工艺及设备	9	建筑与空间设计史论

字数	名称	字数	名称	字数	名称
9	角色表演与动作设计	9	社会热点中的生物学	9	现代物流技术与应用
9	节能减排与环境保护	9	生物质与可持续发展	9	心理素质教育与训练
9	节能减排与清洁生产	9	施工技术与组织设计	9	新能源过程探索实验
9	节庆活动策划与管理	9	食品标准及质量控制	9	新一代探测成像技术
9	精细化学品合成化学	9	食品工艺学专业实验	9	信息分析与决策技术
9	景观建筑与设施设计	9	世界宗教与慈善工作	9	信息组织与信息检索
9	矩阵与线性代数导论	9	市政与园林工程估价	9	艺术鉴赏与人文知识
9	聚合物共混改性原理	9	市政与园林工程估价课程设计	9	营养食品与健康实验
9	科学研究与职业发展			9	应用物理学研讨课程
9	可再生能源建筑应用	9	视觉行销与传播研讨	9	园林手绘与作品赏析
9	粒子物理及弦论简介	9	书法理论研究与写作	9	灾害教育与应灾能力
9	美术史专题学术讨论	9	数控自动编程与优化	9	招投标业务模拟实训
9	纳米材料的生物效应	9	水利工程水力学问题	9	职业生涯规划与发展
9	纳米粉体制备与表征	9	水土资源利用与管理	9	智能仪器原理及应用
9	凝聚态物理专题研讨	9	水污染控制工程实验	9	资本运作与公司治理
9	皮革制品机械及模具	9	水污染控制技术进展	9	组织理论与组织设计
9	平面构成与图案设计	9	网络与信息安全技术	10	材料类大学生就业指导
9	气候变化与低碳发展	9	网上支付与电子银行	10	测控仪器设计课程设计
9	汽车检测与诊断技术	9	网站建设与用户界面	10	城市水工程计算机应用
9	汽车转向系创新设计	9	微观素描和宏观素描素描创作	10	大气污染控制工程实验
9	热点环境问题与探讨			10	大气污染控制技术进展
9	人类行为与社会环境	9	文化考察与论文立题	10	大数据技术原理与应用
9	人力资源培训与开发	9	文化科技创新与创业	10	单片机及智能系统设计
9	软件设计与体系结构	9	舞蹈表演类专题讲座	10	当代德国哲学原著研读
9	软件系统形式化验证	9	物理实验与仪器开发	10	当代法国哲学原著研读
9	软件质量保证与测试	9	物联网典型应用分析	10	地铁通风空调设计简介
9	三维建模与运动仿真	9	物联网商业模式分析	10	地下建筑结构课程设计
9	商业模式与企业创新	9	误差理论及数据处理	10	电力系统继电保护原理
9	设施规划与物流分析	9	现代摄影与显示技术	10	电子信息系统综合设计

字数	名称	字数	名称	字数	名称
10	高分子物理与化学实验	10	食品工业新技术及应用	11	高压直流与灵活交流输电
10	高分子与现代社会发展	10	食品生物材料检验实验	11	工程测试技术与信息处理
10	工程招投标与合同管理	10	数字信息技术专业实验	11	工程地质及水文地质实习
10	工业工程综合技能实验	10	土力学综合设计型实验	11	工程管理与工程造价实践
10	工业设计史及发展趋势	10	土木工程现代测试技术	11	工程能力及创新综合训练
10	公共经济学与政府行为	10	网络与信息攻击与防护	11	工程项目成本管理与融资
10	管理科学前沿专题研究	10	微电子工艺与器件模拟	11	光伏材料与器件测试技术
10	核能与核燃料循环化学	10	文化遗产保护管理概论	11	国际工程承包理论与实务
10	环境水力学及水质模型	10	物联网传感器原理实验	11	过程装备材料与腐蚀控制
10	会计学与社会保障会计	10	物联网系统及接口实验	11	过程装备与控制工程实验
10	机械设计基础课程设计	10	物流与供应链管理前沿	11	化工实验研究方法及技术
10	基础发音训练合伴奏课	10	现代电子技术专业实验	11	环艺系列讲座、实践、交流等
10	计算机辅助设计与制造	10	现代水动力学实验技术	11	会计职业道德与法规专题
10	计算生物学新技术专题	10	现代文明中的化学应用	11	绘画专业系列讲座及交流
10	结构设计原理课程设计	10	现代照相机原理与选购	11	建设工程成本规划与控制
10	金融财务前沿问题研究	10	信息法理论与案例研讨	11	力学通用计算软件及应用
10	精细化学品化学及工艺	10	信息系统安全课程设计	11	美术专业系列交流及讲座
10	可再生能源与低碳社会	10	信息资源管理专题研究	11	能源与动力工程科研讲座
10	空气水质理化检验实验	10	学术前沿/创新创业讲座	11	女装结构设计与制作工艺
10	旅游与休闲研究和方法	10	早期近代哲学原著研读	11	欧盟与全球气候变化治理
10	面向对象程序设计导论	10	职业卫生的理论与实践	11	皮革制品三维效果图设计
10	模拟电子技术基础实验	10	自动控制原理课程设计	11	企业社会责任与责任投资
10	暖通空调设计案例分析	11	城市历史与文化保护规划	11	汽车安全及人机系统概论
10	企业技改项目实例剖析	11	出版选题策划与市场管理	11	生物学大数据分析与应用
10	企业信息化建设与管理	11	电工电子测量技术及实验	11	实用现代光学系统及应用
10	人力资源管理前沿研究	11	电化学分析与生物传感器	11	食品工厂设计与环境保护
10	生物显微研究技术原理	11	纺织材料与产品科技进展	11	食品生物技术与饮食健康
10	施工组织技术课程设计	11	废气及固体废物处理工程	11	史学研究基础与学术规范
10	实验室安全与环境保护	11	高级商务英语阅读与翻译	11	书法方向系列讲座及交流

字数	名称	字数	名称	字数	名称
11	数字集成电路设计与实践	12	动画专业系列讲座、交流、研讨	12	面向对象与可视化程序设计
11	水文分析与计算课程设计				
11	水文水资源信息综合实验	12	防灾减灾与应急管理法概论	12	水力机组辅助设备课程设计
11	唐代丝绸之路历史与文化				
11	特殊产品设计理论及实践	12	分子诊断试剂的研发和生产	12	调度自动化及信息管理系统
11	童装结构设计与制作工艺				
11	物联网传感器原理及应用	12	高分子合成反应与聚合方法	12	统计物理学和量子力学基础
11	物联网信息安全课程设计				
11	西方影视戏剧理论及流派	12	革制品计算机辅助平面设计	12	危险化学品安全技术与管理
11	系统建模与优化综合实验				
11	现代光学领域的测量技术	12	工程结构荷载及可靠度设计	12	物联网通信、控制技术原理
11	现当代绘画艺术专题讲座				
11	橡胶成型加工原理及技术	12	工程数学复函数与积分变换	12	西方现当代艺术与美学研究
11	院系研讨会及形势与政策				
11	灾后恢复重建规划与管理	12	工程与传媒数字化创新应用	12	现代放疗技术的现状和未来
11	灾后重建调研和工程讲座				
11	综合设计与创新物理实验	12	功能高分子材料的研究前沿	12	虚拟商业社会环境综合实训
11	新生研讨会及形势与政策				
12	波德莱尔美学思想专题研究	12	核数据获取与处理课程设计	12	艺术品投资与市场法律法规
12	博物馆文献研究与论文写作	12	华为通信设备工程现场调试	12	张量、群论和物理中的对称性
12	材料成型学科专业前沿探讨	12	机电产品的虚拟设计与仿真	12	中西经典艺术理论原著导读
12	刀具的发展现状和发展趋势	12	计算机辅助三维参数化设计	13	电力系统电压稳定与频率控制大电网运行类
12	电化学分析方法与实验技术	12	建筑给水排水工程课程设计	13	复杂零件数控加工工艺及编程

281

字数	名称	字数	名称	字数	名称
13	公共事业管理理论前沿及研讨	13	施工技术与组织设计课程设计	15	马克思主义经典作家文艺思想研究
13	公民安全、社会安全与国家安全	13	食品添加剂应用技术与安全性	15	燃烧爆炸理论与防火防爆课程设计
13	管理研究方法与文献阅读实践	13	世界经济格局变化与热点追踪	15	生物发酵生产过程优化与工程实践
13	国内外知名专家系列学术报告	13	数字娱乐与动漫游戏设计概论	15	视觉传达专业系列交流及系列讲座
13	果实成熟与品质调控前沿进展	13	新媒体概念及新媒体艺术实践	15	特种材料及其零件的先进制造技术
13	海外安全保护与涉外礼宾礼仪	13	饮水安全与水质净化技术实验	15	文化产业项目综合设计案例与实践
13	化工过程设计及模拟高级软件	13	制药与生物工程设计软件培训	16	互联网＋多学科交叉创业设计与实践
13	机械方案优化及结构创意实践	14	材料类大学生职业生涯规划指导	16	投资项目分析与商业计划书编制实验
13	减灾服务学习与公益领袖培养	14	道教与中国传统社会的历史整合	17	表演专业省内高校交流、参观及系列讲座
13	考古残余物分析的理论与实践	14	高分子材料成型机械及模具基础	17	宏观经济分析与企业管理前沿问题研究
13	绿色化学与生物质的化学加工	14	环境与生态基础数据处理与应用	18	分子模拟技术在高分子科学研究中的应用
13	马克思主义新闻观理论与实践	14	生物技术中创新与产业发展案例	18	拉丁美洲当前形势和中拉关系机遇与挑战
13	配电网自动化及管理信息系统智能电网类	14	污染公共水体生态修复案例分析	23	机械创新设计大赛及工程训练综合能力竞赛培训课程
13	三维打印设计与先进制造技术	14	现代电力系统的计算机辅助分析		
13	生态技术创新与产业发展案例	15	环境生态修复过程中化工知识应用		